ABHANDLUNGEN
DER AKADEMIE DER WISSENSCHAFTEN DER DDR

Veröffentlichungen
der
Wissenschaftlichen
Räte

W 2
1981

Das historisch-kulturelle Erbe vorkapitalistischer Gesellschaftsformationen und seine zeitgenössische Bedeutung

THEORIA CUM PRAXI

Akademie-Verlag · Berlin 1981

Herausgegeben im Auftrage des Präsidenten
der Akademie der Wissenschaften der DDR
von Vizepräsident Prof. Dr. Heinrich Scheel

Verantwortlich für dieses Heft:
Akademiemitglied Joachim Herrmann
Vorsitzender des Wissenschaftlichen Rates für Archäologie
und Alte Geschichte an der Akademie der Wissenschaften
der DDR

ISSN 0302-8054
Erschienen im Akademie-Verlag, DDR-1080 Berlin, Leipziger Str. 3—4

Lizenznummer: 201 · 100/69/81
Gesamtherstellung: VEB Kongreß- u. Werbedruck, 9273 Oberlungwitz
Bestellnummer: 753 958 0 (2001/81/2/W) · LSV 0225
Printed in GDR
DDR 16,50 M

Redaktionsschluß: 1. 3. 1980

Inhaltsverzeichnis

Vorwort

Am 20. und 21. November 1979 berieten in Berlin Vertreter verschiedener Fachdisziplinen im Wissenschaftlichen Rat für Archäologie und Alte Geschichte an der Akademie der Wissenschaften der DDR sowie Gäste aus wissenschaftlichen Einrichtungen der DDR, der ČSSR und der VR Ungarn Probleme der Erforschung, Erschließung und Aufbereitung des historisch-kulturellen Erbes vorkapitalistischer Gesellschaftsformationen. Eine wesentliche Zielstellung der Tagung bestand in der Herausarbeitung von theoretischen Grundlagen und Anregungen für die Bestimmung von Forschungsrichtungen, Forschungsthemen und Editionsrichtungen für die achtziger Jahre.

Joachim Herrmann

Historisch-kulturelles Erbe vorkapitalistischer Gesellschaftsformationen in unserer Zeit. Erforschung - Darstellung - Wirkung

I. Historisch-kulturelles Erbe vorkapitalistischer Gesellschaftsformationen und aktuelle geistig-kulturelle Bedürfnisse

"Daß die Weltgeschichte von Zeit zu Zeit umgeschrieben werden müsse, darüber ist in unseren Tagen wohl kein Zweifel übrig geblieben. Eine solche Notwendigkeit entsteht aber nicht etwa daher, weil viel Geschehenes nachentdeckt worden, sondern weil neue Ansichten gegeben werden, weil der Genosse einer fortschreitenden Zeit auf Standpunkte geführt wird, von welchen sich das Vergangene auf eine neue Weise überschauen und beurteilen läßt."[1]

Solchermaßen umriß Goethe an der Schwelle der bürgerlichen Epoche der Menschheitsgeschichte seine Auffassung von aktuellem Bedürfnis und historisch-kultureller Vergangenheit. Es war ein auf höchst aktive Aneignung des Überkommenen eingestelltes Konzept, das hier als Maxime dargelegt und - wie wir wissen - in den großen Goethischen Werken auch verwirklicht wurde. Reichlich einhundert Jahre später stellte sich das Problem in ähnlicher Weise an der Schwelle der sozialistischen Epoche der Menschheitsgeschichte und für die Ausprägung der Kultur und des Geschichtsverständnisses der Arbeiterklasse. W. I. Lenin schrieb, als er nachdrücklich und wiederholt die folgerichtige Stellung des Marxismus in der Geschichte der Weltzivilisation betonte, auf der eben seine massenergreifende und zukunftsgestaltende Wirkung beruht: "Das war deshalb möglich, weil Marx sich auf das feste Fundament des menschlichen Wissens stützte... Alles, was von der menschlichen Gesellschaft geschaffen wurde, hat Marx kritisch verarbeitet und nicht einen Punkt unbeachtet gelassen. Alles, was das menschliche Denken hervorgebracht hatte, hat er umgearbeitet, der Kritik unterworfen, an der Arbeiterbewegung überprüft..."[2] Und Lenin forderte insbesondere die sowjetische Jugend auf, "sich das von der Menschheit angehäufte Wissen anzueignen... sich jene Summe von Kenntnissen anzueignen, deren Ergebnis der Kommunismus selbst ist"[3].

Bereits einige Jahrzehnte zuvor, 1872, hatte Friedrich Engels zu dieser Frage seine Meinung dargelegt: jedem einzelnen Menschen sei in der kommunistischen Gesellschaft "hinreichend Muße zu lassen, damit dasjenige, was aus der geschichtlich überkommenen Bildung - Wissenschaft, Kunst, Umgangsformen usw. - wirklich wert ist, erhalten zu werden, nicht nur erhalten, sondern aus einem Monopol der herrschenden

Klasse in ein Gemeingut der ganzen Gesellschaft verwandelt und weiter fortgebildet werde"[4]. Kritische Aneignung, nicht in Privilegien begrenzte Nutzung und schöpferische Fortbildung durch die breiten Massen des Volkes - darin kulminiert die Zielstellung der marxistisch-leninistischen Weltanschauung und der Arbeiterbewegung im Hinblick auf Tradition und Erbe.[5]

Der Dreh- und Angelpunkt für die Aneignung, Verwertung und Fortbildung des historisch Überkommenen liegt also - sowohl nach der Konzeption von Goethe als auch in der Theorie und Praxis des sozialistischen Erbeverständnisses - in dem Wechselverhältnis zwischen zeitgenössischem Bedürfnis und überkommenem Substrat.[6] Dieses Wechselverhältnis ist dynamisch, von der gesellschaftlichen Bewegung selbst bestimmt und damit in hohem Maße flexibel.[7] Gegenstand unserer Forschungs- und Rezeptionsleistung ist das historisch-kulturelle Erbe vorkapitalistischer Gesellschaftsformationen. Was verstehen wir unter historisch-kulturellem Erbe? Der Begriff selbst ist m. W. zu Beginn der siebziger Jahre entstanden, Er wurde geprägt - soweit ich mich erinnere - in deutlicher Polemik gegen isolierende, aus dem historischen Zusammenhang abgetrennte Aufarbeitung kultureller Leistungen vergangener Gesellschaftsformationen. Der Begriff zielt also darauf ab, bei Untersuchung und Darstellung kultureller Leistungen der Vergangenheit die historischen Umstände, aus denen heraus derartige Werte erwachsen sind, in die Forschung einzubeziehen und darzustellen.

Kritische Aneignung historisch-kulturellen Erbes, will sie souverän und entwicklungsoffen erfolgen, in Wechselbeziehung zur zeitgenössischen Aktualität, setzt jene Kenntnis der Entstehungs- und Wirkungsgeschichte im originären historischen Zusammenhang voraus. Damit ist auch deutlich das Verhältnis zwischen Erforschung des historisch-kulturellen Erbes und Aneignung des "Ererbten" angesprochen: Historisch und kulturhistorisch exakte Analyse und Darstellung der jeweiligen Epoche ist unabdingbare Verpflichtung des Forschers. Was daraus als ererbt verwertet und in der Artikulation von zeitgenössischem Bedürfnis oder persönlicher Aneignung gebraucht wird, hat einen anderen Charakter, nicht den der objektiven wissenschaftlichen Darstellung, sondern den der subjektiv geprägten Nutzanwendung.[8]

Würde vom Historiker der Rezeptionsseite Priorität zugeschrieben, würde sich die Historie gar bald vergleichsweise auf dem Niveau bewegen, das die Edda für die Geschichte der skandinavisch-isländischen Frühzeit aufweist. Ebenso unverzeihlich wäre es allerdings, die rezeptionsseitigen Forderungen nicht zu beachten, insbesondere bei Bestimmung von Forschungsthemen. Ein echtes Zusammenwirken wird nur fruchtbar sein, wenn sich beide Bereiche als solche anerkennen, die mit unterschiedlicher Zielstellung und unterschiedlichen Methoden wirken. Aus solcherart Einsichten geprägt, trägt der Begriff historisch-kulturelles Erbe gewissermaßen programmatischen Charakter und programmatische Zielstellung in sich.

Aneignung von Geschichtsverständnis und kulturellem Erbe ist stets von "wechselndem Standpunkt der Zeitgenossen, von welchem sich das Vergangene auf neue Weise überschauen läßt" - um auf Goethes Einsicht zurückzugreifen -, geprägt. In dieser Einsicht liegt zugleich die Begründung für die objektiv auf dem Felde der Erbe-Aneignung und Ausbildung von Geschichtsbewußtheit vor sich gehenden Auseinandersetzungen um Tradition und Erbe. Der herrschende Standpunkt, von dem aus das Verhältnis zum historisch-kulturellen Erbe auch der vorkapitalistischen Gesellschaftsformationen in den Ländern des Sozialismus oder in den Ländern mit bürgerlichen Gesellschaftsordnungen geprägt wird, ist bekanntermaßen jeweils sehr unterschiedlich. Wieder andere und differenzierte Auffassungen bestehen in Entwicklungsländern oder im Bereich der UNESCO zur Problematik "Geschichtsverständnis" und "historisch-kulturelles Erbe".

Was ist historisch-kulturelles Erbe vorkapitalistischer Gesellschaftsformationen? Dem Charakter der Vorleistung gemäß, den diese frühen Gesellschaftsformationen erbrachten, scheint es gerechtfertigt, folgende drei Bereiche zu unterscheiden:

1. das geistig-kulturelle Erbe, ausgedrückt in den Vorleistungen von Wissenschaft, Literatur, darstellender Kunst und allgemeinem Welt- und Menschheitsverständnis. Für Hegel war das das Erbe schlechthin: "Was so jede Generation an Wissenschaft, an geistiger Produktion vor sich gebracht hat, ist ein Erbstück, woran die ganze Vorwelt zusammengespart hat, ein Heiligtum, worein alle Geschlechter der Menschen, was ihnen durchs Leben geholfen, was sie der Tiefe der Natur und des Geistes abgewonnen, dankbar und froh aufhingen."[9]
2. das gegenständlich-kulturelle Erbe, ausgedrückt in den materialisierten Zeugnissen menschlicher Schöpferkraft, von Produktionsinstrumenten und Gegenständen täglichen Gebrauchs bis zur materialisierten großen geistigen Leistung in Architektur und bildender Kunst.[10]
3. die ideologische Tradition historischer Zustände oder Ereignisse, die gleichsam in Art einer Kette über die Jahrhunderte sich spannt. Solche Traditionen knüpften an urkommunistische Lebensformen an, dargestellt in der Zeitalterlehre, im urchristlichen Gedankengut oder in unterschwelliger bäuerlicher Opposition gegen feudale Adelsherrschaft. Sie hefteten sich an große Volkserhebungen im Klassenkampf oder im Kampf gegen fremde Unterdrücker. Aus der Permanenz derartiger Volkstraditionen gingen in zugespitzten Situationen der Klassenauseinandersetzung gleichsam neue Leistungen hervor, die das

geistig-kulturelle oder gegenständlich-kulturelle Erbe bereicherten, wie etwa der "Sonnenstaat" des Iambulos und des Campanella, die urchristliche Egalitätslehre der Hussiten/Taboriten oder Müntzers und anderer Häretiker, die poetische Gestaltung der Polovzer-Abwehr im Igorlied usw.[11]

An solcherart Tradition konnten sich soziale Selbstverständigung und Klassenbewußtsein heften, aber auch und vor allem die Identitätsfindung ethnisch sich prägender Existenz- und Entwicklungsformen der Gesellschaft. In der Zeit bürgerlich-nationalen Kampfes in Deutschland um bürgerlichen Fortschritt und Konstituierung der bürgerlichen Nation ist dieses Anliegen durch Ernst Moritz Arndt in die poetischen Worte gefaßt worden: "Wir deutschen Menschen fühlen jetzt eine Sehnsucht, wie die Rentiere im Frühling aufzubrechen und die Quellen unserer Geschichte zu suchen."[12]

Historisch-kulturelles Erbe hat eigenständigen Charakter, da es als Ausdrucks- und Funktionsform zurückliegender geschichtlicher Entwicklung entstanden ist. Uns erscheint es als ein "Arsenal" oder "Reservoir".[13] Für Hegel war es ein "Heiligtum", für Arndt und Stein gleichsam fernab liegender Lebensquell, nach dem erwachendes Nationalbewußtsein triebhaft drängte. Wie dem auch sei und wie unterschiedlich die Standpunkte zum Wesen des Erbes auch sind: der aktive Bezug, die kritische Aneignung und Verarbeitung bestimmen das Verhältnis zum Erbe. Dieses Verhältnis verwirklicht sich in vier großen Bahnen der aktiven Erbe-Nutzung oder Erbe-Aneignung:

1. Erbe-Aneignung über das historisch-materialistische Geschichtsbild, in dessen Darstellung die geistig-kulturellen und gegenständlich-kulturellen Vorleistungen der vergangenen Epochen einen tragenden Bestandteil bilden. Als wesentliche Darstellungsart hat sich die Kulturgeschichtsschreibung erwiesen (s. u.). Diese Art der Erbe-Aneignung ließe sich als die totale oder wissenschaftliche Erbe-Aneignung bezeichnen.
2. Erbe-Aneignung in der freien Aufnahme von isolierten Vorlagen aus dem Erbe-Arsenal in die zeitgenössische Ausgestaltung von Ideologie und Kultur. Als Beispiel sei an Lessings "Emilia Galotti", Schillers "Wilhelm Tell", Goethes "Iphigenie" oder "Faust", Brechts "Lukullus" und "Antigone" oder den "Kaukasischen Kreidekreis" verwiesen.[14] Es handelt sich um eine aktualisierend-rezeptive Verwertung.
3. Erbe-Aneignung über eine zwar reflektierte Rezeption, die im großen und ganzen jedoch auf die Rezeption originärer früher geistiger und kultureller Leistungen aus ist, sei es zu Unterhaltungs-, sei es zu Bildungszwecken. Theater und schöne Literatur stehen hier an vorderer Stelle. Problemen und Fragen, die sich beispielsweise aus der Rezeption von Schöpfungen höfischer Dichtung des hohen Mittelalters

ergeben, wie des Nibelungenliedes, des Parzival, von Tristan und Isolde, der Gudrunsage, wurde unlängst nachdrückliche Aufmerksamkeit entgegengebracht. W. Spiewok stellte die Frage: "Müssen wir uns bei der Erschließung des kulturellen Erbes unseres Volkes dem gegenwärtigen Geschichtswissen bzw. Geschichtsbewußtsein insofern anpassen, als alle darin notwendig auftretenden Widersprüche getilgt werden, oder muß dann nicht doch eher das Geschichtswissen reicher, das Geschichtsbewußtsein differenziert angelegt sein, damit kulturelle Werte der Vergangenheit in ihren zeitgenössischen Funktionen eher begriffen und bei Rezeption bewußtseinsbestätigend bzw. -formend einfunktioniert werden können, ohne daß kunstpädagogische 'Korrekturen' bzw. bewußtseinsbestätigende 'Eingriffe' nahegelegt werden, mit deren Hilfe letzten Endes doch nur ein recht zweifelhafter Aktualisierungsgewinn erzielt wird."[15] Diese Fragestellung ist sehr berechtigt, eine Alternativlösung, die erfragt werden soll, ist jedoch weder anzustreben noch zu erwarten. Ebenso wie mit antikem Erbe in der soeben dargestellten Klasse von Rezeptionen umgegangen wird, kann das natürlich auch mit mittelalterlichem kulturellem Erbe geschehen. Das schließt ein, daß auch - und so möchten wir die dritte Klasse der Erbe-Aneignung verstehen - die zeitgenössische Wirkung in erster Linie durch die zeitgenössisch bezogene Auswahl aus dem Erbe-Arsenal und adäquate Übersetzung erstrebt wird. Es handelt sich also um die Rezeption originärer Leistungen.

4. Erbe-Aneignung in der Bewahrung, Nutzung und Darbietung des gegenständlich-kulturellen Erbes, in Form von Denkmälern, Denkmalsgruppen oder musealen Exponaten. Auch hierbei handelt es sich um Rezeptionen originärer Leistungen.

Erfolgt die Rezeption und Bewahrung des geistig-kulturellen Erbes vor allem durch geistige Anstrengungen des einzelnen und der Gesellschaft, so sind mit der Bewahrung und Rezeption des gegenständlich-kulturellen Erbes darüber hinaus erhebliche materielle Aufwendungen verbunden. Gegenständlich-kulturelles Erbe wurde stets nicht nur geistig, sondern vielfach auch gegenständlich negiert - Bauwerke und Kunstwerke fielen dem fortschreitenden Leben der Gesellschaft zum Opfer und wurden bewußt beseitigt. Aus allen Regionen und Ländern kennen wir diesen natürlichen Vorgang. Neue Dimensionen nahm er in Europa mit der bürgerlich-kapitalistischen Industriegesellschaft an. Denkmale wurden vernichtet, wo sie der kapitalistischen Wirtschaft im Wege waren oder daraus Nutzen zu ziehen war. In dem damals fernab gelegenen Universitätsstädtchen Greifswald beispielsweise vergab um 1800 Magnifizenz das universitätseigene gotische Klostergebäude in Eldena den Herren Professores zur billigen Gewinnung von Ziegelsteinen.[16]

Lag in der zunehmenden Zerstörung von Denkmälern zunächst ein europäisches Problem, so ist daraus ein Weltproblem entstanden: In den Kolonialländern beseitigten die Kolonialmächte in der Regel die organische, traditionelle Nutzung und Pflege überkommenen gegenständlich-kulturellen Erbes und trafen damit zugleich Identitätsbewußtheit. Die kapitalistische Ausbeutung der Länder und die teilweise einsetzende Industrialisierung brachten weitere Bedrohung und Vernichtung, vor allem in den demographischen Ballungsgebieten. Die nach der Befreiung aus der kolonialen Abhängigkeit zunehmende industrielle und landwirtschaftliche Umgestaltung hat diese Tendenz zur Negation gegenständlich-kulturellen Erbes als Begleiterscheinung wirtschaftlichen Fortschritts weiter anwachsen lassen. Zugleich aber sind zur Erhaltung der überkommenen Werte in der Mehrzahl der Länder staatliche Altertumsdienste entstanden, die sich als geistig-kulturelle Institutionen verstehen und materielle Sicherung und geistig-kulturelle Aneignung des gegenständlichen Erbes gleichermaßen als ihr Anliegen sehen.

Nichtsdestoweniger sind die großen materiellen Aufwendungen zur Bewahrung und Erschließung des gegenständlich-kulturellen Erbes in vielen Fällen nicht von einem einzelnen Land zu bewältigen. Achten wir auf die Dimension: allein die Anlage des Assuan-Hochdammes und des Stausees bedrohte einige hundert Denkmale auf ägyptischer und sudanesischer Seite, darunter das berühmte Philae, das Ramses-Heiligtum von Abu-Simbel, die Tempel bei Wadi Halfa oder die frühchristlichen Kunstwerke von Faras. Die Sicherung des Denkmalbezirkes Philae erforderte einen Aufwand von etwa 15 Millionen Dollar.[17]

Vergleichbare Dimensionen hatten die Rettungsarbeiten am Euphrat, am Indus, am Roten Fluß und an den Stauseen von Wolga, Don oder Donau.

Die nunmehr seit Jahrzehnten bewußt unternommenen Anstrengungen um die Bewahrung und Aneignung gegenständlichen kulturellen Erbes sind zu einem Anliegen der UNESCO geworden. Im Jahre 1956 wurde von der 9. Tagung der Generalkonferenz in Neu Delhi erstmals eine Empfehlung für die Festlegung von internationalen Prinzipien bei archäologischen Ausgrabungen angenommen. Diese Empfehlungen enthalten sowohl Aussagen zur Motivation der Erbebewahrung als auch zur Realisierung dieses Zieles.

Die Empfehlung wurde angenommen "in der Überzeugung, daß die Gefühle, welche die Betrachtung und die Kenntnisse der Werke der Vergangenheit hervorrufen, in starkem Maße das gegenseitige Verhältnis der Völker fördern können, in der Auffassung, daß die Geschichte der Menschheit die Kenntnis der einzelnen Kulturen einschließt, daß es infolgedessen sehr wichtig ist, daß im allgemeinen Interesse die archäologischen Hinterlassenschaften erforscht, eventuell gerettet und geborgen werden... aus der Erwägung, daß die sicherste Garantie für die Erhaltung der Denkmäler und Werke der Vergangenheit in der Achtung und Verbundenheit besteht, die die Völker ihnen selbst entgegenbringen".[18]

In der Empfehlung über die Bewahrung des Kulturgutes, der die 15. Tagung der UNESCO-Generalkonferenz 1968 zustimmte, wird u. a. betont, "daß das Kulturgut Ergebnis und Zeugnis der verschiedenen Traditionen sowie der geistigen Errungenschaften der Vergangenheit ist und daß es somit einen der grundlegenden Faktoren darstellt, die die Individualität der Völker bestimmen" ... daß diese "auf diese Weise das Bewußtsein ihrer eigenen Würde festigen können".[19] Weiterhin wird der Gedanke entwickelt, daß die Bewahrung des Kulturgutes aller Geschichtsperioden eines Volkes direkt zur Schaffung "einer günstigen und stimulierenden Umwelt" für den Wohlstand eines jeden Volkes beiträgt.[20] Schließlich wird auf die Rolle des Tourismus hingewiesen sowie auf den Beitrag, der aus der Nutzung der Schätze der Menschheit zur gesellschaftlichen und ökonomischen Entwicklung erwachsen kann.

Im Jahre 1972 wurde von der 17. Tagung der Generalkonferenz der UNESCO die Konvention für den Schutz des Kultur- und Naturerbes der Welt angenommen, um unter den drängenden ökologischen Problemen Lösungen zu finden. Der Begriff "kulturelles Erbe" (Kulturerbe) wird in dieser Konvention auf Denkmäler und Funde, Baukomplexe und Kulturstätten sowie Kulturgebiete bezogen. Dieses Erbe wird von den Unterzeichnern der Konvention als "Welterbe" anerkannt, "für dessen Schutz die Völkergemeinschaft als Ganzes zur Zusammenarbeit verpflichtet ist".[21]

Aus dieser in Empfehlungen und Konventionen ausgedrückten Haltung der UNESCO zum gegenständlich-kulturellen Erbe ergaben sich umfangreiche theoretische und praktische Aktivitäten der UNESCO; seit 1956 rief diese mehr als einhundertmal zur internationalen Aktivität bei der Erforschung, Sicherung, Bewahrung und Erschließung gegenständlich-kulturellen Erbes in Asien, Afrika, Europa und Amerika auf. Ein offizielles "Welterbe-Emblem" wurde 1979 in zwei Versionen nach der gleichen Grundidee angenommen. Die äußere Rundung steht für das Naturerbe der Welt, das damit verbundene Quadrat ist Symbol menschlichen Schaffens.[22]

Folgende Grundgedanken bestimmen die UNESCO-Aktivitäten:

1. Die Geschichte der Menschheitskultur hat sich in verschiedenen Kulturen ausgedrückt; das darin überlieferte gegenständlich-kulturelle Erbe ist daher National- und "Welterbe" zugleich.
2. Gegenständliches kulturelles Erbe ist als "Welterbe" Mittel des Verstehens der Völker untereinander; als Nationalerbe fördert es die "Herausbildung der Individualität der Völker" und dient dazu, sich in nationaler Identität zu verstehen.
3. "Kulturerbe" und "Naturerbe" sind Bestandteile stimulierender Umweltgestaltung, d. h. unmittelbarer Nutzung für die Ausbildung eines auf gesellschaftliches Wohlbefinden gerichteten Milieus.

4. Aus dieser herausragenden zeitgenössischen und zukünftigen Bedeutung des gegenständlich-kulturellen Erbes leiten sich nachdrücklich nationale und internationale Verpflichtungen der Völker und Staaten zur Erforschung, Bewahrung und Erschließung dieses Erbes her.

Obwohl den hier herausgearbeiteten Grundgedanken zum gegenständlich-kulturellen Erbe durchweg großes Gewicht zukommt, so scheint doch im Hinblick auf die praktisch-gesellschaftliche Nutzanwendung gegenwärtig der Gedanke der nationalen Identitätsfindung eine gewisse Schlüsselrolle einzunehmen. In der Tat ist in multitribalen oder mehr-ethnischen Staaten, zu denen die Mehrheit der ehemaligen Kolonialländer gehört, das gegenständlich-kulturelle Erbe in herausragender Weise als Bezugsmittel bei der Entwicklung historischen Zusammengehörigkeitsbewußtseins geeignet. Während geistig-kulturelles Erbe der Form und dem Inhalt nach, mindestens jedoch in der sprachlichen Überlieferung von ethnischen Merkmalen geprägt ist, treten diese Züge am gegenständlich-kulturellen Erbe weniger hervor oder fehlen ganz. Eher drückt sich darin allgemein zivilisatorisch-kulturelle und umweltbedingte Prägung aus.

Daraus aber resultiert die Möglichkeit zur Identifizierung auch andersartiger und verschiedenartiger Ethnen mit einem und demselben gegenständlich-kulturellen Erbe. Eins der reifsten und großartigsten Beispiele für ein derartiges Verhältnis zum Erbe ist von unserem polnischen Nachbarvolk mit dem Wiederaufbau der im faschistischen Krieg zerstörten Baudenkmäler ehemals deutscher Städte wie Szczecin oder Wrocław eingebracht worden. Analog ließe sich auf die Pflege antiker und byzantinischer Denkmäler in Bulgarien oder Ungarn, auf die Erforschung und Darstellung von Denkmälern der Induskultur in Pakistan oder Indien, der antiken Kultur in Irak, Syrien und Jordanien usw. hinweisen. Im Unterschied zum geistig-kulturellen Erbe gibt das gegenständlich-kulturelle Erbe bis zum gewissen Maße eine anonyme Grundlage, auf der nationales Selbstverständnis und internationalistische Rezeption zugleich erfolgen können.

Das Anschauen und Rezipieren gegenständlichen Erbes unter künstlerisch-ästhetischen oder unmittelbar bildungsbereichernden Gesichtspunkten ist jedoch nur eine Seite. Ein zweiter, wesentlicher Aspekt besteht darin, daß sich an die archäologischen oder baugeschichtlichen Denkmäler Geschichtsbewußtsein heftet, daß diese Denkmäler markante Punkte in der Vermittlung historischer Kenntnisse, Einsichten und historischen Bewußtseins sind. Denkmäler dieser Art fordern den Betrachter zur Aneignung historischer Kenntnis oder zur Auseinandersetzung mit vorhandener historischer Kenntnis.

In diesem Sinne wird die Rezeption gegenständlich-kulturellen Erbes in der marxistischen Theorie und Praxis seit längerer Zeit aufgefaßt. W. I. Lenin veranlaßte 1918 die Ausarbeitung eines Dekrets zu Fragen des Denkmalschutzes, das er am 5. Oktober 1918 unterzeichnete. Es wurde erlassen "zum Zwecke der Erhaltung, des Studiums und um möglichst weitgehend die breiten Massen des Volkes mit den Schätzen der Kunst und des Altertums, die sich in Rußland erhalten haben, bekanntnzumachen..." Im gleichen Jahr erschien das Dekret über die Errichtung von Denkmälern für große Revolutionäre, Wissenschaftler und Künstler. Auf der Liste stand neben den Namen der großen Revolutionäre der Arbeiterbewegung an vorderer Stelle Spartakus, gefolgt von Tiberius Gracchus.[23]

II. Wissenschaft und Wissenschaftsdisziplinen in der Vermittlung von Geschichtsbewußtsein und Erbeverständnis

Historisch-kulturelles Erbe - in welcher Form auch immer - enthält in sich den Doppelaspekt. Es ist historisch, insofern es seine Entstehung zurückliegenden historischen Epochen verdankt; es ist Erbe, insofern es Grundlage für Aneignung, Rezeption und Weitervererbung in neuer Wirkungssphäre und unter neuen Wirkungszielen und Wirkungsgesetzen wird. Welchen Anteil haben nun die Wissenschaftsdisziplinen über die vorkapitalistischen Gesellschaftsformationen an der Erbe-Problematik? Wir werden derartige Teilhabe in zwei Richtungen und in zwei Aufgabenstellungen zu verfolgen haben:

Die erste Aufgabe ist evident. Historisch-kulturelles Erbe verlangt nach der Untersuchung und Darstellung des originären Zusammenhanges, aus dem heraus es entstanden ist und in dem es ideelle oder materielle Funktion und Wirkung ausgeübt hat. Kann der rezipierende Künstler, Dichter oder Laie das Überkommene außerhalb des originären Zusammenhanges sichten und verwerten, so hat der Wissenschaftler, der Historiker, Archäologe und Philologe gerade diesen Zusammenhang zu erkunden, die Erkenntnis über die Ursprünglichkeit und Geschichte bereitzustellen. Diese Forderung ist um so dringlicher, als - wie bemerkt - über Elemente des historisch-kulturellen Erbes Geschichtsbewußtsein gebildet und vermittelt wird. Die Zielstellung läuft mithin auf die Analyse des historisch-materialistischen Zusammenhanges hinaus, auf die Erarbeitung eines wissenschaftlichen Geschichtsbildes. In der Konsequenz hängt von einem solchen Geschichtsbild auch die zulässige Interpretationsbreite des Erbes im Rezeptionsprozeß ab. Nehmen wir den Begriff des Humanismus. Von Generationen bürgerlicher Forscher aus dem Entstehungszusammenhang in idealisierender Weise herausgelöst, wurde erst dank der Erarbeitung der tatsächlichen gesellschaftlichen Verhältnisse der Sklavenhalterordnung einerseits die in der Ausformung des antiken Humanismus liegende Größe der Leistung deutlich; andererseits aber blieb auch die elitäre Seite antiken Humanismus nicht verborgen. "Neben dieser ausschließlich der Arbeit frönenden großen Mehrheit" war es nur eine Minderheit, die "Arbeitsleitung, Staatsgeschäfte, Justiz, Wissenschaft, Künste" besorgte[24] und unter sich und in ihrem Kreis den im Humanismus liegenden Grundzug der Entfaltung der Persönlichkeit im produktiven Wechselverhältnis von Individuum und Gesellschaft (richtiger von Individuum als Angehöriger der herrschenden Klasse zu dieser Klasse als Gesamtheit) herausbildete. Ein rechter Umgang mit dem Erbe schließt das Wissen um derartige originäre Zusammenhänge ein; ebenso wie es das Wissen um Spartakus und die revolutionären Volkskämpfe gebührend zu beachten hat. Sinngemäß gilt das auch für das gegenständlich-kulturelle Erbe. Es tut der Großartigkeit der Pyramiden als Ausdruck menschlicher Schöpferkraft und Fähigkeit zur Organisation der Gesellschaft keinen Abbruch, wenn mit dem ästhetischen Genuß und der Bewunderung auch das Denken an diejenigen, auf deren Kosten solche Wunderwerke zustande kamen, bewußt bleibt und artikuliert wird.

Brecht faßte das Problem in seinem Gedicht über das vieltorige Theben poetisch, den Vertretern althistorischer Disziplinen obliegt die Verantwortung, es in der Kleinarbeit der Forschung empirisch und theoretisch zu untersuchen.

Erbeforschung ist in diesem Sinne Geschichtsforschung, und Geschichtsforschung ist Voraussetzung für Erberezeption.

Als eine der Erberezeption adäquate Forschung und Darstellung hat sich die Kulturgeschichtsforschung und Kulturgeschichtsschreibung erwiesen. Kulturgeschichtsschreibung ist ein altes Desiderat und alterprobtes Mittel, um den Zugang zum historisch-kulturellen Erbe wissenschaftlich zu erschließen und um den Stellenwert der historischen Vorlagen des Erbes zu bestimmen. Herder nimmt darin nicht die erste Stelle, wohl aber eine erste überragende Position ein.[25] Geschichtliche Zusammenhänge und historische Bedingungen, aus denen die Quellen kulturgeschichtlichen Fortschrittes entsprangen, in denen also humanistische Tradition und Erbe begründet waren, zogen vornehmlich die Aufmerksamkeit von Herder auf sich. Wir stehen heute an der Schwelle, an der als Grundlage der Kulturgeschichtsschreibung über vorkapitalistische Gesellschaftsformationen mehr und mehr die historisch-materialistische Geschichtsforschung bestimmend wird. Eben den daraus sich herleitenden Aufgaben haben wir uns zu stellen versucht, zunächst in leidenschaftlichen und hartnäckigen Diskussionen zu Grundlagen und Konzeptionen eines solchen Unterfangens, sodann in der Arbeit an den Kulturgeschichten zu Slawen, Germanen, zu Griechen und Römern, in Vorarbeiten zu weiteren kulturgeschichtlichen Forschungen. Die methodische Mehrschichtigkeit derartiger Arbeiten ist dabei offenkundig geworden: Sie besteht nach unserem Wissen darin, erstens, die inneren Gesetzmäßigkeiten der gegebenen Gesellschaft in ihren verschiedenen Entwicklungsstufen im Hinblick auf die kulturellen Werte, auf Kultur und Ideologie als funktionelle Bestandteile im System dieser Gesellschaft zu erfassen; zweitens darf darüber nicht die solchen Ausdrucksformen menschlicher Schöpferkraft, wie der geistigen und materiellen Kultur, innewohnende Eigendynamik oder Eigengesetzlichkeit vernachlässigt werden. Und drittens ist bloßzulegen, worin der über die jeweilige Epoche hinausweisende Beitrag kulturellen Schöpfertums liegt und worin er begründet ist - auf die Antike bezogen, worauf die oft zitierte "normative Rolle" kultureller Leistungen beruht. Hinzu kommt, daß das Problem, das uns heute bewegt, die Erberezeption und Traditionsbildung unter zeitgenössischen Anforderungen, auch in jeder der von uns untersuchten Gesellschaften existierte und bewältigt wurde und der Beachtung bedarf.

Ist die soeben skizzierte Zielstellung in der historisch-analytischen Arbeit im Hinblick auf das historisch-kulturelle Erbe im weitesten Sinne begründet, so ist die zweite Seite nicht weniger bedeutsam: die "sachliche" und sachgerechte Erschließung und Aufbereitung der Vorlagen oder Quellen historisch-kultureller Rezeptionen, sei es in Form von Texteditionen, in der Edition von Denkmälergruppen des gegenständlich-kulturellen Bereiches oder gar in der Erforschung, Konservierung und Erschließung von Denkmälern in der archäologisch-denkmalpflegerischen Feldarbeit.[26] Die Forderungen auf allen Ebenen, auf der Ebene der Analyse und Darstellung, auf der Ebene der Edition und der archäologischen Erforschung, Restaurierung und Erschließung sind umfangreich und tatsächlich nicht zugleich und umfassend zu verwirklichen. Fragen der Themenfindung und Auswahl des Forschungsobjektes stellen sich daher stets, damit aber auch die Kriterien einer solchen Auswahl. Diese folgen gewiß verschiedenen Gesichtspunkten. Die UNESCO hat, um das Problem der großen Zahl bei der Erforschung und Sicherung gegenständlichen kulturellen Erbes bewältigen zu können, Kategorien aufgestellt, die die Objekte unter dem Gesichtspunkt universaler, regionaler und lokaler Bedeutung klassifizieren.

Ebenso wie bei der Themenfindung und Textedition stellt sich auch in diesem Fall die Frage nach der Orientierung der Forschungen. Wie und woran ist eine solche zu messen? Was für die Aneignung und Verwendung gilt: kritische Aneignung gemäß den zeitgenössischen Ansprüchen und Forderungen, gilt cum grano salis auch für die Analyse und Aufbereitung der Vorlagen historisch-kulturellen Erbes. Die althistorischen Disziplinen sind insofern januskopfige Disziplinen. Ist ein Gesicht auf das Heute und Morgen gerichtet, so schaut das andre suchend rückwärts in die Geschichte; dem Kopf zwischen beiden Gesichtern ist gleichsam die Analyse des zeitgenössischen Bedürfnisses im Einklang mit den im historisch-kulturellen Erbe ruhenden Möglichkeiten zur Befriedigung oder Stimulierung solchen Bedürfnisses vorbehalten. Ist ein Auge blind oder fehlen Fähigkeit oder Bereitschaft zur abwägenden Analyse von Bedürfnissen und Möglichkeiten in zeitgenössischer historischer Blickrichtung, so verlieren diese Disziplinen letzten Endes ihre produktive Stellung im gesellschaftlichen oder geistig-kulturellen Leben ihrer Zeit. Ein "sich Verlieren" im Antiquarischen oder oberflächliche Wirksamkeit im Zeitgenössischen sind die Folgen.

Wir gelangen in anderer Weise und auf anderem Wege als Goethe doch zu einem vergleichbaren Ergebnis: Das Hier und Heute bestimmt im gesellschaftlich relevanten Umfang die großen Richtungen der Forschung und die Auswahl ihrer großen Gegenstände und Themen ebenso wie den Gang der Erberezeption. Diese Rezeption fand an der Schwelle der bürgerlichen Gesellschaft an den Klassenauseinandersetzungen mit der Feudalität, deren Ideologie und Institution ihre Orientierung, stellte sich bewußt in diese Auseinandersetzungen und ward darin tätig - ob Shakespeare oder Schiller, Lessing oder Herder, Surowiecki oder Šafařik. An der Schwelle einer neuen Epoche ließ Friedrich Engels Tradition und Erbe des Urkommunismus und der Bauernaufstände für die Arbeiterbewegung lebendig werden; die deutschen Linken benannten sich nach Spartakus; Brecht wandte sich im "Lukullus" 1939 gegen den Eroberungskrieg und verurteilte dessen Urheber. An der "Antigone" entwickelte er menschliche Größe im Kampf gegen Tyrannei und Unterdrückung. Andere Völker und andere Kulturen haben Ähnliches erfahren und verwirklicht: In Vietnam wurden die legendären Hung-Könige zum Symbol, an das sich das Vertrauen in die eigene Kraft im nationalen Befreiungskampf heftete. Angkor ist Emblem im Wappen des freien Kampuchea; um das legendäre Simbabwe formierte sich die Befreiungsbewegung in Rhodesien.

Nichtsdestoweniger sollten wir jedoch nicht übersehen, daß sich der gesellschaftliche Stellenwert dieses alten Erbes offenkundig in unserer Zeit verändert hat. War im Übergang zur bürgerlichen Epoche antikes Gedankengut noch unmittelbarer Stimulus in rationaler und emotionaler Hinsicht,[27] so hat die wissenschaftliche Weltanschauung des Marxismus-Leninismus ein neues Verhältnis zum Erbe geschaffen. War es in den Perioden bürgerlicher Revolution Vehikel oder Couverture von Klasseninteressen, so wird es in der sozialistischen Gesellschaft mehr und mehr Mittel bewußten geschichtlichen Selbstverständnisses, historischer Einsicht und geistig-kultureller Bildung, oder es dient der verfremdenden Problemdarstellung. Ein Vergleich, was Antikerezeption z. B. vor 150 Jahren und heute in dieser Beziehung leistete bzw. leistet, wäre sicher recht aufschlußreich.

Ein systematisches Ausloten des gesellschaftlichen Interesses an den verschiedenen Elementen und Darstellungsebenen historisch-kulturellen Erbes vorkapitalistischer Gesellschaftsformationen hat bisher nicht stattgefunden. Mehr empirisch wissen wir, daß ein solches Interesse im beachtenswerten Umfang besteht, und zwar offensichtlich mit der Ten-

denz zur Ausweitung und Vertiefung. Ein gewisser Indikator für das wachsende Interesse sind ohne Zweifel die steigenden Absatzzahlen von Publikationen, die in diese Richtung zielen. Das gilt nicht nur für unser Land oder für die sozialistischen Länder, sondern ebenso für Länder mit anderen Gesellschaftsordnungen (dabei sehe ich von der inhaltlichen, gesellschaftlich und weltanschaulich bedingten Spezifik hier ab). Gehen wir von dem in unserem Arbeitsbereich Meßbaren aus:
Alle Gesamtdarstellungen, aber auch Veröffentlichungen zu Spezialfragen der Kulturgeschichte, wie zu Olympia, zum orientalischen Handel, zu den Atomisten usw., fanden raschen Absatz und z. T. aufeinanderfolgende Auflagen. Als besonders erfolgreich haben sich die Darstellungen erwiesen, in denen die Ursprünge geistig-kulturellen Erbes und gegenständlich-kulturellen Erbes im Gesamtzusammenhang der Geschichtsepochen untersucht bzw. in denen geschichtliche Gesamtzusammenhänge vermittelt werden. An derartigen Arbeiten besteht sowohl ein Interesse in breiteren Fachkreisen als auch in der allgemeinen gesellschaftlichen Öffentlichkeit. Eine volle Befriedigung dieses Bedarfs durch entsprechend hohe Auflagen war den Verlagen bisher aus technischen Gründen in der Regel nicht möglich, obschon einzelne Schriften auf Auflagenhöhen von einhunderttausend Exemplaren zugehen.
Sehen wir uns die großen Themenbereiche an, so gehören dazu

1. Arbeiten zur Menschwerdung und zu ur- und frühgeschichtlichen Epochen (Kelten, Germanen, Slawen), zur Geschichte und Methode archäologischer Forschung und Denkmalpflege, zu den antiken, asiatischen und afrikanischen Kulturen und natürlich zur Weltgeschichte;
2. Editionen und Nacherzählungen von kulturgeschichtlich interessanten Texten und Überlieferungen. Dieser Bereich ist noch keineswegs ausgeschöpft.

Zwischen 1970 und 1979 sind von Mitarbeitern des Zentralinstituts für Alte Geschichte und Archäologie zu diesen beiden Themenbereichen 52 sogenannte populärwissenschaftliche Bücher veröffentlicht worden, die meisten bereits in mehreren Auflagen, 22 davon, also mehr als 40 Prozent, wurden in Lizenzausgaben bzw. Übersetzungen außerhalb unseres Landes herausgebracht.

Die Annahme dieser Veröffentlichungen durch die Adressaten kann ein Indikator sein, der bei Themenwahl und Themenbestimmung für Forschungsarbeiten nicht übersehen werden sollte. Selbstverständlich wird die Leistung eines Forschungsinstituts nicht an der Anzahl der sogenannten populärwissenschaftlichen Schriften gemessen; aber solche Arbeiten sind unverzichtbares Mittel der Umsetzung von Forschungsergebnissen und für die Rückinformation aus der Öffentlichkeit - sowohl der breiten gesellschaftlichen Öffentlichkeit als auch aus dem weiteren Kreis der Fachdisziplinen.

Was unsere breitengerichteten Publikationen auszeichnet, ist die enge Verbindung zur Forschungsarbeit. Sie stehen damit fernab der Kompilation und sind mehr oder weniger unmittelbares Ergebnis eigener Forschungsarbeit.

Ein weiterer Indikator für öffentliches Interesse am historisch-kulturellen Erbe vorkapitalistischer Gesellschaftsformationen sind Ausstellungen, Führungen über archäologische Ausgrabungen und Vorträge. In den vergangenen zehn Jahren hat unser Institut die Einrichtung mehrerer archäologischer Ausstellungen initiiert oder darin mitgewirkt. Allein die letzte Ausstellung in den Sommermonaten des Jahres 1979 über "30 Jahre archäologische Forschung in der DDR" im Museum für Deutsche Geschichte hatte im Durchschnitt täglich 800-1000 Besucher. Hochbegehrt sind solche Ausstellungen wie die "Thraker" oder "Columbianisches Gold" in den Staatlichen Museen gewesen.

Der Weg, den wir vor zehn Jahren beschritten haben, hat sich grundsätzlich bewährt: in der Bestimmung der Thematik für Einzelforschungen und Kollektivwerke dem erkennbaren oder voraussehbaren öffentlichen Interesse Rechnung zu tragen, dieses Interesse durch überlegte Veröffentlichungs- und Vortragstätigkeit auf überlieferungswürdiges und interessantes historisch-kulturelles Erbe aufmerksam zu machen und es in interessanter Weise zu befriedigen. Die innerhalb der Disziplinen zweifellos vorhandenen Eigenentwicklungen und Sonderanforderungen in empirischer und methodisch-theoretischer Hinsicht leiden nicht darunter, sondern sie werden im Gegenteil stimuliert. Mir ist bekannt, daß eine solche zuletzt geäußerte These nicht unangefochten war und nicht unangefochten sein wird. Aber auch die Diskussionen über die Zusammenhänge und der konkreten, sich an breite Kreise wendenden Darbietung historisch-kulturellen Erbes in historischem Zusammenhang oder in der Rezeption gehört zu den unter unser Thema fallenden Fragen.

Ich habe meine Ausführungen mit einem Zitat von Goethe eingeleitet. Lassen Sie mich schließen mit den prophetischen Worten von Friedrich Engels in bezug auf das Interesse heutiger und künftiger Generationen freier und wissenschaftlich gebildeter Menschen an Geschichte und historisch-kulturellem Erbe früher Gesellschaftsformationen. In Auseinandersetzung mit den leistungs- und erbenegierenden Auffassungen von Eugen Dühring als "Uraltertum" bezeichnet, schrieb Engels: "Ohne uns bei der in der Tat 'urwüchsigen Sprachgestaltung' des letzten Satzes länger aufzuhalten, bemerken wir ..., daß dieses 'Uraltertum' (d. h. die vorkapitalistischen Formationen, J. H.) unter allen Umständen ein Geschichtsabschnitt von höchstem Interesse für alle künftigen Generationen bleiben wird, weil es die Grundlage aller späteren höheren Entwicklung bildet, weil es die Herausbildung des Menschen aus dem Tierreich zum Ausgangspunkt und zum Inhalt die Überwindung von solchen

Schwierigkeiten hat (d. h. der Klassengesellschaft! J. H.), wie sie sich den zukünftigen assoziierten Menschen nie wieder entgegenstellen werden..."[28]

In der forschenden Erschließung und Darstellung der Werte und des Beitrages dieses "Uraltertums" zum historisch-kulturellen Fortschritt der Menschheit liegt die Perspektive, aber auch die große Verpflichtung unserer Disziplinen.

Anmerkungen

1 Goethes Werke, II. Abteilung, Naturwissenschaftliche Schriften, 3. Bd. Zur Farbenlehre. Historischer Teil I, Weimar 1893, S. 239.

2 W. I. Lenin, Werke, Bd. 31, Berlin 1966, S. 276.

3 Ebenda, S. 275.

4 K. Marx, F. Engels, Werke (abgekürzt MEW), Bd. 18, Berlin 1966, S. 221.

5 In diesem Sinne bereits die Forderung von W. Liebknecht (Protokoll über den sechsten Congress der sozial-demokratischen Arbeiterbewegung, abgehalten zu Coburg am 18., 19., 20. und 21. Juli 1874, Leipzig 1874, S. 97) an die Weltgeschichts- und Kulturgeschichtsschreibung.

6 So auch G. W. F. Hegel, Vorlesungen über die Geschichte der Philosophie, Leipzig 1971, S. 87 f. (Einleitung in die Geschichte der Philosophie).

7 Ch. Trilse, Antike und Theater heute, Berlin 1979, untersucht diese Frage im Hinblick auf das Theater.

8 J. Kuczynski hat das Problem von objektiver historischer Analyse und parteilicher Verwertung der Ergebnisse aufgeworfen: Zur Theorie des wissenschaftlichen Arbeitsprozesses - zum Problem von Parteilichkeit und "Wertfreiheit", in: J. Kuczynski, Studien zur Wissenschaft von den Gesellschaftswissenschaften, Berlin 1972, S. 153 ff., 172 ff. Sinngemäß trifft das von K. erarbeitete Verhältnis auch auf das Verhältnis marxistisch-leninistischer Geschichtsanalyse - Erberezeption zu.

9 G. W. F. Hegel, wie Anm. 6, S. 88.

10 E. Engelberg, Zu Fragen der Volkskunde und Kulturgeschichte, in: Zeitschrift für Geschichtswissenschaft 21, 1973, S. 978 ff.

11 Vgl. Dialog über Tradition und Erbe, hrsg. von D. Schiller und H. Bock, Berlin 1976, S. 165.

12 Monatsblätter der Gesellschaft für Pommersche Geschichte und Altertumskunde 1925, Nr. 7-8, S. 1.

13 Wie Anm. 11, S. 37.

14 Im Hinblick auf das antike Theater vgl. Ch. Trilse, wie Anm. 7.

15 Umfassender und allgemeiner zu dieser Frage: W. Spiewok, Zur Rezeption des kulturellen Erbes im Mittelalter - Probleme und Perspektiven -, in: Historiker-Gesellschaft der DDR, Wiss. Mitteilungen, 1979/I-II, S. 19 f.

16 F. Möbius, Eldenas Erbewerte, in: Kunstwissenschaftliche Beiträge, Beiträge der Zeitschrift "Bildende Kunst" 8, 1979, S. 1 ff.

17 Bis zum 31. 10. 1975 betrugen die Kosten etwa 12 Millionen Dollar - vgl. World Cultural Heritage 6, 1976, S. 4.

18 Die Empfehlungen und Konventionen der UNESCO bis zum Jahre 1972 zu unserem Problemkreis sind in deutscher Übersetzung abgedruckt in dem Band: Archäologische Denkmale und Umweltgestaltung, hrsg. von J. Herrmann, Berlin 1978, vorstehendes Zitat: S. 258.

19 Ebenda, S. 265.

20 Ebenda, S. 265.

21 Ebenda, S. 274, 275.

22 World Cultural Heritage 13, 1979, S. 20.

23 Ochrana pamjatnikov istorii i kul'tury. Sbornik dokumentov, Moskva 1973, S. 18-20.

24 F. Engels, Anti-Dühring, in: MEW, Bd. 20, Berlin 1962, S. 262.

25 J. G. Herder, Ideen zur Philosophie der Geschichte der Menschheit, in: Herders sämtliche Werke, hrsg. von B. Suphan, 14. Band, Berlin 1909; vgl. dazu auch Beiträge in: Johann Gottfried Herder. Zum 175. Todestag am 18. Dezember 1978. Sitzungsberichte AdW der DDR, 1978, Nr. 8 G, Berlin 1978; Johann Gottfried Herder. Zur Herder-Rezeption in Ost- und Südosteuropa, Berlin 1978.

26 Unter diesem Gesichtspunkt vgl. z. B. W. Hensel, Pomniki kultury - źródłem świadomości narodu, in: Archeologia Polski 19, 1974, nach S. 279.

27 Vgl. z. B. K. Marx, Der Achtzehnte Brumaire des Louis Bonaparte, in: MEW, Bd. 8, Berlin 1960, S. 116, sprach von der "Totenweckung in jenen Revolutionen" (des 17. und 18. Jh.), die dazu diente, "die neuen Kämpfe zu verherrlichen" usw.

28 F. Engels, Anti-Dühring, in: MEW, Bd. 20, Berlin 1962, S. 107 f.

Horst Klengel

Probleme und Aufgaben bei der Erforschung von Geschichte und Kultur des alten Vorderen Orients

Das Thema dieses Beitrages bedarf zunächst sowohl hinsichtlich seiner räumlichen wie zeitlichen Abgrenzung einer Präzisierung. Der Vordere Orient stellt den mittleren Teil des asiatisch-afrikanischen Trokkengürtels dar. Er umfaßt eine Reihe von landschaftlichen Großräumen in Vorderasien und im nordöstlichen Afrika, die hinsichtlich ihrer Oberflächenformen und ihres Klimas, ihrer geschichtlichen Entwicklung und ökonomischen Strukturen wesentliche Gemeinsamkeiten aufweisen.[1] Im folgenden sollen vor allem die arabischen Staaten dieses Bereiches, insbesondere der Irak und Syrien, im Blickpunkt stehen. Was den Zeitraum betrifft, dessen Überlieferung hier in Betracht gezogen werden soll, so handelt es sich etwa um die letzten drei Jahrtausende v. u. Z., d. h. die Periode von der Entstehung der Klassengesellschaft und des Staates bis zur altorientalisch-griechischen Synthese im sog. Hellenismus. Es wurde versucht, diesen Abschnitt historischer Entwicklung des Vorderen Orients als die Epoche der altorientalischen Klassengesellschaft zu definieren und in seinen Wesensmerkmalen zu erfassen.[2]

Der Erforschung von Geschichte und Kultur des alten Vorderen Orients widmen sich bekanntlich eine ganze Anzahl von Fachdisziplinen, die sich vor allem aus den "Mutterwissenschaften" Ägyptologie und Assyriologie entwickelt und inzwischen in internationalem Rahmen verselbständigt haben.[3] In ihren Methoden im wesentlichen übereinstimmend, differieren sie erheblich hinsichtlich des Charakters, des Umfangs und der Aussagekraft ihres Quellenmaterials sowie des Forschungsstandes.[4] Unter Methoden wird dabei eine fachspezifisch variierende Anwendung der Methoden der Archäologie, Sprachwissenschaft und Philologie, Literatur- und Kunstwissenschaft, Religionswissenschaft und Philosophie sowie insbesondere der Geschichtswissenschaft verstanden. Die Integration der jeweiligen wissenschaftstheoretischen Grundlagen stellt dabei auch die Altorientalistik in Lehre und Forschung vor schwierige - und kurzfristig kaum zu bewältigende - Aufgaben, ganz abgesehen von der Nutzung der vielfältigen Möglichkeiten, die die Naturwissenschaften und die moderne Informationstechnik heute anbieten.

Probleme und Aufgaben aller dieser altorientalistischen Disziplinen darzustellen, würde das Zusammenwirken von Vertretern der verschiedenen Fachgebiete erfordern. Es soll hier aber wenigstens versucht werden, Stand und Tendenzen der Forschung kritisch zu skizzieren, auf einige wesentliche Aufgaben hinzuweisen und über einige Aspekte der Aneignung des historisch-kulturellen Erbes im Vorderen Orient zu informieren.

Unsere Kenntnis von Geschichte und Kultur des alten Vorderen Orients basiert fast ausschließlich[5] auf den Ergebnissen der archäologischen Feldforschung. Die Vorderasiatische Archäologie begann im letzten Jahrhundert osmanisch-türkischer Herrschaft; es waren vor allem die politisch wie ökonomisch miteinander rivalisierenden, sich zu imperialistischen Mächten entwickelnden Staaten England und Frankreich, dann auch das kaiserliche Deutschland, die in der archäologischen Feldarbeit aktiv wurden.[6] Das Deutsche Kaiserreich konnte sich dabei durch seine engen wirtschaftlichen wie politisch-militärischen Beziehungen zur Hohen Pforte eine Reihe bedeutender Grabungsplätze sichern - wie Babylon und Assur in Mesopotamien, Hattusa (Boghazköy) in Anatolien und Amarna in Ägypten. Hatten zunächst noch die Freilegung von Denkmälern für die europäischen und amerikanischen Museen und clandestine Methoden vorgeherrscht, so wurden seit dem ausgehenden 19. Jh. zunehmend wissenschaftliche Methoden in die Vorderasiatische Archäologie eingeführt. Eine zweite Etappe der Feldforschung begann nach dem ersten Weltkrieg und dem Zusammenbruch des Osmanischen Reiches. England und Frankreich übernahmen in Irak und Palästina (Transjordanien) bzw. in Syrien und Libanon die Mandatsherrschaft. Sie sicherte den archäologischen Expeditionen aus den mandatstragenden Staaten eine Dominanz in der Feldforschung; zugleich wurden unter britischem bzw. französischem Direktorat Altertümerverwaltungen ins Leben gerufen. Die Zahl der untersuchten Plätze nahm erheblich zu, wobei allerdings eine ganze Reihe von Ruinenstätten nur kurzfristig angegraben und dann - nach einer zuweilen nur unzureichenden Publikation der Ergebnisse - aufgegeben wurden. Neben dem Irak und Palästina, denen zunächst das vorrangige Interesse der Vorderasiatischen Archäologie gegolten hatte,[7] trat immer mehr der syrische Raum ins Blickfeld, vor allem nach den umfangreichen Tontafelfunden von Ras Schamra/Ugarit und Tell Hariri/Mari in den dreißiger Jahren. Eine dritte Etappe begann schließlich nach dem zweiten Weltkrieg mit der endgültigen Erlangung der politischen Unabhängigkeit einer Anzahl arabischer Länder sowie auch der zunehmenden Bedeutung des arabischen Erdöls. Die Aktivität arabischer Wissenschaftler in der archäologischen Erforschung ihrer Länder nahm bedeutend zu. Die nunmehr unter arabischer Leitung stehenden Altertümerdienste initiierten und koordinierten eine Forschung, die sich immer mehr internationalisierte. Vor allem die über die UNESCO an alle in Frage kommenden Staaten gerichteten Aufrufe zur Beteiligung an Rettungsgrabungen fanden ein weites Echo. Allein in der Syrischen Arabischen Republik arbeiteten im Jahre 1978 neben syrisch-italienischen bzw. syrisch-französischen Expeditionen sowie 7 syrischen Teams 27 ausländische archäologische Missionen.[8] Diese umfangreiche, von vielen Staaten geleistete Arbeit ließ das ergrabene Material und die damit verbundene historische Erkenntnis rasch und in einem fast unübersehbaren Ausmaß anwachsen.[9] Zugleich nahm die sprachliche Vielfalt der Fachliteratur damit weiter zu - ein Problem, das hier nicht unerwähnt bleiben darf.

Die archäologische Feldforschung vollzieht sich im Vorderen Orient unter einer Reihe spezifischer Bedingungen; sie sollten bei einer kritischen Einschätzung des derzeitigen Forschungsstandes nicht unberücksichtigt bleiben. Die klimatischen Verhältnisse schränken die meisten archäologischen Unternehmungen auf ein oder zwei mehrwöchige Kampagnen pro Jahr ein; zudem gestatten die finanziellen Mittel oft keine breiter angelegten, auf die Wiedergewinnung ganzer Siedlungen gerichteten Untersuchungen. In letzter Zeit macht sich außerdem immer stärker ein Mangel an geeigneten Grabungsarbeitern bemerkbar. Die notwendige agrarische und industrielle Erschließung des Landes einerseits, die Abwanderung von Arbeitskräften in die hoch bezahlenden Golfstaaten oder andere Länder andererseits zwingen dazu, höhere Löhne zu zahlen bzw. in die Sommermonate (d. h. die Zeit der Schul- und Universitätsferien) auszuweichen. Das stellt vor allem Expeditionen aus anderen Klimazonen vor Probleme. Viele Grabungsplätze liegen in verkehrsgeographisch ungünstigen oder vegetationsarmen Gebieten. Das Heranschaffen von Wasser, Nahrungsmitteln usw. macht zuweilen erhebliche Transportwege (und damit Mehrkosten) notwendig. Die Degradation ehemaliger Wald- und Buschwaldbestände durch langwährenden Raubbau und Viehverbiß, aber auch unsichere politische Verhältnisse haben zu einem Rückzug der Grenzen des Kultur- und Siedlungslandes geführt. Frühere Siedlungszentren wurden zu Tells in der Halbwüste oder Steppe. Die Rückeroberung ackerfähigen Landes und die erneute Ausdehnung des Siedlungsbereiches begannen erst vor rund einem Jahrhundert.[10] Die Ruinenhügel (Tells, arab. Tulul) besitzen in Vorderasien zudem oft erheblichen Umfang; eine Fläche von mehr als 60 Hektar und eine Mächtigkeit von mehr als 20 Metern sind keine Seltenheit. Zuweilen behindern neuzeitliche Überbauung oder die Belegung durch einen Friedhof archäologische Forschungen oder gestatten sie nur in einem kleinen Abschnitt des einstigen Siedlungsareals. In Unterägypten, im Delta und im Fayyum, überlagern dicke Nilschlammschichten die Denkmale der Pharaonenzeit. Nicht zuletzt stellt auch die große Zahl an Boden- und Baudenkmalen die Altertümerverwaltungen und die internationale Forschung vor Probleme. In den siedlungsgeographischen Ballungsräumen korrespondiert ihre Dichte mit den zahlreichen Ortsnamen der inschriftlichen Überlieferung. Während der letzten Jahre hat die archäologische Feldforschung durch die Notwendigkeit von Rettungsgrabungen im Überflutungsbereich künftiger Stauseen einen weiteren Aufschwung genommen. Die bereits fertiggestellten oder im Bau befindlichen Dämme haben in der Türkei, im Irak, in Syrien sowie in Ägypten und im Sudan zur

Konzentration der Forschungen auf enger eingegrenzte Territorien geführt, die heute dadurch archäologisch meist besser untersucht sind als andere Bereiche. Andererseits terminiert der Beginn der Aufstauung die Grabungen; die steigenden Fluten treiben zur Eile und erschweren oft eine sorgfältige Untersuchung und Dokumentation eines Platzes. Zuweilen müssen vielversprechende Grabungsstellen - so etwa Meskene/Emar im Gebiet des syrischen Euphratstausees oder Faras im nubischen Niltal - vorzeitig verlassen werden, da das Stauwasser die Grabung erreicht. Es ist hier aber im Auge zu behalten, daß die Überwindung ökonomischer Rückständigkeit und damit auch überkommener sozialer Strukturen zweifellos den Vorrang beanspruchen darf. Die Energiegewinnung und Ausweitung des agrarischen Nutzungsraumes sind gerade für die Staaten im Vorderen Orient lebensnotwendig. Wenn noch ein erheblicher Nachholbedarf besteht, so ist auch dieser ein - hier negatives - Erbe der Geschichte.

Insgesamt kann die archäologische Feldforschung im Vorderen Orient eine positive Bilanz ziehen, trotz mancher räumlicher wie zeitlicher Lücken in der Dokumentation oder Unzulänglichkeiten in der Publikation des ergrabenen Materials. In den letzten Jahren haben zudem naturwissenschaftliche und mathematische Methoden zunehmend Eingang auch in die Vorderasiatische Archäologie gefunden.[12] Es wurden eine ganze Reihe von siedlungstopographischen Erkundungen (Surveys) durchgeführt, vor allem im Bereich des "Fruchtbaren Halbmonds" sowie im südlichen Irak.[13] Die Auswertung der Ergebnisse von Grabungen und Surveys berücksichtigt zunehmend Besiedlungs- und Gesellschaftsstrukturen, wenngleich gerade auf diesem Gebiet noch ein beträchtlicher Nachholbedarf besteht.[14]

Für die historischen Untersuchungen besitzt das inschriftliche Material die vorrangige Bedeutung. Aus dem Vorderen Orient sind Hunderttausende von Texten in einem halben Dutzend Schriften und in mehr als einem Dutzend Sprachen überliefert.[15] Die Zahl der Textzeugnisse wächst jährlich um Hunderte, zuweilen um Tausende an. Allein die 1974 bis 1976 in den Palastarchiven von Tell Mardikh/Ebla in Nordsyrien entdeckten Tafeln erreichen fast 17 000 Nummern.[16] Es liegt auf der Hand, daß die Aufarbeitung so umfangreicher Textfunde viele Jahre in Anspruch nimmt. Hinzu tritt das noch unpublizierte Material aus älteren Grabungen, das in den verschiedenen Museen und Sammlungen - auch der DDR - aufbewahrt wird. Lesung und Verständnis der Texte sind oft noch problematisch, Fortschritte, die hierbei erzielt werden, machen zugleich die Überarbeitung publizierten Materials notwendig. Aus dieser Situation wird verständlich, daß der editorisch-philologischen Arbeit eine besondere Rolle zukommt und sie gelegentlich sogar einseitig in den Vordergrund gerückt wird. Fülle und Verschiedenartigkeit der inschriftlichen Überlieferung erfordern eine zunehmende Spezialisierung und fördern das Herauswachsen neuer Forschungsgebiete und Disziplinen. Der große Umfang des verfügbaren originären Quellenmaterials darf aber nicht darüber hinwegtäuschen, daß es noch beträchtliche Lücken gibt - sowohl im Hinblick auf die regionale Verteilung als auch die chronologische Kontinuität. Die einzelnen Textgattungen sind zudem oft sehr unterschiedlich repräsentiert; so fehlt es z. B. unter den mehr als 20 000 Tafeln und Tafelfragmenten aus der Hethiterhauptstadt Hattusa fast völlig an Wirtschaftstexten.

Die DDR verfügt wie kaum ein anderes sozialistisches Land über umfangreiche Sammlungen von Keilschrifttexten und ägyptischen Papyri, die noch nicht der wissenschaftlichen Diskussion zugänglich gemacht worden sind. Es wird darauf ankommen, die editorisch-philologische Arbeit mit der Untersuchung von Problemen zu verbinden, wie sie sich aus Fragestellungen der materialistischen Geschichtswissenschaft ergeben und die durch neue Textzeugnisse ihrer Lösung nähergebracht werden können.

Schließlich noch einige Bemerkungen zur historisch-interpretierenden Forschung. Trotz einer großen Zahl an Publikationen, die den Anspruch erheben, Geschichte bieten zu wollen, ist die Anwendung der Methoden der Geschichtswissenschaft auf das archäologische und inschriftliche Material noch unbefriedigend. Lücken und inhaltliche bzw. lexikalische Probleme der Überlieferung machen verallgemeinernde Aussagen zuweilen problematisch, wenn nicht gar unmöglich. Die richtige Erkenntnis, daß das Detail den Baustein für eine umfassendere historische Darstellung abgeben muß, führt nicht selten zur falschen Konsequenz, die Untersuchung des Details einseitig in den Vordergrund zu rücken und gerade in einer Konzeptionslosigkeit, die mit Objektivität verwechselt wird, das geeignete Mittel zum wissenschaftlichen Erfolg zu sehen. Thematisch breiter angelegte geschichtliche Arbeiten präsentieren sich oft nur als eine Addition von Fakten oder ein Komplex terminologischer Untersuchungen. Gesellschaftlicher Bezug und der Versuch, Material und Ergebnisse der Detailforschung in größere Zusammenhänge und Entwicklungen einzuordnen, fehlen noch allzu oft völlig. Das trifft auch und insbesondere auf die Kulturgeschichte zu, in der es sowohl an Gesamtdarstellungen wie auch Abhandlungen von Teilbereichen - wie Literatur, Kunst, Religion usw. - mangelt, die von den grundlegenden sozialökonomischen Entwicklungen ausgehen.[17]

Andererseits darf nicht übersehen werden, daß es bei der Erforschung von Geschichte und Kultur des alten Vorderen Orients gerade während der letzten Jahre bedeutende Fortschritte gegeben hat, die vor allem der Anwendung der Methoden der materialistischen Geschichtswissenschaft zu verdanken sind. Der insgesamt noch unzureichende Forschungsstand bietet zwar der Interpretation oft noch einen zu weiten Spielraum und begünstigt unterschiedliche Theorien vor allem im Hinblick auf die Periodisierung; in der Charakterisierung der altorientalischen Gesellschaft, im Herausarbeiten des Allgemeinen wie Besonderen ihrer Entwicklung in den verschiedenen Regionen des Orients, in der historischen Interpretation des inschriftlichen Materials und des archäologischen Befundes konnten wertvolle Ergebnisse erzielt werden. Die marxistische Geschichtstheorie wurde zweifellos bereichert, das Geschichtsbewußtsein vertieft, eine internationalistische Haltung auf der Grundlage historischer Erkenntnis gefördert. Der breitenwirksamen Umsetzung entsprechender Forschungsergebnisse wurde und wird dabei besondere Aufmerksamkeit gewidmet.[18]

Bei der Überlieferung und Rezeption altorientalischen Kulturgutes haben bekanntlich die jüdische und christliche Religion eine besondere Rolle gespielt. Anknüpfend an das Alte Testament und altorientalische Traditionen ihrer Entstehungszeit in sich aufnehmend, haben diese Religionen dann in hohem Maße zum Bild vom alten Vorderen Orient beigetragen und schließlich seine wissenschaftliche Erforschung stimuliert.[19] Die Ergebnisse dieser Forschung werden jedoch zuweilen in wissenschaftlich unzulässiger Weise, unter bewußter oder unbewußter Vernachlässigung eines historischen Herangehens an das Quellenmaterial dazu benutzt, biblische Überlieferungen zu bestätigen oder die Geschichte des alten Vorderen Orients einseitig als Umfeld des Alten Testaments darzustellen. Das Spektrum dieses Engagements reicht dabei vom Herauslösen einzelner, willkommener Quellenaussagen aus ihrem historischen Kontext über eine europazentristische "christlich-abendländische" Interpretation bis zur politisch motivierten Verfälschung im Dienste der imperialistischen Ideologie des Zionismus. Für letzteres kann vor allem auf die Kontroverse verwiesen werden, die nach der Entdeckung der Tontafelarchive des nordsyrischen Ebla (Tell Mardikh) begann und vor dem Hintergrund des Nahost-Konfliktes politische Dimensionen annahm.[20] Sie zeigt deutlich, in welchem Maße Erbeaneignung und politisch-ideologische Auseinandersetzung miteinander verbunden sein können.

Es ist in den Staaten des Vorderen Orients erkannt worden, welche Bedeutung dem historisch-kulturellen Erbe im nationalen Befreiungskampf, bei der Auseinandersetzung mit reaktionären Ideologien innerhalb wie außerhalb der Landesgrenzen, bei der Entwicklung eines nationalen Geschichtsbildes und damit der Bestimmung der nationalen Identität zukommt.[21] Diese Erkenntnis hat vor allem in der praktischen Arbeit ihre Umsetzung gefunden, die von den Altertümerverwaltungen geleistet wird. Ein nicht unbeträchtlicher Teil des Nationaleinkommens wird für Ausgrabungen, Restaurierungs- und Rekonstruktionsarbeiten, Museumsneubauten usw. ausgegeben. In der politischen Landschaft des Vorderen Orients kommt den Generaldirektionen der Altertümer und Museen ein nicht unbeträchtlicher Stellenwert zu. Wenigstens auf einige ihrer Aktivitäten sei hier hingewiesen: Bereits erwähnt wurde die archäologische Feldforschung, die sich insbesondere auf Rettungsgrabungen konzentriert. Zahlreiche ausländische Expeditionen sind jedes Jahr zu betreuen, sowohl organisatorisch wie durch die Entsendung eines Beauftragten des Antikendienstes in jede dieser Missionen. Zahlreiche Baudenkmale oder ganze Baukomplexe werden restauriert oder rekonstruiert; genannt seien hier nur Hatra im Irak, Palmyra in Syrien, Baalbek im Libanon, Petra in Jordanien, verschiedene Tempel Ägyptens, die Pyramiden von Meroe im Sudan. Allein in Syrien sind mehrere tausend Boden- und Baudenkmale registriert, und eine Vielzahl von Plätzen wurde zu archäologischen Schutzzonen erklärt, in denen jede Bautätigkeit untersagt ist. Eine Antikengesetzgebung regelt nicht nur das Verhältnis zu den Grabungsexpeditionen, sondern versucht zugleich, Raubgrabungen und illegale Ausfuhr von Kunstwerken zu unterbinden. Die bereits bestehenden Nationalmuseen, die in jedem Jahr einen erheblichen Zustrom von ergrabenem Material aufzunehmen haben, wurden erweitert, oder es wurden großzügige Neubauten errichtet; so etwa das Irak-Museum in Bagdad, das Nationalmuseum Haleb/Aleppo, das Nationalmuseum in Khartum. Eine ganze Reihe von archäologischen Museen wurde in Provinz- und Distriktshauptstädten eingerichtet, wie die Museen in Nasiriya und Mosul, in Homs und Latakia usw. In diesem Zusammenhang dürfen auch der Ausbau von Straßen und die Schaffung von Übernachtungsmöglichkeiten bei abgelegenen Ruinenstädten nicht unerwähnt bleiben. In jüngster Zeit haben die Altertümerverwaltungen des Irak, Syriens und Jordaniens mit der Durchführung wissenschaftlicher Konferenzen zu bestimmten Problemen des kulturellen Erbes begonnen, und diese Tagungen haben internationale Aufmerksamkeit und Beteiligung gefunden.[22] Das öffentliche Interesse an der Erschließung der Denkmäler der Vergangenheit ist groß und stellt auch die ausländischen Expeditionen vor die Aufgabe, diesem durch Vorträge, Führungen und allgemeinverständliche Publikationen zu entsprechen. Der Unterricht an Schulen und Universitäten bezieht in wachsendem Maße die frühen Geschichtsperioden mit ein; oft fehlt es noch an geeignetem Lehrmaterial und an Lehrkräften.

Was die Aneignung der Ergebnisse dieser vielfältigen Anstrengungen betrifft, so kann für den Vorderen Orient verständlicherweise keine generalisierende Aussage getroffen werden. Formen und Intensität sind in den einzelnen Staaten unterschiedlich, je nach den konkreten gesellschaftlichen Bedingungen. Das Bildungsniveau der Bevölkerung weist noch erhebliche Unterschiede auf, die jede breitenwirksame Arbeit vor Probleme stellen. Der unmittelbare Kontakt zur archäologischen Feldarbeit bedeutet oft auch die erste Berührung und bewußte Kenntnisnahme des eignen kulturellen Erbes. Dort, wo sich die Kenntnis der Vergangenheit zu einem Geschichtsbild verdichtet, spielt die englisch- und französischsprachige Literatur eine bedeutende Rolle. Dabei ist die Tendenz eines sich verstärkenden Durchsetzens des Englischen als erste Fremdsprache zu beobachten. Eine nicht unwesentliche Rolle spielen die ausländischen Archäologischen Institute in den verschiedenen Ländern des Vorderen Orients; die ständige Präsenz einer Reihe erfahrener Wissenschaftler bietet vielfältige Möglichkeiten zu Kontakten, Kooperation, kulturpolitischer Aktivität.[23] Bewußt oder auch unbewußt nehmen diese Institute - ebenso wie auch die Grabungsexpeditionen - Einfluß auf das sich formende nationale Geschichtsbild. Eine große Zahl der in der Archäologie ihrer Länder tätigen Wissenschaftler hat zudem ihre Ausbildung an ausländischen Universitäten erhalten.

Bereits über den Gegenstand dieses Beitrages hinaus führt das Problem, das abschließend noch angesprochen sei. Es ist kürzlich von einem sowjetischen Historiker noch einmal formuliert worden: "In den letzten Jahrzehnten zeigten sich Tendenzen, die Periodisierung der Geschichte von ausgesprochen nationalistischen Positionen aus vorzunehmen, das heißt, sie den politischen Interessen bestimmter sozialer Gruppen unterzuordnen. Nicht selten sind z. B. Versuche, die Geschichte des eigenen Landes von den Prozessen der Weltgeschichte 'loszulösen', diesen den lokalen Verlauf gesellschaftlicher Entwicklung mehr oder minder entgegenzustellen. Damit soll die Bedeutung der eigenen Nation oder des eigenen Nationalstaates künstlich erhöht und dementsprechend die Einwirkung der Weltereignisse bagatellisiert werden, oder man beabsichtigt auf diese Weise, bestimmte nationalistische Hegemonieansprüche oder sogar territoriale Forderungen zu 'rechtfertigen'... Manchmal wird versucht, die Geschichte des eigenen Landes künstlich zu 'verlängern', ausgehend von der unhaltbaren Prämisse, daß die Rolle eines Volkes nicht nur in der Vergangenheit, sondern auch in der Gegenwart um so größer ist, je älter dieses Volk und seine Kultur sind. Mitunter ist die nationalistische Interpretation der Geschichte einiger Völker, die sich erst unlängst vom Kolonialjoch befreit haben, eine Reaktion auf das lange Verschweigen oder die bewußte Verzerrung der Geschichte dieser Völker durch die kolonialen 'Kulturträger'. In diesem Falle kann man die Einseitigkeit der historischen Darstellung des betreffenden Landes zumindest irgendwie erklären. Das darf aber keineswegs eine Rechtfertigung für beliebige nationalistische Entstellungen der Geschichte irgendeines Volkes sein."[24] Es wäre nicht gerechtfertigt, die gelegentliche Überzeichnung des eignen Anteils am historischen Fortschritt, wie sie sich in Pressebeiträgen in den verschiedenen Ländern des Vorderen Orients findet, bereits als nationalistisch zu bezeichnen. Noch viel weniger kann sie mit jener nationalistischen Verzerrung von Fakten zusammengestellt werden, wie sie zionistische Kreise gegenwärtig publizieren. Aber es ist zweifellos eine wichtige Aufgabe der Wissenschaft vom alten Vorderen Orient, die nationale Geschichte in den Gesamtprozeß der historischen Entwicklung einzuordnen, in diesem Zusammenhang ihre weltgeschichtliche Leistung zu würdigen und ihren Platz zu bestimmen. Es kommt darauf an, durch die Erforschung und Darstellung der altorientalischen Geschichte unter besonderer Berücksichtigung der Rolle der Volksmassen und ihrer sozialen Kämpfe zugleich ein internationalistisches Geschichtsbewußtsein zu fördern. Der Anwendung des historischen Materialismus auf die Ergebnisse der archäologischen und philologischen Forschungen zur Geschichte und zur Kultur des alten Vorderen Orients kommt dabei entscheidende Bedeutung zu.

Anmerkungen

1 Der Begriff 'Vorderer Orient' entspricht damit etwa dem 'Nahen Osten' des vorrangig politischen Sprachgebrauchs. In den althistorischen Publikationen wird 'Orient' - im Anschluß an die lateinische Wortbedeutung - in engerem Sinne auf Vorderasien (d. h. den Vorderen Orient ohne das Niltal) bezogen, in weiterem Sinne auch auf den Mittleren und Fernen Osten im Bereich des altweltlichen Trockengürtels. Für eine Zusammenfassung von Vorderasien, Iran und ganz Nordafrika zu einem "einheitlichen Großraum Orient" plädiert E. Wirth, in: Fischer, Länderkunde. Nordafrika und Vorderasien, Frankfurt/Main 1973, S. 11-19, doch werden ihm insbesondere die Althistoriker darin kaum folgen können.

2 Vgl. die knappe Synthese in I. Sellnow (Hrsg.), Weltgeschichte bis zur Herausbildung des Feudalismus. Ein Abriß, Berlin 1977, S. 139-271.

3 Sprachliche und ethnische Vielfalt sowie eine dementsprechende inschriftliche Überlieferung haben vor allem in der Assyriologie (Keilschriftforschung) zu einer vielfachen - und noch nicht abgeschlossenen - Aufgliederung geführt (Sumerologie, Akkadistik, Elamistik, Urartologie, Hethitologie, Ugaritistik usw.). Zu ihr treten noch mehrere Fachgebiete, die sich vorrangig aufgrund nicht-keilschriftlicher Zeugnisse mit dem vorhellenistischen Vorderasien befassen (Alttestamentliche Wissenschaft, Aramaistik, Hebraistik usw.).

4 Diese Situation stellt thematisch breiter angelegte Forschungen und übergreifende Darstellungen oft vor Probleme. Eine Antwort auf eine Frage kann häufig nicht im Material aller dieser Disziplinen zugleich gefunden werden; bereits die Fragestellungen selbst sind entsprechend dem jeweiligen Forschungsstand unterschiedlich.

5 Außer dem bei Grabungen und Erkundungen (Surveys) gewonnenen Material wäre nur das Zeugnis des Alten Testaments sowie einiger antiker Schriftsteller (Herodot, Xenophon, Berossos, Manetho usw.) zu nennen.

6 Einen Überblick über die archäologischen Forschungen in Mesopotamien 1842 bis 1954 bietet S. A. Pallis, The Antiquity of Iraq, Copenhagen 1956, S. 266-384; vgl. auch - mit weiterführender Literatur - K.-H. Bernhardt, Die Umwelt des Alten Testaments, I: Die Quellen und ihre Erforschung, Berlin 1967, S. 25-52.

7 Für die Feldforschung im "Heiligen Land" bzw. alle an der Bibel orientierte Archäologie wird vorrangig in den USA der Begriff "Biblische Archäologie" verwendet. Ihr Verhältnis zur Syrisch-palästinensischen (bzw. der Vorderasiatischen) Archäologie wurde zuletzt auf dem Annual Meeting of the American Schools of Oriental Research, New Orleans, 17.-21. November 1978, diskutiert. Vgl. den Bericht von G.M. Gaster, in: Biblical Archaeologist 42,3, 1979, S. 186-188.

8 Übersichten über die Grabungen eines Jahres bzw. mehrerer Jahre finden sich in verschiedenen Fachzeitschriften. Von den sozialistischen Staaten haben sich die UdSSR im Irak, Polen im Irak, in Syrien, in Ägypten und im Sudan, die ČSSR in Ägypten und die DDR in Ägypten und im Sudan in die Feldforschungen eingereiht.

9 Für die Vorderasiatische Archäologie fehlt es an einer laufenden Bibliographie; die Keilschriftbibliographie der 'Orientalia' (Rom) bezieht seit einigen Jahren (ab. Nr. 30, 1969) nur noch kulturgeschichtlich relevante Titel mit ein, die Bibliographie des 'Archiv für Orientforschung' eine Auswahl. Für Mesopotamien enthält R. S. Ellis, A Bibliography of Mesopotamian Archaeological Sites, Wiesbaden 1972, eine Zusammenstellung der Grabungsplätze.

10 Vgl. dazu E. Wirth, Syrien. Eine geographische Landeskunde, Darmstadt 1971, S. 137-205.

11 Alle Orts- und Gewässernamen der Keilschrifttexte werden jetzt im 'Répertoire Géographique des Textes Cunéiformes' erfaßt (Wiesbaden, ab 1974). Der größte Teil dieser Ortsnamen ist noch nicht lokalisierbar.

12 Voneinander abweichende Untersuchungsergebnisse verschiedener Labors (z. B. bei Metallanalysen) und eine zuweilen erhebliche Anzahl von noch unzureichend erkannten Unsicherheitsfaktoren warnen davor, Exaktheit und Möglichkeiten dieser Untersuchungsmethoden zu hoch einzuschätzen.

13 Zur 'topographischen Archäologie' in Mesopotamien vgl. vor allem R. McC. Adams, Land behind Baghdad, Chicago-London 1965; R. McC. Adams, H. J. Nissen, The Uruk Countryside, Chicago-London 1972, und dazu B. Brentjes, Die topographische Archäologie. Ein neuer Zweig der orientalischen Archäologie mit sozialhistorischen Aussagen, in: Das Altertum 21, 1975, S. 197-205. Eine umfangreiche Monographie,

die neue Forschungsergebnisse einbeziehen konnte, hat kürzlich R. McC. Adams unter dem Titel "Heartland of Cities" in Druck gegeben.

14 Vgl. dazu etwa H. J. Nissen, Archäologie und die soziale Struktur innerhalb einer Siedlung (Zusammenfassung), in: D. O. Edzard (Hrsg.), Gesellschaftsklassen im Alten Zweistromland, München 1972, S. 145.

15 Vgl. J. Friedrich, Entzifferung verschollener Schriften und Sprachen, Berlin 1954; I. M. D'jakonov (Diakonoff), Jazyki drevnej Perednej Azii, Moskva 1967.

16 P. Matthiae, Ebla. Un impero ritrovato, Torino 1977.

17 Meistens handelt es sich um die Darstellung zeitlich oder räumlich eng umgrenzter Bereiche oder um Anthologien. Bereitwillig wird zuweilen agnostizistischen Vorstellungen gefolgt, vor allem, wenn sich fachwissenschaftliche Autoritäten zu ihnen bekannt haben.

18 Bei einer materialistischen Interpretation historischer Prozesse im alten Vorderen Orient ergeben sich Berührungspunkte vor allem zur 'anthropologischen Schule', die insbesondere in den USA eine Reihe prominenter Vertreter gefunden hat. Ihre Untersuchungen zu den natürlichen Bedingungen und ihrem Einfluß auf sozialökonomische Entwicklungen, zum Verhältnis von Bewässerungsbodenbau und Besiedlung, zu den Mechanismen des frühen Fernhandels usw. vermitteln wertvolle neue Einsichten. Abgesehen von anderen theoretischen Ausgangspositionen, wäre kritisch vor allem auf die Tendenz einer zu weitgehenden und undifferenzierten Anwendung von Formeln, Modellen und maschinell bereitgestellten Daten zu verweisen.

19 Diese Rolle der beiden Religionen, insbesondere der christlichen, erschwert die Untersuchung des Einwirkens altorientalischen Kulturgutes auf andere Räume und Epochen, vor allem auf die Entwicklung in Europa. Dabei ist diese Überlieferungslinie nur eine von einer ganzen Reihe - wie etwa die Vermittlung durch die Antike oder Byzanz, die islamisch-arabische Wissenschaft, die Kreuzfahrer. Länge und mögliche Vielfalt der Wege, aber auch die Anonymität altvorderasiatischer Kunst und Literatur machen es dem Altorientalisten oft unmöglich, allein auf die Frage nach dem Gang der Überlieferung und nach der Wirkung auf andere Kulturen zu antworten. Für die etwas deutlichere Situation im Verhältnis Ägyptens zu Europa vgl. S. Morenz, Die Begegnung Europas mit Ägypten, Berlin 1968.

20 Die Texte aus den Archiven von Ebla (Tell Mardikh, etwa 60 km südwestlich von Aleppo) datieren aus dem 25./24. Jh. v. u. Z. und sind großenteils in einer frühen semitischen Sprache verfaßt. Bald nach ihrer Entdeckung durch eine italienische Expedition bezeichneten zionistische Kreise in den USA in Presseveröffentlichungen Ebla als

Wiege der hebräischen Kultur, seine (fast 17 000) Texte als Zeugnisse für die Vorgeschichte Israels. In der mit Unterstützung der Zion Research Foundation gedruckten Zeitschrift 'Biblical Archaeologist' (41,4 1978, S. 143-164) publizierte D. N. Freedman einen Beitrag über fünf "biblische" Städte, die in Ebla-Texten erwähnt werden sollen; er berief sich dabei auf die mündliche Mitteilung eines Assyriologen. In Anbetracht der Ablehnung, auf die diese unbegründeten - im Hinblick darauf, daß Israels Zionisten territoriale Ansprüche aus der Bibel ableiten und die Okkupation fremden Gebietes 'historisch' zu legitimieren versuchen, keinesfalls ungefährlichen - Behauptungen in der Wissenschaft stießen, richtete man den Angriff nunmehr offen gegen Syrien. H. Shanks warf in der 'Biblical Archaeology Review' (5,2, 1979, S. 36-50) den syrischen Autoritäten vor, die Veröffentlichung von Ebla-Texten zu unterdrücken, die als Zeugnis für Israels Frühzeit von Bedeutung seien. Auch dem wurde rasch und beweiskräftig widersprochen, doch wiederholten zahlreiche Zeitungen der USA diesen Vorwurf (New York Times, Los Angeles Times, Wallstreet Journal, Herald Examiner, usw.). In der Zeitschrift 'Science' erschien unter dem 31. August 1979 (205, 1979, S. 878-881) ein Artikel, der auch der Meinung der Wissenschaftler Raum gab und die Überschrift trägt: "Syria said to suppress archaeological data. Hebrew names in an ancient archive reportedly anger the Syrians, but scholars say the whole story is a hoax".

21 Führende Vertreter z. B. des Irak sowie Syriens haben bei verschiedenen Gelegenheiten darauf hingewiesen, daß die kulturelle Hinterlassenschaft früherer Geschichtsepochen gepflegt und der ganzen Menschheit bewahrt werden müsse; vgl. etwa den "Baghdad Observer" vom 22.12.1978.

22 Irak: Internationale Seminare über Assur und Babylon (Dezember 1978, Oktober 1979); sie sollen in Arbeitsgruppen fortgeführt werden. Syrische Arabische Republik: Colloque International d'Études Ugaritiques (Oktober 1979). Jordanien: Konferenz über Geschichte und Archäologie Jordaniens (März 1980). Das syrische Kolloquium stand unter der Schirmherrschaft des Staatspräsidenten Hafez al-Assad.

23 Das Deutsche Archäologische Institut, das dem Auswärtigen Amt der BRD unmittelbar zugeordnet ist, unterhält z. B. Institute in Istanbul und Teheran, Bagdad und Kairo sowie neuerdings in San'a. In Beirut arbeitet ein Institut der Deutschen Morgenländischen Gesellschaft, beiderseits des Jordans ist das Deutsche Evangelische Institut tätig. Anläßlich der Einweihung des neuen Bibliotheksbaus des Deutschen Archäologischen Instituts in Berlin(West) wies der Staatssekretär im Auswärtigen Amt der BRD, Dr. Peter Hermes, aus-

drücklich auf die große Bedeutung hin, die die Archäologie für die auswärtige Kulturpolitik und die Beziehungen zum Ausland habe, s. Archäologischer Anzeiger 1977, S. 616-621.

24 J. M. Shukov, Kriterien für die Periodisierung der Geschichte, in: Sowjetwissenschaft, Gesellschaftswissenschaftliche Beiträge 9, 1979, S. 925.

Eberhard Serauky

Zur Rezeption und Wirksamkeit des vorislamischen Erbes im Jemen

Im Jemen entwickelten sich seit etwa dem Jahr 1500 v. u. Z. Staaten, die aufgrund des Fernhandels, vor allem mit Weihrauch, Myrrhe und anderen Duftstoffen, sowie einer auf entwickelter Bewässerungstechnik basierenden intensiven Landwirtschaft eine bedeutende wirtschaftliche Stellung im Altertum erlangten. Griechische Gelehrte berichteten seit Theophrastos mit zunehmender Genauigkeit und stets exakterer Quellenlage über den wachsenden Reichtum, den diese Staaten der Minäer, Sabäer und der Himjariten akkumulierten. Der Wohlstand und die hohe Kultur des Landes, das seit etwa 110 v. u. Z. die Himjariten regierten, wurde 24 v. u. Z. Ziel des von Kaiser Augustus befohlenen militärischen Überfalls, den der römische Statthalter in Ägypten Aelius Gallus mit 10 000 Mann unternahm; zwar drang er bis in das Reich der Südaraber vor, vermochte jedoch nicht deren alte Hauptstadt Ma'rib zu erreichen und mußte wegen des erbitterten Widerstands der Bevölkerung sowie wegen mangelnder Ausrüstung und Vorräte den Rückzug antreten. Wenn dieser militärischen Expedition der erhoffte materielle Erfolg versagt war und ihr Scheitern jahrhundertelang eine abschreckende Wirkung hatte, so verfügte man in Rom nach diesem Feldzug doch über genauere Informationen hinsichtlich der Landesprodukte, der sozialen Gliederung im Staat, der Art der Königsherrschaft und der Handelsrouten. War dieser militärische Okkupationsversuch fehlgeschlagen, so zeitigte die Entdeckung der Monsunwinde durch griechische Seeleute (bis dahin hatten die Südaraber diese Kenntnisse im Interesse ihres Handels mit Indien geheimgehalten) und die von den Ptolemäern darauf aufgebaute Seeverbindung Ägypten-Indien ernstere Folgen für die Wirtschaft des Landes. Innere Machtkonflikte begünstigten den 340 u. Z. unternommenen ersten Überfall des christlichen Abessinien auf den Jemen, dem ein weiterer folgen sollte. Die Landwirtschaft, das Bewässerungssystem und der Handel verloren ihr hohes Niveau. Gegen die abessinische Herrschaft entwickelte sich um 250 eine breite Volkserhebung unter Saif b. Ḏī Jazan, einem Nachkommen himjaritischer Könige.[1] Als das sassanidische Persien um 575 den Jemen besetzte, waren nur noch wenige Elemente der einstigen Kultur und materiellen Blüte zu finden.

Nach den Jahren dieser Konflikte und Bedrohungen bot der Islam für den Jemen die Möglichkeit einer Konsolidierung, in der die Rückschau und Auseinandersetzung mit der Vergangenheit eine spezifische Stellung einnehmen sollten. Im Koran (71/22) wurde auf Götter teilweise südarabischer Herkunft[2] verwiesen und das Bekenntnis zu ihnen als Sünde bezeichnet; auch der Untergang des Reiches der Sabäer, das zweimal erwähnt wird (27/22; 34/14), wird als Strafe des Unglaubens der Vorväter betrachtet. Damit war die Rezeption des vorislamischen Erbes vor das komplizierte Problem gestellt, für die Übernahme vorislamischer Traditionen und ihre Pflege einen dem Islam angepaßten Modus zu finden. Nach dem Tod Muḥammads wurde die Auseinandersetzung mit der vorislamischen Geschichte Südarabiens nicht wie von jenem mit vorwiegend ideologischen Mitteln weitergeführt, sondern spitzte sich teilweise zu. Ausdruck dafür war u. a. die Tatsache, daß unter der Regierung des 3. Kalifen 'Uṯmān b. 'Affān (644-656) das Stadtschloß der Himjariten in Sana zerstört wurde und Steine sowie Bauteile davon für die Errichtung der großen Moschee dieser Stadt Verwendung fanden.[3] Noch im 9. Jh. lag der restliche Schutthaufen demonstrativ mitten in der Stadt. Berechtigt dieser Fakt nun dazu, wie es die bedeutende österreichische Sabäistin Maria Höfner tat, von dem "Fanatismus des Islam" zu sprechen,[4] dem hoffentlich nicht alles zum Opfer gefallen sei? Gemeint waren damit von ihr vor allem auch literarische Denkmäler. Im Interesse britischer Kolonialpolitik formulierte W. E. N. Kensdale die Meinung, daß aus vorislamischer Zeit Bauten erhalten sind, "trotz 1400jähriger Steinbrucharbeiten der späteren Einwohner, die sie nur als geeignete Quellen für Baumaterial ansahen."[5] Entgegen diesen Ansichten muß darauf verwiesen werden, daß das jemenitische Volk seit dem Aufkommen des Islam wichtige vorislamische Traditionen übernahm und mit der ideologisch vom Islam geprägten Gesellschaft in einem lang andauernden Prozeß verschmolz. Es bildete sich ein vom Wissen um die bedeutende kulturelle Vergangenheit geprägtes spezifisches Verhältnis zum Islam heraus. Dabei muß berücksichtigt werden, daß der Islam noch gegen Ende des 9. Jh. so wenig in der Bevölkerung verankert war, daß ein jeminitischer Historiker jener Zeit das Urteil anführt, daß die Bewohner dieses Landes "Allah nicht gehorchen."[6] Teilweise assimilierte der Islam vorislamische religiöse Bräuche in der Folgezeit; so wurden auf Bergen, auf denen die Sabäer Stätten ihrer Sonnenverehrung errichtet hatten, Moscheen erbaut, die besonderes Ansehen in der Bevölkerung genossen.[7] Die religiöse Orthodoxie versuchte jedoch, solchen Tendenzen entgegenzuwirken, deshalb war diese Entwicklung keineswegs als konfliktlos zu betrachten. Das trotzdem in der Bevölkerung fortlebende vorislamische Erbe stellte die Grundlage für die gesamte sich später entwickelnde Pflege vorislamischer Traditionen dar. Diese im Volk verwurzelten Traditionen umfaßten neben den bereits erwähnten religiösen Momenten vor allem einzelne Elemente der in vorislamischer Zeit entwickelten Terrassenlandwirtschaft[8], der Bewässerungstechnik[9] und der Weberei[10]. Symptomatisch für diesen Übernahmeprozeß ist die Tatsache, daß mit diesen Faktoren des Produktionsprozesses auch die entsprechenden Begriffe aus der altjemenitischen Sprache in das im Jemen gebrauchte Arabisch übernommen wurden. Reale gesellschaftliche Bedürfnisse waren für die Aneignung dieser Traditionen vorhanden und wirkten damit gleichzeitig begünstigend für die Weiterführung dieses Übernahmeprozesses in anderen Bereichen. Darüber hinaus lebten im Volk Sagen aus vorislamischer Zeit for, in denen Gestalten wie Saif b. Ḏī Jazan, Führer des Aufstandes gegen die Abessinier, geschildert wurden. Die Sammlung der Taten und Wunder dieses Helden erlangte auch außerhalb des Jemen Popularität und wurde noch in der ersten Hälfte des vorigen Jahrhunderts in Kairo von Märchenerzählern vorgetragen.[11]

Auf der Basis dieser engen Verbundenheit des Volkes mit der vorislamischen Periode arbeiteten jemenitische Gelehrte und Schriftsteller seit Aufkommen des Islam in vielfältiger Weise daran, das zur ihrer Zeit noch vorhandene Wissen über die vorislamische Epoche zu bewahren und wirksam zu machen. Ihr Interesse an der alten Geschichte des Landes wurde dadurch verstärkt und in eine oppositionelle Richtung gelenkt, daß nordarabische Wissenschaftler und Literaten die spezifischen kulturellen Leistungen des Jemen zu negieren suchten. So gab Ḫālid b. Ṣafwān, Erzähler des in al-Hāšimīja residierenden Abbasidenkalifen Abū 'l-'Abbās (749-754), eine Schilderung von den Jemeniten, in der er sie als kultur- und geschichtslos darstellte.[12] Der in Basra lebende Abū 'Amr b. al-'Alā'(gest. 770), einer der ersten arabischen Sprachgelehrten und Begründer einer der 7 kanonischen Koranlesarten, erklärte: "Die Zunge der Himjariten ist nicht unsere Zunge; ihre Sprache ist nicht unsere Sprache."[13] Solche Bemerkungen stellten Herausforderungen für das Selbstverständnis des jemenitischen Volkes dar. Entscheidendes für die Bewahrung kultureller Werte der vorislamischen Vergangenheit leistete im 10. Jh. Muḥammad al-Hamdānī, der u. a. in dem zehnbändigen Werk "al-iklīl" genealogische, historische, baugeschichtliche, topographische und literarische Zeugnisse der Vergangenheit zusammenstellte. Von diesem Werk sind vier Bände erhalten. Al-Hamdānī war im Rahmen der ihm zur Verfügung stehenden Möglichkeiten darum bemüht, genaue und glaubwürdige Angaben zu sammeln; dafür spricht die Tatsache, daß der leider nicht erhaltene 7. Band eine Polemik gegen falsche Historien und absurde Sagen darstellte. Seine intensive Beschäftigung mit der vorislamischen Kultur sowie seine kritische Haltung zu politischen Fragen riefen den Haß der religiösen Orthodoxie hervor; mehrfach wurde er unter dem Vorwand einer angeblichen Lästerung des Propheten Muḥammad inhaftiert. Das Gesamtwerk al-Hamdānīs schuf für spätere Generationen eine Quelle für die Pflege der vorislamischen Kultur. Der österreichische Sabäist D. H. Müller konnte bereits im vorigen Jahrhundert aufgrund einer kritischen Analyse der von al-Hamdānī wiedergegebenen himjaritischen Texte und Beschreibungen wichtige Fakten gewinnen für die Aufhellung genealogischer und historischer Zusammenhänge in der vorislamischen Geschichte des Jemen.[14] Für die Stellung von al-Hamdānīs Werk bis in die Gegenwart sei als Beispiel besonderer Art darauf verwiesen, daß von ihm ermittelte Angaben über Stammesgrenzen in vorislamischer Zeit im Jahr 1938 als eine Begründung für Gebietsansprüche von dem nordjemenitischen Imam gegenüber Großbritannien herangezogen wurden; daraus entwickelte sich zwischen beiden Seiten ein militärischer Konflikt im November des gleichen Jahres.[15]

In der Zeit al-Hamdānīs gewann das Interesse an der vorislamischen Geschichte des Landes zunehmend eine politische Dimension. Dabei traten zwei divergierende Aspekte zutage. Mit dem Zerfall des islamischen Großreiches erstarkten im Jemen im 9./10. Jh. die feudalen Partikularherrscher. Zur Legitimierung ihres wachsenden feudalen Machtanspruchs sowohl gegenüber politischen Konkurrenten als auch gegenüber den eigenen Stammesangehörigen versuchten sie, ihre Herkunft aus vorislamischen Fürstengeschlechtern abzuleiten. In nur wenigen Fällen scheint tatsächlich eine solche Kontinuität bestanden zu haben. Gegen diesen wachsenden feudalen Druck der Partikularisten entwickelten sich im gleichen Zeitraum die Volksbewegungen der Ismā'īlīja und der Qarmaten. Bei ihnen trat eine substantiell andere Haltung zur vorislamischen Geschichte hervor, denn sie knüpften im Interesse der Abwehr feudaler Machtansprüche an vorislamischen Traditionen an, die im kollektiven Besitz an Weideland, der gemeinwirtschaftlichen Nutzung von natürlichen Wasserläufen und im gemeinsamen Eigentum generell bestanden. Durch ihr kämpferisches Eintreten für progressive gesellschaftliche Traditionen trugen sie dazu bei, daß z. B. die erwähnte Bewässerungsregelung für natürliche Wasserläufe, obwohl immer wieder Angriffen feudaler Herrscher ausgesetzt, in das Gewohnheitsrecht zahlreicher jemenitischer Regionen einging und bis in unsere Tage nachweisbar ist. Ideologisch entwickelten diese Volksbewegungen einen Islam, der im Interesse ihrer politischen Ziele praxisverbundener war und u. a. durch Elemente eines materialistischen Pantheismus geprägt war. Im Kampf gegen die Feudalherrscher zeigten sich diese Volksbewegungen nicht beeindruckt durch tatsächliche oder angebliche Genealogien aus vorislamischer Zeit bei ihren Gegnern. Seit dieser Epoche lassen sich jedoch zwei Grundmuster in der Pflege vorislamischer Traditionen beobachten: die formelle genealogische Absicherung von Herrschaftsansprüchen und die inhaltlich konstruktive Auseinandersetzung mit der eigenen Geschichte.

Wichtige Leistungen für die Erhaltung weiterer kultureller Überreste aus vorislamischer Vergangenheit erbrachte im 12. Jh. der Philologe Našwān al-Ḥimjarī. In einem großen Wörterbuch faßte er historische, literarische und naturwissenschaftliche Fakten zusammen, um damit dem Vergessen entgegenzuwirken. Aus Begeisterung für die großen kulturellen Leistungen in vorislamischer Zeit verfaßte er ein Gedichtwerk, das er selbst mit einem umfassenden Kommentar versah, in dem er wichtige Teile vorislamischer Dichtung verarbeitet hat.[16] Mit diesem Werk verstärkte er unbewußt eine in der damaligen jemenitischen Dichtung zunehmende Tendenz der Erarbeitung von poetischen Werken, die als vorislamisch ausgegeben wurden und Fälschungen darstellten. Auch diese negative Entwicklung spiegelte auf ihre Art die Popularität der vorislamischen Kultur wider. Neben al-Hamdānī und Našwān al-Ḥimjarī leisteten auch Di'bil b. 'Alī (gest. 860), Abū Ṭajjib al-Waššā' (gest. 936) und Aḥmad ar-Rāzī (gest. 1068) ihren Beitrag zur Erhaltung und Verarbeitung des historischen Erbes der Vorzeit.

Mit der Eroberung des Jemen durch die osmanischen Türken 1515 begann eine Periode der Unterdrückung nationaler Belange und der ökonomischen Ausplünderung. Großbritannien, das am 19.1.1839 Aden eroberte und in der Folgezeit weitere Landesteile annektierte, setzte diese Politik in seinem Machtbereich fort. Von Volksdichtern wurde jedoch die Erinnerung an das kulturelle Erbe wachgehalten. Im Norden des Landes stand auch das feudalistische Regime des Imam einer schöpferischen Aneignung der Geschichte entgegen. Mit der Gründung der Jemenitischen Arabischen Republik im Jahr 1962 wurden nationale Aspekte erstmalig wieder zum Ausgangspunkt einer Regierung auf jemenitischem Territorium. Für die Erforschung der jemenitischen Geschichte waren damit neue, günstigere Bedingungen gegeben. Der 1929 in Sana geborene Husain Šaraf ad-Dīn, der unter dem Imamregime als Buchhalter arbeiten mußte, hatte bereits vor der Revolution versucht, Material über die alte Geschichte des Landes zusammenzustellen und zu publizieren; mit Gründung der Republik entfaltete er eine schöpferische Aktivität, die als wichtige Ergebnisse von ihm selbst bis nach Europa durchgeführter Studienreisen und Materialsammlungen grundsätzliche Werke zur islamischen und vor allem auch vorislamischen Geschichte erbrachte. Eine besondere wissenschaftliche Leistung Šaraf ad-Dīns ist darin zu sehen, daß er durch seine Untersuchungen zur weiteren Klärung des spezifischen Verhältnisses zwischen der altjemenitischen Sprache und dem Arabischen beigetragen hat.[17]

Im Kampf gegen den britischen Imperialismus konstituierten sich die progressiven Kräfte des Südjemen im Jahr 1963 in der National Liberation Front. Auf ihrem 1. Kongreß im Jahr 1965 wurde die National-Charta, das frühe Grundsatz-Dokument dieser Organisation, beschlossen. Als ein stimulierender Ausgangspunkt für die weiteren wichtigen Festlegungen zur Organisation des bewaffneten Kampfes ist darin auch eine Rückschau auf die Geschichte des Volkes enthalten. Dabei wird die besondere Leistung des jemenitischen Volkes in vorislamischer Zeit vor allem unter dem Gesichtspunkt ihres wichtigen Beitrages für die Entwicklung der Produktivkräfte in den Bereichen Bauwesen, Bewässerungstechnik und Landwirtschaft gewürdigt.[18] In dieser Sicht erwies sich ein schöpferisches

Herangehen an die vorislamische Geschichte; gleichzeitig wurde der aktivierende Impuls der Geschichtsbetrachtung deutlich gemacht. Diese Haltung zur vorislamischen Geschichte wurde zu einem festen Bestandteil der Befreiungsbewegung. Es war deshalb nicht überraschend, daß nach Erlangung der politischen Unabhängigkeit im Jahr 1967 in der 1. Nummer der 1968 gegründeten Kultur-Zeitschrift des Landes ein erster kurzer Artikel über die vorislamische Sprache enthalten war.[19] Nach dem Korrekturschritt vom 22.6.1969, in dessen Verlauf der linke Flügel der Organisation die Macht übernahm, konkretisierte sich auch die schöpferische Diskussion über das historische Erbe. Ein Ergebnis dieser Diskussion, an der sich auch zunehmend jemenitische Wissenschaftler beteiligten, war die Erkenntnis, daß es dem jemenitischen Volk durch das Festhalten an den Werten der nationalen Geschichte und Kultur möglich war, die eigene Identität zu erhalten, obwohl Jahrhunderte ausländischer Unterdrückung auf dem Volk gelastet hatten.[20] Der Begriff des historischen Erbes erfuhr darüber hinaus auch eine Weiterentwicklung, was sich in dem 1970 veröffentlichten Altertümergesetz erwies. Eine Konkretisierung des Verhältnisses zum vorislamischen Erbe zeigte sich auch im Programm der führenden politischen Organisation für die national-demokratische Etappe vom März 1972, wo die Leistung des jemenitischen Volkes bei der Schaffung der "Arabia felix" in vorislamischer Zeit hervorgehoben wird; gleichzeitig wird aber unter Hinweis auf die Okkupation des Jemen durch Abessinier, Römer und Perser die Fähigkeit des jemenitischen Volkes nachgewiesen, zielgerichtet und umfassend den Widerstand gegen ausländische Unterdrückung und Ausbeutung zu entwickeln.[21] Ausdruck für das besondere Interesse der an der Förderung der internationalen Forschung auf dem Gebiet der vorislamischen Geschichte des Jemen ist die 1978 erfolgte Gründung einer mehrsprachigen Fachzeitschrift, die symbolisch nach dem Schloß der Himjariten Raidan benannt ist.

Dieser Beitrag konnte nur in wenigen Hauptaspekten das konstruktive Verhältnis umreißen, das im Lauf der Jahrhunderte von dem jemenitischen Volk gegenüber dem vorislamischen Erbe entwickelt wurde. Dieser nicht widerspruchsfrei verlaufene Prozeß beweist die Fähigkeit dieses Volkes, wichtige Werte der Vergangenheit nicht nur zu bewahren, sondern sie fruchtbar zu machen für die jeweilige Gegenwart. Das Verschmelzen vorislamischer Elemente mit der ideologisch vom Islam geprägten Gesellschaft erbrachte ein Geschichtsbild, das durch eine spezifische Kontinuität geprägt ist.

Anmerkungen

1 P. K. Hitti, History of the Arabs, London 1968, S. 65/66.

2 J. Wellhausen, Reste Arabischen Heidentums, Berlin 1897, S. 14-23.

3 'Amr b. Bahr al-Ǧāhiz, Kitāb al-hajawān, Bd. 1, Kairo 1905, S. 37; Jāqūt, Mu'ǧam al-buldān, Bd. 4, Beirut 1957, S. 211.

4 M. Höfner, Der Stand und die Aufgaben der südarabischen Forschung, in: Beiträge zur Arabistik, Semitistik und Islamwissenschaft Leipzig 1944, S. 61.

5 W. E. N. Kensdale, The Religous Beliefs and Practices of the Ancient South Arabians, in: Anitiquities Bulletin, 3, Aden 1964, S. 1.

6 Jahjā b. al-Husain b. Hārūn, Al-ifāda fī ta'rīḫ al-a'imma as-sāda, Handschrift, Ahlwardt 9665, fol. 33a, Staatsbibliothek Preußischer Kulturbesitz, Berlin(West).

7 Muhammad al-Hamdānī, Al-iklīl, hrsg. und übers. von N. A. Faris, Bd. 8, Princeton 1938, S. 72; ders., Sifat al-ǧazīra al-'arabīja, Leiden 1884, S. 190.

8 P. A. Grjaznevič, Južnaja Aravija-Pamjatniki drevnej istorii i kul'-tury, Bd. 1, Moskva 1978, S. 19.

9 Husain Šaraf ad-Dīn, Ta'rīḫ al-jaman at-taqāfī, Bd. 3, Kairo 1967, S. 121.

10 Ibn al-Muǧāwir, Ta'riḫ al-mustabsir, hrsg. von O. Löfgren, Bd. 2, Leiden 1954, S. 256.

11 E. Lane, The Manners and Customs of the Modern Egyptians, London o. J., S. 420.

12 Jāqūt, Mu'ǧam al-buldān, Bd. 5, Beirut 1957, S. 448; 'Amr b. Bahr al-Ǧāhiz, Kitāb al-hajawān, Bd. 6, Kairo 1907, S. 45/46.

13 Husain Šaraf ad-Dīn, Ta'rīḫ al-jaman at-taqāfī, Bd. 3, Kairo 1967,

14 D. H. Müller, Südarabische Studien, Wien 1877, S. 15 f.

15 Mustafā Sālim, Takwīn al-jaman al-hadīt, Kairo 1963, S. 438.

16 A. v. Kremer, Über die Südarabische Sage, Leipzig 1866, S. 73-75, 84-86; ders., Altarabische Gedichte über die Volkssage von Jemen, Leipzig 1867, S. 7.

17 Husain Šaraf ad-Dīn, Ta'rīḫ al-jaman at-taqāfī, Bd. 3, Kairo 1967, S. 13 f.

18 Al-mītāq al-watanī, Aden o. J., S. 6.

19 Hamza Luqmān, Al-luġa al-'arabīja al-ǧunūbīja al-qadīma, in: al-maǧalla, Bd. 1, 1, 1968, S. 27 f.

20 'Abd ar-Raḥīm Salām, Min aǧl inqāḏ at-turāṯ, in al-ḥikma, Bd. 2,1, Mai 1971, S. 34; weiteres wichtiges Material über die altjemenitische Sprache in: aṯ-ṯaqāfa al-ǧadīda, Bd. 7/8, 5, 1976, S. 172-229.

21 Barnāmaǧ at-tanẓīm as-sijāsī al-ǧabha al-qaumīja li-marḥalat aṯ-ṯaura al-waṭanīja ad-dimūqrātīja, Aden 1972, S. 1.

Josef Poulík

Das Vermächtnis der tschechoslowakischen Archäologen für künftige Generationen

In der ČSSR wird der Präsentierung archäologischer Objekte und ihrer Erhaltung für künftige Generationen viel Aufmerksamkeit gewidmet. Geschützt sind vor allem jene Hinterlassenschaften, die eng mit Großmähren und somit auch mit den Anfängen des staatsbildenden Lebens der Vorfahren des tschechischen und slowakischen Volkes zusammenhängen. Zu den wichtigsten Zeugnissen gehören Überreste von steinerner kirchlicher sowie weltlicher Architektur in Mikulčice, in Staré Město bei Uh. Hradiště und Pohansko bei Břeclav (Abb. 1).

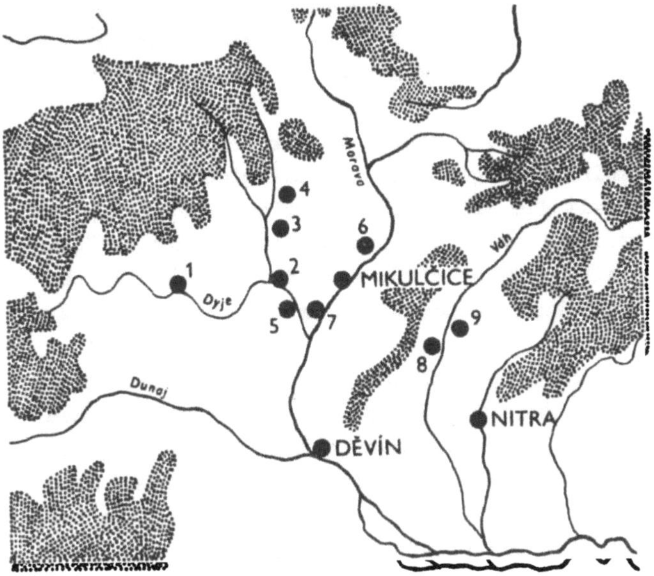

Abb. 1. Die großmährischen Burgwälle
1 Znojmo, 2 Strachotín, 3 Rajhrad, 4 Staré Zámky bei Brno, 5 Nejdek, 6 Staré Město, 7 Pohansko bei Břeclav, 8 Pobedim, 9 Ducové

Der Burgwall "Valy" bei Mikulčice wurde von der Regierung der ČSSR zum Nationaldenkmal erklärt. Somit wurde Mikulčice in die höchste Kategorie von Denkmälern der tschechischen und slowakischen Vergangenheit eingereiht, in der an erster Stelle die Prager Burg steht. Meiner Ansicht nach ist diese Bewertung der archäologischen Entdeckungen in Mikulčice keineswegs zufällig, sondern hängt eng mit den Ergebnissen der Terrainuntersuchungen auf dieser Lokalität zusammen, auf der die Grabungen im Jahre 1954 eingeleitet wurden.

Die bisherigen Untersuchungen vermittelten bestimmte Vorstellungen über die Anfänge und Entwicklung dieses großmährischen Zentrums. Außer einer prähistorischen Besiedlung aus dem Neolithikum, der Bronze- und römischen Kaiserzeit stellte man hier Spuren einer Siedlung mit Keramik des Prager Typs fest. Auf ihr wurde zwischen den Flußbetten der March am Ende des 6. Jh. eine Burg erbaut, die mit einem Wall aus Stein- und Holzkonstruktionen befestigt war. Im Burgareal und auf der Vorburg mit kleineren Niederlassungen (bisher konnten die Grabungen keine Befestigung nachweisen) entdeckte man Überreste von Metallgießerwerkstätten mit keramischen Tiegeln zum Gold- und Bronzegießen. Zahlreiche Funde an bronzenen und vergoldeten Beschlägen mit Pflanzen und Tierziermotiven belegen markant die Produktion entsprechender Werkstätten. Sehr zahlreich sind auch Funde von einfacher Drehscheibenkeramik mit Wellenlinienverzierung. Für das vorgroßmährische Mikulčice sind eiserne und bronzene Hakensporen charakteristisch, von denen man hier bereits 60 fand und die eine Reiterkomponente belegen.

Der befestigte Komplex aus dem 7. - 8. Jh. in Mikulčice hat bisher im Gebiet der Westslawen keine Analogie. Die archäologischen Grabungen in Südmähren bestätigten somit die Existenz einer slawischen "Burg", einer Burg, wie sie bei Fredegar unter dem Namen Wogastisburg im Zusammenhang mit dem sog. Samoreich erwähnt wird. Wogastisburg ist jedoch nicht mit dem südmährischen Mikulčice identisch, sondern ist in Westböhmen zu lokalisieren.

Am Ende des 8. Jh. wurde die ursprüngliche Burg in Mikulčice erweitert und durch einen mächtigen Wall mit Stein- und Holzkonstruktionen befestigt. Im Verlaufe des 9. Jh. erbaute man im Inneren der Burg sechs Kirchen und einen Fürstenpalast. Kirchenfundamente entdeckte man auch auf der Vorburg (vgl. Abb. 2). Diese Kirchen waren in den Arealen befestigter Gehöfte errichtet. Auf den Friedhöfen neben den Kirchen und in den Kirchen selbst entdeckte man mehr als 1 500 Gräber, ausgestattet mit zahlreichen Schmuckstücken aus Gold und Silber, bronzenen vergoldeten und eisernen Sporen, eisernen Schwertern, Äxten usw.

Bereits nach der Entdeckung der beiden ersten Kirchen auf der Mikulčicer Fürstenburg (Abb. 2) hat man erwogen, wie diese Objekte zu konservieren und der Öffentlichkeit zugänglich zu machen seien. Die Bedingungen für die Realisierung dieses Vorhabens waren nicht einfach, denn von den Fundamenten der angeführten Kirchenbauten blieben meistens nur Überreste des Originalgemäuers erhalten, das aus Bruchstein mit Mörtelverbund erbaut war. Ansonsten waren die Fundamentgräben mit Bauschutt ausgefüllt. Diese Situation wurde dadurch verursacht, daß hier die Bewohner von Mikulčice und aus den umliegenden Dörfern in früheren Jahrhunderten Steine gewonnen haben. Diesem Schicksal entgingen auch die anderen kirchlichen oder weltlichen Bauten auf der Mikulčicer Fürstenburg und ihrer Vorburg nicht. Die Erforschung dieser Objekte war daher sehr kompliziert, abgesehen davon, daß bei der Steingewinnung Gräber und gemauerte Grüfte zerstört wurden.

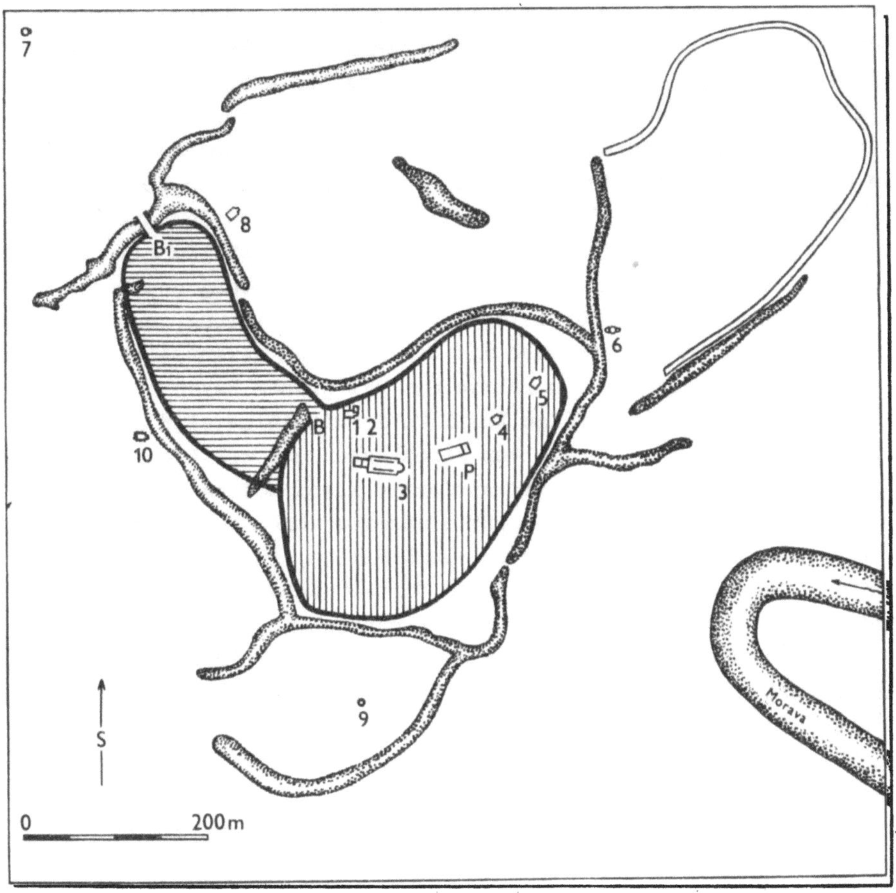

Abb. 2. Grundriß von Mikulčice

B_1 - B_2 Eingangstore,

1 - 10 Kirchenbauten, P sog. Palast

Auch unter diesen schwierigen Umständen gelang es, die Überreste der Grundmauern der ersten zwei Kirchen in Mikulčice, am Eingangstor (Abb. 2,1) in die Fürstenburg gelegen, zu konservieren und über diesen ein Gebäude zu errichten (Abb. 3). In diesem wird der Besucher mittels Plänen und Fotografien über die Entdeckung der beiden ersten Kirchen in Mikulčice informiert. In Kopien werden hier die wichtigsten Funde aus den Gräbern dokumentiert, einige davon "in situ" bei den Fundamenten. Seit dem Jahre 1956, als dieses Denkmal der Öffentlichkeit zugänglich gemacht wurde, sind die Bauüberreste im ursprünglichen Zustand bis heute erhalten geblieben, ohne durch Temperaturveränderungen beeinträchtigt zu werden.

Ein ähnliches Konservierungsverfahren wie bei den ersten zwei Kirchen wurde nach der Entdeckung des bisher größten großmährischen Kirchenbaues im Jahre 1957, einer dreischiffigen Basilika von 35 m Innenlänge, gewählt. Über den Bauresten wurde eine Halle aus Blech errichtet (Abb. 2.3). Im Laufe der Zeit hat sich jedoch erwiesen, daß es in Zukunft nicht möglich sein wird, die Überreste der Fundamentoriginale dieses Kirchenbaues der Einwirkung der Wettereinflüsse zu überlassen. Daher hat man nunmehr die "Halle" beseitigt. Danach wurden die inneren Räume der Schiffe, des Nartex und des Atriums der Basilika mit feinem Sand ausgefüllt; ähnlich wurde auch die nächste Umgebung des Baues hergerichtet. Auf seine Fundamente legte man eine Isolierung, und der Baugrundriß wurde auf der Oberfläche mit Steinplatten gekennzeichnet. Die gesamte Sandfläche mit dem Bau rahmte man mit grünem Rasen ein.

Ähnlich wie die dreischiffige Basilika in Mikulčice sind auch die weiteren abgedeckten Fundamente von kirchlichen und weltlichen Bauten konserviert und den Besuchern präsentiert worden. Meines Erachtens ist dies bisher eines der besten Konservierungsverfahren zum Schutze der Überreste von Steinarchitekturen in einem Milieu, in dem heiße Sommerzeiten mit rauhen Wetterbedingungen im Winter wechseln. Die Errichtung von Überdachungen unter beträchtlichem finanziellen Aufwand kann man nicht als zweckmäßig betrachten, denn nach den bisherigen Erfahrungen verhindern sie nicht den allmählichen Zerfall der abgedeckten Originale des Grundgemäuers.

Bei Erwägungen darüber, wie man die abgedeckten Steinbauten in Mikulčice erhalten und zugänglich machen sollte, entstand während der Grabungen ein weiteres Problem, und zwar im Zusammenhang mit den Abdeckungen alter Flußbetten, die gemeinsamt mit dem Befestigungssystem den Zugang in die Fürstenburg schützten. Bei einer solchen Grabung, die bereits im Jahre 1967 eingeleitet wurde, hat man ein System von Brunnen und leistungsfähigen Pumpen angewandt, das es ermöglichte, in einer Tiefe von 4 - 5 m unter der heutigen Oberfläche zu arbeiten. In den Anschwemmungen der Flußbetten wurden hölzerne Befestigungskonstruktionen, Brückenpylonen, zwei Boote, Monoxyle und Erzeugnisse aus Holz entdeckt. Die kleinen Holzgegenstände sowie die erwähnten Boote konnte man konservieren und somit auch der Öffentlichkeit präsentieren. Allerdings ließen die bisherigen ungenügenden Erfahrungen mit der Holzkonservierung nicht zu, die Holzkonstruktionen und Palisaden in dem Zustand zu belassen, in dem sie in den Anschwemmungen der Flußbetten abgedeckt wurden. Und so blieb nichts anderes übrig, als diese Zeugen der schöpferischen Arbeit der Bewohner des großmährischen Mikulčice wieder unter Schotter- und Sandaufschüttungen zu begraben.

Mit Rücksicht darauf, daß die Grabungen in Mikulčice ein ständig größeres Interesse erweckten und Besucher hierher nicht nur aus den böhmischen Ländern und der Slowakei kamen (durchschnittliche Besucherzahl in einem Jahr ca. 50 000), hat man erwogen, ob nicht auf dieser Lokalität eine Denkmalstätte erbaut werden sollte, in der der Reichtum an Funden konzentriert wäre, der bei der Erforschung von Gräbern sowie Siedlungsschichten und Objekten gewonnen wurde. Es gab mehrere Erwägungen dazu. Schließlich wurde eine Exposition in dem ursprünglichen architektonisch umgestalteten Depositarium hergerichtet (Abb. 4). Hier wird der Besucher über die Grabungsvorgänge informiert und in einer chronologischen Folge mit der Fundauswahl der materiellen Kultur, den Produktionsprozessen und mit den Überbauerscheinungen der Gesellschaft des vorgroßmährischen (Heidentum) und großmährischen (Christentum) Mikulčice bekannt gemacht. Diese Exposition ist nicht groß (100 m^2) und kann natürlich nicht im vollen Ausmaße den Fundreichtum erfassen, der im Areal von Mikulčice in den letzten 25 Jahren gewonnen wurde. Die Ausstellung, die laufend durch Kopien neuer Funde ergänzt wird, hat das außergewöhnliche Interesse der Besucher auch dank der anschaulichen Gestaltung. Sie knüpft an die Ausstellungen über Großmähren an, die, wie bereits angeführt, in der ČSSR und im Ausland gezeigt wurden. Doch ist sie im Verhältnis zur großen Besucherzahl räumlich sehr eng und erfaßt auch nicht im vollen Ausmaß Bedeutung und Stellung von Mikulčice in der administrativen und politischen Organisation des großmährischen Staatsgebildes.

Diese Umstände führten zu Erwägungen, im Areal des Mikulčicer großmährischen Zentrums eine Denkmalstätte zu erbauen, die es den Interessenten ermöglichen würde, einen tieferen Einblick in das Leben der Bewohner der Burg sowie der Vorburg zu gewinnen und die Beziehungen des befestigten Komplexes in Mikulčice zum bäuerlichen Hinterland zu klären. Im Laufe der Jahre kam es zu mehreren Versuchen der Realisierung einer solchen Denkmalstätte, ihrer inhaltlichen, architektonischen und künstlerischen Lösung. Aber erst im Jahre 1974, nach 20 Jahren Grabungen in Mikulčice, wurde in Anwesenheit einer Delegation des ZK der KPČ und der Regierung der ČSSR der Grundstein zu diesem Bau gelegt mit der Absicht, daß dieses Denkmal der Öffentlichkeit im Jahre 1984 übergeben wird, anläßlich der 40. Wiederkehr des Slowakischen Nationalaufstandes.

Nach längeren Überlegungen und Diskussionen wird für den Aufbau der Denkmalstätte in Mikulčice das Projekt des Architekten Ing. Miroslav Spurný aus Brno vorbereitet (Abb. 5). Dieses Objekt wird am Zufahrtsweg ungefähr 400 m nördlich der Fürstenburg errichtet. Ähnlich wie bei den Projekten anderer Architekten wird das Gebäude im Einvernehmen mit Denkmalpflegern und Archäologen in vier Haupttrakte gegliedert. Das Dreietagengebäude enthält außer der Ausstellungsfläche von ca. 2000 m^2 eine Aussichtsterrasse. Für den Bedarf der archäologischen Grabung, also für Labors, Arbeitsräume und Wohngelegenheiten, ist ein Sonderbau vorgesehen (Fläche ca. 1600 m^2). Dazu gehört auch ein Depositarium für Funde aus den Grabungen in Mikulčice. Zum Hauptgebäude gehört ein Vortragssaal, in dem Diapositive und Filme vorgeführt werden, die nicht nur mit den Grabungen in Mikulčice, sondern auch mit Entdeckungen auf anderen bedeutenden großmährischen Lokalitäten zusammenhängen. Ein Wasserbecken, das die ursprüngliche Fortifikation des Mikulčicer Komplexes symbolisiert, nämlich die Flußarme der Morava, ergänzt die Architektur des Denkmals. Beim Aufbau des Denkmals wurde auch ein Restaurant vorgesehen.

Architektonische Gestaltung und Lage sind so gewählt, daß über die Popularisierungs- und Erziehungsfunktion hinaus eine gefällige Einordnung in das reizvolle Naturmilieu mit Wiesen und Auwald am Flusse Morava erfolgt. Vom Museumsgebäude aus wird nicht nur eine Aussicht auf die Burg und Vorburg ermöglicht, sondern der Besucher wird zu den einzelnen erforschten Objekten über entsprechend angelegte Wege gelangen und die Grabungstätigkeit im Terrain beobachten können.

Die nationale Gedenkstätte von Mikulčice repräsentiert sich somit als ein Objekt, in der nationales Geschichtsverständnis in sinnvoller Einheit mit der Naturumwelt vermittelt wird.

Literatur

J. Dekan, Velká Morava (Großmähren), Einleitung J. Poulík, Bratislava 1979 (mit Literaturverzeichnis).

J. Poulík, Mikulčice. Sídlo a pevnost knížat velkomoravských (dt. Resümee), Praha 1975.

Bohuslav Chropovský

Beitrag der slowakischen Archäologie zur Entfaltung von Wissenschaft und Kultur sowie zur Festigung des sozialistischen Bewußtseins

Das Aufblühen unserer sozialistischen Gesellschaft bietet nicht alltägliche Bedingungen für die Entfaltung von Wissenschaft und Kultur. Die stürmische Entfaltung der Materialbasis, die Aneignung von Kulturwerten durch die Werktätigen, ist Bestandteil der Kulturpolitik der Kommunistischen Partei der Tschechoslowakei in Erfüllung der Beschlüsse des XV. Parteitages. Eine der Hauptaufgaben der Wissenschaft ist das Erkennen und die Verbreitung des wahrhaften Bildes der Sachen und Prozesse. Zu unserem wissenschaftlichen und kulturellen Reichtum gehört auch das Kennen der Vergangenheit des eigenen Volkes, dessen schöpferische Kräfte sich vielseitig äußerten. Freilich handelt es sich bei dem Beitrag unserer Disziplinen nicht um die Erforschung der nahen Vergangenheit, sondern auch um die Enthüllung der Werte, die im Verlaufe von Jahrtausenden geschaffen wurden. W. I. Lenin sprach sehr häufig von den großen Werten des Kulturerbes und über dessen Bedeutung beim Aufbau der kommunistischen Gesellschaft. Deswegen ist das große Interesse auch unserer Gesellschaft an der eigenen Vergangenheit eine natürliche Äußerung der Anteilnahme am organischen entwicklungsmäßigen Zusammenhang der Generationen, ein Ausdruck des Interesses an den Äußerungen ein und desselben Kollektivs in verschiedenem zeitlichem Milieu und unter verschiedensten Umständen. Ist doch die Geschichte nicht nur das Gedächtnis und Bewußtsein der Menschheit, sondern auch eine Lehrmeisterin des Lebens. Die Vergangenheit eines jeden Volkes ist ein untrennbarer Bestandteil seiner Gegenwart, und zusammen mit ihr beteiligt es sich an der Gestaltung der Zukunft. Von den Worten W. I. Lenins ausgehend, daß "nur durch ein genaues Kennen der innerhalb der ganzen Entwicklung der Menschheit geschaffenen Kultur, ihrer Durcharbeitung eine proletarische Kultur aufgebaut werden kann", trat auch unsere Gesellschaft an die Erforschung der frühen Vergangenheit heran, um aus ihr für die Gegenwart zu schöpfen. Handelt es sich doch um die Umbildung der Gedankenwelt der Menschen und um die Darbietung der tatsächlichen wissenschaftlichen Wahrheit. Und in diesem System der Entfaltung der Wissenschaft und Ideologie nach dem Sieg der Arbeiterklasse erhielt die slowakische Archäologie nie dagewesene Möglichkeiten nicht nur hinsichtlich der materiellen Ausstattung, sondern auch im Hinblick auf ihre gesellschaftliche und politische Relevanz.

Anläßlich des 30. Jahrestages der Entstehung des ersten deutschen

Arbeiter-und-Bauern-Staates - der Deutschen Demokratischen Republik - und anläßlich des 10. Gründungstages des Zentralinstituts für Alte Geschichte und Archäologie gestatten Sie mir, wenigstens kurz auf die Geschichte des slowakischen Volkes und der slowakischen Archäologie einzugehen. Es ist bekannt, daß die offizielle Bourgeois-Politik zur Zeit des ehemaligen Österreich-Ungarns und zur Zeit der Vormünchener Tschechoslowakischen Republik dem slowakischen Volk das Recht zur Eigenständigkeit eindeutig abgesprochen hatte. Nicht anders war es auch nach der Zerschlagung der Republik, als die faschistische Politik aus der Slowakei einen minderrangigen Vasallen machte. Unablässig wurde betont, daß es sich nicht um ein Volk handelt und wenn, dann um ein Volk ohne Vergangenheit, um ein Volk ohne Kultur, um minderwertige Rastelbinder mit leeren Händen. Theorien und Beweise darüber, daß einem Volk, das im 19. Jh. nahezu verschwunden war, keine lichten Epochen in seiner Entwicklung und noch weniger in seiner frühen Vergangenheit beschieden sein konnten, hat die bürgerliche Historiographie mit Eifer zusammengetragen. Als offizielle Plattform hat solche Auffassungen am markantesten wohl der böhmische Historiker Václav Chaloupecký in seinem Werk "Staré Slovenko" konzipiert, wenn er schrieb: "Die Slowakei ist nach den Vorstellungen, die sich insbesondere im 19. Jahrhundert bildeten, ein Land, wo Slowaken wohnen. Wie schon der Name selbst sagt, ist das ein neuer, moderner Begriff. Die Geschichte kennt keine Slowakei und die Namen Slowake, Slowaken." Recht ähnliche und noch weitreichendere Theorien finden wir bei zahlreichen magyarischen Historikern, aber ebenfalls bei Soziologen, bei Ökonomen und anderen, von Politikern und insbesondere von Revanchisten gar nicht zu sprechen. Sehr lange hat die bürgerliche Historiographie Theorien entwickelt, die in offener oder versteckter Form in verschiedenen Abwandlungen und auf verschiedener Plattform auch in den Krisenjahren 1968 - 1969 auftauchten. Es muß jedoch bemerkt werden, daß aus einer Verteidigungshaltung heraus auch im Kreise der Wissenschaftler früher manchen slowakischen öffentlichen Persönlichkeiten, aber auch manchen geschichtlichen Ereignissen eine unrichtige Bedeutung zugeschrieben wurde; es wurden viele Marksteine in der Geschichte der Slowakei und des slowakischen Volkes gesucht, was zur Verbreitung romantischer Vorstellungen beitrug und Voraussetzungen zur Entstehung von Falsifikationstheorien schuf. Negativ wirkten andererseits ebenfalls Minderwertigkeitskomplexe, die durch die ökonomische Rückständigkeit und die nationale Unterdrückung hervorgerufen worden waren.

In der bürgerlichen Historiographie herrschte lange die Ansicht, daß die nationale Geschichte im wesentlichen mit der Geschichte des Staates identisch sei, oder umgekehrt, daß die Geschichte des Staates die Geschichte des Volkes darstelle. Aus einer derart aufgefaßten Geschichte geht unrichtig hervor, daß die Geschichte eines über Jahrhunderte unterdrückten Volkes nach allgemeiner Deutung der Innen- und Außenpolitik der staatlichen Macht und der herrschenden Klasse untergeht. Auch bei einigen bürgerlichen slowakischen Historikern verschmolz die slowakische Geschichte mit der Geschichte Ungarns, mit der Geschichte des ungarischen Staates und der ungarischen Aristokratie, innerhalb welcher sie bestrebt waren, möglichst viele Angehörige der slowakischen Herkunft vorzufinden. Im wesentlichen vertieften sich diese Konzeptionen zur Zeit der bürgerlichen Tschechoslowakischen Republik, als man von der These Lubor Niederles ausging, daß "Sprachwissenschaft und Ethnographie ganz überzeugend gezeigt haben, daß die Slowaken ein Bestandteil der Gruppe der Westslawen - der tschechischen Gruppe - sind". Und deswegen wurde eindeutig offiziell die nationalistische These über ein einheitliches tschechoslowakisches (verstehe tschechisches) Volk angenommen. Der erwähnte Professor Chaloupecký suchte daher in erster Linie eine "tschechoslowakische" Besiedlung, wobei er zur Schlußfolgerung gelangte, daß zwischen der sporadisch besiedelten Westslowakei, die zur Gruppe der böhmischen Stämme gehörte, und der Ostslowakei, die zum östlichen Zweig bzw. südöstlichen Zweig gehörte, bis zum 13. Jh. ein breiter unbesiedelter Urwaldstreifen existierte. Falls auch irgendwelche vorgeschichtlichen Funde gemacht würden, könne es sich entschieden um keine Besiedlungskontinuität handeln. Absolut auf den Gegenpol stellte die ludakische Wissenschaft die geschichtliche Entwicklung, indem sie den slowakischen Katholizismus als Grundlage hinstellte und also auch die slowakische Geschichte mit der Entstehung des Christentums beginnen ließ und dabei die Hauptrolle der heiligen Fritigil, der cyrillo-methodeischen Mission und insbesondere dem Nitraer Bistum als Grundlage des "slowakischen St. Peter-Felsens" zuschrieb.

Diesen Tendenzen konnte in der Slowakei von der Archäologie zunächst wenig entgegengesetzt werden. Die Archäologie ist erst zum Anfang des 20. Jh., von progressiv eingestellten tschechischen Archäologen, namentlich von J. Eisner (der jedoch kein Repräsentant des sich erfolgreich entfaltenden Staatlichen Archäologischen Institutes zu Prag war) und später von J. Böhm und anderen konstituiert worden. Eine selbständige archäologische Arbeitsstelle entstand formal in der Slowakei erst im Jahre 1942, die drei Angestellte zählte, von denen sogar der Direktor Prof. V. Budinský-Krička nur ein externer Angestellter war und das Institut nicht einmal ein eigenes Haus besaß. Praktisch gab es noch nicht einmal in der Mitte des 20. Jh. eine slowakische Archäologie. Noch in der Mitte des 20. Jh. galt die Vergangenheit der Slowakei als tot, leer, das Gebiet als ehemals unbewohnt und uninteressant.

Nach dem Sieg der Arbeiterklasse im Februar 1948 begann nicht nur eine neue Ära in der Geschichte des slowakischen Volkes, sondern auch in der Geschichte der slowakischen Archäologie, die sich in qualitativer und auch quantitativer Hinsicht zu entfalten begann. Man kann sagen, daß die slowakische Archäologie ein Kind der Industrialisierung der Slowakei ist, des sozialistischen Umbaues und Aufbaues. Die Industrialisierung enthob die Slowakei der alten Komplexe, enthob sie der Schmähung als ein Land des Elends; unglaublich schnell schritt die gesellschaftliche Entwicklung voran, großzügig bestimmte sie ihre Zukunft. Vor der sich entfaltenden slowakischen Archäologie erstanden drei dringliche Aufgaben:

1. Vor den Schaufeln und Baggern alles zu retten, was Bedeutung für das Studium der Vergangenheit hat.
2. Aus dem gewonnenen Material eine bis dahin nicht existierende Geschichte der Slowakei in den ältesten Zeiten zusammenzustellen.
3. Das eigene Volk und seine Nachbarn von der eigenen Geschichte der Slowakei und der Slowaken zu überzeugen.

Und diese drei Hauptaufgaben stehen vor der slowakischen Archäologie bis heute.

Da es in einem kurzen Referat nicht möglich ist, die erreichten Ergebnisse breiter zu erörtern - sei es im Hinblick auf die Entwicklung in den einzelnen historischen Etappen oder Regionen -, erlauben Sie mir, zumindest kurz die bisherigen Ergebnisse der slowakischen Archäologie zusammenzufassen, die sich dank der Unterstützung der Partei und Staatsorgane erfolgreich entfaltet. Vor allem im Archäologischen Institut, in einem der größten Institute der Slowakischen Akademie der Wissenschaften, konzentriert und entfaltet sich die breite archäologische Forschung, die unermeßlich wertvolle wissenschaftliche, kulturelle und materielle Reichtümer geliefert hat. Ausgedehnte Geländegrabungen und deren Ergebnisse ermöglichten es, sich in größerem Maße nicht nur an der Feststellung des Ausmaßes und der Dichte der Besiedlung zu beteiligen, sondern auch grundlegende ökonomisch-soziale Probleme in engeren und breiteren Zusammenhängen zu lösen.

Die bisherige komplexe Erforschung des Paläolithikums und Mesolithikums brachte genügend neue Fundfonds und wichtige Feststellungen, und, was besonders bedeutungsvoll ist, es konnte auch in der Slowakei die Existenz von Skelettresten des Neandertalers festgestellt werden. Zahlreiche Fundorte warfen neues Licht auf die früh- und mittelpaläolithische Besiedlung des Nordkarpatengebietes und vermehrten beträchtlich die jungpaläolithischen Funde. Besiedlungsstetigkeit dokumentieren auch neuere Grabungen aus der Epoche des Epipaläolithikums. Dank der Ergebnisse neuer systematischer Abdeckungen paläolithischer Siedlungen ist es gelungen, nicht nur wichtige chronologische Angaben zu präzisieren, sondern auch einige Probleme des historisch-gesellschaftlichen Milieus aufzuhellen. Mit diesen Ergebnissen haben sich unsere Kenntnisse zum

Besiedlungsbild der Slowakei im Paläolithikum und Mesolithikum vollkommen geändert. Sie haben das Nordkarpatengebiet nicht nur als wichtigen Schnittpunkt migrierender Kulturen hingestellt, sondern auch als Urheimat mancher lokaler Kulturen.

Ausgedehnte Geländegrabungen brachten zahlreiche Fundverbände und bemerkenswerte Feststellungen zum Neolithikum, die eine Präzisierung der inneren Periodisierung der Entwicklung der einzelnen Kulturkomplexe, Kulturen und Kulturgruppen wie auch ihre Synchronisierung mit der Kulturentwicklung in näheren und entfernteren Gebieten ermöglichten. Erarbeitet wurde eine Periodisierung der Kultur mit Linearkeramik und der Želiezovce-Gruppe in der Südwestslowakei, der Alföld-Linearkeramik und der Bükker Kultur in der Ostslowakei. Besonders bedeutungsvoll sind die Ergebnisse bezüglich der Lengyel- und Polgár-Kultur. Zahlreiche systematische Grabungen auf Siedlungen und Gräberfeldern ermöglichten es, die Evolution der erwähnten Kulturkomplexe im Vergleich zu ihren übrigen Verbreitungsgebieten genauer zu erarbeiten. Neue Grabungen ließen eine Unterscheidung mehrerer Kulturgruppen und eine Aufhellung der Einwirkungsergebnisse südöstlicher Kulturströmungen im Kristallisationsprozeß der äneolithischen Entwicklung zu. Ganz besonders wichtig sind die Grabungsergebnisse in der Ostslowakei, insbesondere zur Entstehung und Verbreitung der ältesten Metall-(Kupfer- und Gold-)Industrie in der Tiszapolgár-Kultur. Im Gebiet der Slowakei konstatierte man intensive Besiedlung mit Trägern der Kultur mit kannelierter Keramik. Die Ergebnisse neuer Grabungen ermöglichten die Ausarbeitung ihrer detaillierten inneren Periodisierung und beleuchteten ihre Anfänge (Boleráz-Gruppe) und die Verknüpfung mit der vorangehenden Besiedlung. In der Zeit um das Jahr 1900 v. u. Z. kam es zur Expansion fremder außerkarpatischer Ethnika (Glockenbecherkultur, Chłopice-Veselé-Kultur), und es entstand eine neue historische Situation: das Gebiet der Slowakei trat in die Bronzezeit ein.

Die Entwicklung der älterbronzezeitlichen Kultur in der Slowakei ist durch den Aufschwung der Kupfer- und später auch Bronzeverarbeitung charakterisiert. Das ungewöhnlich reiche Vorkommen von Metallerzeugnissen auf Gräberfeldern der Nitra- und Košt'any-Gruppe hat bisher keine Parallelen in der zeitgleichen europäischen Entwicklung. Eine bedeutsame Tatsache ist die, daß der Erzreichtum des Slowakischen Erzgebirges, der Kleinen Karpaten und der Hohen Tatra ausgenutzt wurde. Bedeutende Erfolge erzielte man auch in der Lösung von Fragen, die mit der Besiedlung durch Träger der Aunjetitz- und der Wieselburger Kultur in der Westslowakei, der Besiedlung der südlichen Mittelslowakei von Trägern der Hatvan-Kultur sowie mit der Expansion der Kisapostag-Kultur, die die Entstehung des Hurbanovo-Typus ermöglichte, verbunden sind. Die weitreichendsten Ergebnisse im Kontext der europäischen Forschung brachte jedoch zweifellos die Abdeckung befestigter Siedlungen der Otomani- und Mad'arovce-Kultur. Die urbanistische Konzeption der Siedlungen, die Existenz von Steinarchitektur, die Entfaltung spezialisierter handwerklicher Produktion verweisen auf Kontakte der genannten Kulturen zu mediterranen Zivilisationszentren. Dank der neuen Grabungen erreichte man einen bemerkenswerten Fortschritt in der Lösung der Probleme der Genese und Entwicklung der karpatischen Hügelgräberkultur, der Pilinyer und Kyjatice-Kultur, und unlängst wurde auch die Besiedlung der Ostslowakei von Trägern der Suciu de Sus-Kultur festgestellt.

In der Nord- und Mittelslowakei dominierte während der Bronzezeit die Lausitzer Kultur. Aufgrund der Grabungsergebnisse auf Brandgräberfeldern und der Entdeckungen bemerkenswerter Depots ließ sich eine neue Periodisierung der Lausitzer Kultur ausarbeiten, und manche Fragen sozialökonomischen Charakters konnten beleuchtet werden. Für die Lösung von Fragen der mitteldanubischen Urnenfelder waren Grabungen von grundsätzlicher Bedeutung, die neue Erkenntnisse über die Velatice- und Podol-Kultur in der Slowakei lieferten und es ermöglichten, ein neues Kulturphänomen zu umgrenzen - die Čaka-Kultur, die markante Wandlungen in der sozialen Struktur der zeitgleichen Gesellschaft dokumentiert (Häuptlingsschicht).

Zu den am wenigsten erforschten Epochen gehörte die Hallstattzeit, obwohl durch Grabungen auf wichtigen Burganlagen, Siedlungen und Gräberfeldern sowohl zur Stellung und Bedeutung des slowakischen Gebietes in dieser Zeit und zur Lösung von Fragen der Entstehung und Verbreitung der eisenzeitlichen Kulturen in Mitteleuropa Ergebnisse erzielt wurden und in beträchtlichem Maße zur Herausarbeitung der komplizierten Beziehungen zwischen sozialökonomischen und ethnischen Verhältnissen beigetragen werden konnte. Besondere Bedeutung fand das Studium der Latènezeit in der Slowakei, was wesentlich vor allem durch die Abdeckungen ausgedehnter und fundreicher Gräberfelder, aber auch ausgedehnter Burgwälle und großer Siedlungen geschah. Die Ergebnisse dieser Grabungen wandelten nicht nur die älteren Ansichten über die keltische Besiedlung hinsichtlich des geographischen und des zeitlichen Ausmaßes, sondern trugen auch zur Ergänzung des Wissens über die keltische Expansion in Europa bei.

Im Rahmen der Lösung der breiteren geschichtlichen Problematik der Latènezeit ist zweifellos der Beitrag der slowakischen Archäologie hinsichtlich der Anwesenheit der Daker von großer Bedeutung. Die Forschungen in der Slowakei boten einen tieferen Einblick in den Inhalt der materiellen Kultur, in die Technik der Keramikproduktion, die territoriale Verbreitung und historische Bedeutung dieses Volkes.

Eine große Bedeutung haben die Forschungsergebnisse über die Denkmäler der römischen Zeit in der Slowakei. Es wurden römische Baudenkmäler in bedeutenden Fundorten (Devín, Iža-Leányvár, Milanovce, Rusovce, Stupava, Cífer-Pác) und vor allem Denkmäler der heimischen barbarischen Bevölkerung auf reichen Fundstellen und Gräberfeldern aus dem 1. bis 5. Jh. u. Z. untersucht. Diese Untersuchungen erweiterten das Wissen über die römisch-barbarischen politischen, wirtschaftlichen und sozialen Beziehungen. Merklich erweiterte sich die Besiedlungskarte der Slowakei, und die Fundmenge ermöglichte es, bedeutende Ergebnisse bei der Lösung der Problematik der reichen römerzeitlichen Gräber zu erzielen.

Ungewöhnlich wichtige Funde lieferte die archäologische Erforschung der römerzeitlichen Fundstellen in der Ostslowakei. Sie zeitigte nicht nur zahlreiche Denkmäler der materiellen Kultur, sondern, was besonders wichtig ist, sie ermöglichte es, in ganzer Breite die Problematik der historischen Entwicklung der Ostslowakei in den ersten Jahrhunderten unserer Zeit zu beleuchten. Zu bedeutenden Ergebnissen gehört auch der große Fortschritt im Studium der Púchov-Gruppe, den die Grabungsergebnisse in der Mittel- und Ostslowakei brachten. Ein großer Beitrag der slowakischen Forschung ist auch die Lösung des alten Problems der Lokalisierung des sogenannten Vannianischen Königreiches; es bestehen keine Zweifel darüber, daß es in der Westslowakei lag. Im quadischen und Púchover Siedlungsbereich wurde ein starker Einfluß der römischen Zivilisation auf das Leben und die politischen Schicksale der germanischen Stämme festgestellt und qualitativ differenziert. Gleichzeitig wurde auch die Besiedlungskontinuität der vorgermanischen Bevölkerung bewiesen.

Die Ergebnisse der Terrainforschung brachten einen Umschwung in der Kenntnis der Geschichte der Slowakei in der Völkerwanderungszeit. Bis in jüngste Zeit gab es dazu in der Slowakei keine Forschungsergebnisse.

Eine besondere Stellung nimmt die Slowakei zweifellos auch bei der Lösung der Problematik der Geschichte der ältesten Slawen ein, denn das Siedlungsgebiet der Slawen an der Donau hatte Beziehungen zu allen Kultur- und Zivilisationskreisen des damaligen Europa und lag an der Kreuzung auch außereuropäischer Zivilisationsströmungen.

Die durch die Grabungen in der West-, Nord- und Ostslowakei gewonnenen Erkenntnisse wurden zur Grundlage, die es ermöglichte, die Entwicklung der slawischen Stämme insbesondere der Erzeuger und Benützer der Keramik des sogenannten Prešover und Prager Typus, aber auch anderweitiger materieller Kultur zu beleuchten. Ein stabiles slawisches Siedlungshinterland in der Slowakei ist schon im 5. Jh. belegt, das heißt, vor der Ankunft der Awaren, deren angebliche "Kolonisierungs-"Rolle den Slawen gegenüber bekannterweise in der älteren Forschung oft aus chauvinistischen und revanchistischen antislawischen und besonders antislowakischen Positionen betont wurde. Bedeutungsvoll und überraschend ist auch die Feststellung, daß sich die ältesten slawischen Siedlungen nicht nur in den Niederungen befanden, sondern die Siedlungen mit Keramik des Prager Typus auch in den Gebirgstälern vorkommen. Dies ist ein indirekter Beleg über die Besiedlungskontinuität des Landes, aber vor allem ein Beleg dafür, daß die Gesellschaftsstruktur der ältesten Slawen nicht nur auf bäuerlicher Lebensweise und Hirtenwirtschaft beruhte, sondern diese offenbar auch mit prospektorischer Tätigkeit auf der Suche nach Erzlagern verbunden war.

Eine erstrangige Position nahm die slowakische Archäologie bei der Erforschung der Entstehung und Entwicklung des mächtigen slawischen Stämmebundes, des sogenannten Samo-Reiches, und dessen Bedeutung bei der Befreiung westslawischer Stämme von der Vorherrschaft der Awaren ein. Die Ergebnisse der archäologischen Forschung bezeugen, daß es etwa seit der Zeit des Samo-Reiches zu einer Lockerung der engen Bindungen zwischen Awaren und Slawen kam, und man muß zumindest in Gebieten mit gemischter Bevölkerung mit einer friedlichen Existenz rechnen, mit einer gegenseitigen kulturellen Beeinflussung und mit sukzessiver Assimilation der awarischen Bevölkerung durch die Slawen. Die Analyse der Gräberfelder präzisierte die Kriterien der Aussagefähigkeit der sogenannten awarischen Garnituren von Gürtelbeschlägen über die Ethnizität der Bestatteten.

In der Forschung über den ersten gemeinsamen Staat der Vorfahren der Tschechen und Slowaken - Großmähren - wurden bedeutende Ergebnisse erzielt. Besonders gilt das im Hinblick auf die Untersuchung der wirtschaftlichen, kulturellen und politischen Zentren des Großmährischen Reiches, auf die Entstehung des Feudalismus wie auch auf die Entfaltung der slawischen Kultur. Ein bemerkenswerter Wandel der Kenntnisse über die slawische Besiedlung der Slowakei wurde durch die Erforschung der Produktions- und machtpolitischen Zentren, besonders der Erforschung der Burgwälle in den gebirgigen Teilen der Slowakei erreicht. Im Crava-Gebiet, im Turiec-, im Liptov-, Šariš-Gebiet und in der Zips sind hochstehende Burganlagen mit enormer Fortifikation einschließlich des umliegenden Produktionshinterlandes untersucht worden. Mit der großangelegten Freilegung von Burganlagen, Siedlungen und Gräberfeldern wurde eine dichte slawische Besiedlung aller Teile der Slowakei und deren hohes sozialökonomisches Niveau bewiesen. Die slowakische Archäologie trug ebenfalls zur Aufhellung der internationalen Bedeutung Großmährens und dessen Einflusses auf die wirtschaftliche, kulturelle und politische Entwicklung des zeitgenössischen Europa bei. Von nicht geringerer Bedeutung ist aber auch die Beleuchtung der Grundlagen unserer nationalen Geschichte, der slowakischen und tschechoslowakischen Staatlichkeit.

Die Ergebnisse der archäologischen Forschung in der Slowakei warfen ebenfalls schärferes Licht in die bis in jüngste Zeit dunklen Perioden unserer Geschichte - in die Zeit des Unterganges Großmährens, der Verbreitung der altmagyarischen Stämme, der Entstehung und Entfaltung des ungarischen Staates und der Entfaltung der feudalen Gesellschaft, mit besonderer Berücksichtigung ihrer schöpferischen Schicht - des arbeitenden Volkes.

Wichtig ist jedoch nicht nur die Vertiefung der wissenschaftlichen Wissensbasis, sondern auch die Tatsache, daß dank der Unterstützung der staatlichen Institutionen die neuen Erkenntnisse über die ur- und frühgeschichtliche Entwicklung der Slowakei schlagartig in das Bewußtsein der Fach- und Laienöffentlichkeit durch breite populärwissenschaftliche und volksbildende Tätigkeit gelangten. Damit wurde erheblich das geschichtliche Bewußtsein des slowakischen Volkes und dessen nationaler Stolz gehoben.

In unserer Geschichte hatten wir keine Ära von Kaisern und Königen, wir erschlossen deswegen auch keine Paläste und Schätze. Dafür gewannen wir jedoch aus jeder geschichtlichen Epoche große historische und kulturelle Reichtümer, deren Schönheit und Vollkommenheit und oftmals auch Phantasiereichtum staunende Bewunderung hervorrufen. Sie sind entstanden durch das Können und die Arbeit der ehemaligen Bewohner unseres Gebietes. Es sind unleugbare Belege für den Reichtum unserer Kultur, Beweise für unsere tiefen historischen Wurzeln, für unsere historische Wesenheit. Und unsere kommunistische Partei, unser Volk sind wahrhaftig Erben dieser reichen Kultur, halten sie wert, schätzen sie hoch, sind stolz darauf, daß wir reiche historische Wurzeln in diesem Lande haben, daß unsere Vorfahren bedeutungsvoll an der europäischen und der Weltgeschichte teilhatten. Wir sind uns unserer Pflicht bewußt, dieses Erbe zu erhalten, zugunsten unserer sich entfaltenden sozialistischen Gegenwart. Welche Aufgaben unserer Gesellschaft in dieser Hinsicht zufallen, hat der Generalsekretär des ZK der KPČ und Präsident der ČSSR G. Husák hervorgehoben: "Wir haben eine reiche nationale und staatliche Vergangenheit... Mit Stolz bekennen wir uns zum fortschrittlichen Erbe des tschechischen und des slowakischen Volkes, zu allem Progressiven und Revolutionären, was unsere Vorfahren geschaffen haben."

Die slowakische Archäologie erzielte reiche Ergebnisse und Erfolge, sie wird gesellschaftlich anerkannt und gewürdigt und ist sich ihrer großen Aufgaben und Verantwortung bewußt: durch wissenschaftliche Forschung, kulturell-volksbildende und organisatorische Arbeit auf der Grundlage der methodologischen Prinzipien des Marxismus-Leninismus ein geschlossenes Bild über die Entwicklung des Gebietes der Slowakei in der Frühzeit zu geben, und zwar im Zusammenhang mit der europäischen und der weltgeschichtlichen Entwicklung.

Bruno Krüger

Methodische und theoretische Probleme germanischer Geschichtsforschung unter besonderer Berücksichtigung der Erberezeption

"Die allseitige Erkenntnis des Zusammenhanges zwischen menschlichen Handlungen und geschichtlichen Struktur- und Entwicklungsgesetzen bezieht sich nicht nur auf die Vergangenheit als etwas Abgeschlossenes, sondern auch auf die Gegenwart und Zukunft".[1] Geschichtsforschung muß deshalb immer, auch die weiter zurückliegenden Entwicklungsabschnitte betreffend, der Gegenwart dienen. Sie hat die jeweiligen Ereignisse zu analysieren, sie zu interpretieren, zu werten und den Zusammenhang von Struktur und Bewegung unter dem Aspekt der Ablösung der ökonomischen Gesellschaftsformationen herzustellen und zu betrachten. Erst so wird die Tatsache eine historische.[2] Geschichtsforschung kann also nichts Gegenwartsfremdes sein, sie darf nicht um ihrer selbst willen etwa im Sinne von sogenannter Geisteswissenschaft betrieben werden; als Teil der Gesellschaftswissenschaft hat sie sich also letztendlich mit der Aufdeckung von Struktur- und Entwicklungsgesetzen der Gesellschaft zu befassen und diese als Bestandteil des menschlichen Fortschritts bewußtseinsbildend umzusetzen.

Der Erwerb von Erkenntnissen und Wissen einerseits und ihre gegenwartsbezogene Anwendung andererseits sind deshalb zwei Seiten der gleichen Aufgabenstellung, die je nach Quellenlage und Forschungsstand sowie nach der Zielrichtung ihrer Umsetzung verschiedenartiger Natur sein können, schließlich aber von den jeweiligen gesellschaftlichen Verhältnissen abhängig sind, von denen aus die Forschungen betrieben werden. Auch das historisch-kulturelle Erbe wird von diesem Ausgangspunkt bestimmt, er legt das Herangehen an das Grundanliegen fest. Und das um so mehr, als gerade Tradition und Erbe Bestandteil des ideologischen Klassenkampfes waren und gegenwärtig auch sind; sie haben vor allem in der Vergangenheit der Deutschen eine mehr als unrühmliche Rolle gespielt.

Die Fragen also, wer waren diese Deutschen bzw. ihre Vorfahren, wo kamen sie her, welche Rolle spielten sie in der Geschichte und was ist aus dieser allgemeingültig und damit in die Theorien der Entwicklung der menschlichen Gesellschaft aufnehmbar, sind seit der Beschäftigung mit der eigenen Entwicklung, hier insbesondere auf die Geschichte der germanischen Stämme bezogen, je nach dem bereits erwähnten Kenntnisstand und der Zeit, zu der sie gestellt worden waren, deshalb auch unterschiedlich beantwortet worden.

Spätestens seit der Romantik, die auf deutschem Gebiet in der Beachtung des Historischen einen rückwärts gewandten und gewissermaßen auch weltflüchtigen Zug zeigte, wurden Tendenzen spürbar, die Geschichte dieser germanischen Stämme als unmittelbaren Bestandteil der deutschen Geschichte und die Germanen selbst als die direkten Vorfahren der Deutschen zu bezeichnen. Trotz der vorhergegangenen Zeit der Aufklärung als ideologische Erscheinungsform des Klassenkampfes zwischen Bürgertum und Adel wurde, ausgehend von mißverstandenen Forderungen der Französischen Revolution, das menschliche und gesellschaftliche Ideal in den davorliegenden Jahrhunderten gesucht, wo vor allem die "Germania" des Tacitus nach ihrer Wiederentdeckung stärker auf die Geschichte der Germanen orientierte. Es war aber auch die Zeit, als die Brüder Grimm die "Deutschen Sagen" herausgaben und das "Deutsche Wörterbuch" - man könnte fast sagen als Antwort auf die Besetzung Deutschlands durch die Truppen Napoleons - in Angriff genommen wurde. Nur wenig später regte der Reichsfreiherr von und zum Stein "Deutschlands Gesellschaft für ältere Geschichtskunde" und die Herausgabe der "Monumenta Germaniae Historica" an.[3] In dieser Zeit vollendete im Jahre 1809 aber auch Heinrich von Kleist sein Theaterstück "Hermannschlacht", das allerdings und bemerkenswerterweise erst im Jahre 1860 uraufgeführt wurde.

Diese Schlacht aus dem Jahre 9 u. Z. hatte bis in die Königshäuser einiger Territorialstaaten hinein Interesse gefunden. Nicht zuletzt deshalb, weil nach der mißglückten Revolution von 1848 der sog. deutsche Weg zur Einheit Deutschlands gegangen wurde, an dessen Ende der bürgerliche deutsche Nationalstaat in Form des Kaiserreiches stand. Es war der erste Kaiser dieses Staates, Wilhelm I. selbst, der den bereits seit 1839 währenden und nur schleppend vorangekommenen Bau eines Denkmals zu Ehren des erfolgreichen Kampfes gegen römische Zielstellungen, die germanischen Stammesgebiete bis zur Elbe dem Imperium einzuverleiben, tatkräftig unterstützte und wesentlich dazu beitrug, daß das rund 90 000 Taler kostende Denkmal bei seiner, des Kronprinzen und zahlreicher regierender Fürstlichkeiten Anwesenheit am 16. August 1875 eingeweiht werden konnte.[4] Die Schwerterhebung des Arminius (mit 550 kg ein wahrhaft monumentales Schwert, von der Fa. Krupp in Essen hergestellt) sollte deutsche Einigkeit und Kraft symbolisieren - man erinnerte also bewußt an die geeinte Kraft der Germanen unter Arminius gegen römische Legionen -, wie aus der auf der Klinge angebrachten Inschrift "Deutsche Einigkeit meine Stärke. Meine Stärke Deutschlands Macht" unschwer zu erkennen ist.[5]

Weitere Beispiele, wie die Geschichte der germanischen Stämme zielgerichtet für Politik und Ideologie ausgewertet wurde bzw. wie sie bewußt in das "Kultur- und Geschichtsverständnis" der damaligen Zeit eingebaut wurde, ließen sich anführen. Sie gehören aber in eine mehr forschungsgeschichtliche Betrachtung und weniger in eine Untersuchung, die sich stärker mit dem kulturellen Erbe beschäftigt. Erbe, das war zur

Zeit des Erstarkens des zweiten deutschen Reiches die Besinnung auf die eigene Stärke, demonstriert am Vorbild Germanen; das war die Abkehr von allem, was von außen kommend die Entwicklung mitbestimmt hatte - in diesem Falle die Bedeutung des römischen Einflusses auf den allgemeinen gesellschaftlichen Fortschritt in den ersten Jahrhunderten u. Z.

In der Zeit der Reichsgründung wurden auch die Grundlagen für den deutschen Imperialismus gelegt mit seinem "... allgemein charakteristischen Drang zur Negation der Demokratie im Innern, zur Agression und zur bewaffneten Auseinandersetzung um eine Neuaufteilung der Welt".[6] Die bereits vorhanden gewesenen Ansätze für eine pangermanistische Betrachtung germanischer Stammesentwicklung wurden dem Charakter der Epoche deutscher Geschichte entsprechend weiter gefestigt und ausgebaut. So konnte G. Kossinna auf der 3. Hauptversammlung der Gesellschaft für Vorgeschichte am 4. August 1911 feststellen, daß sich die deutsche Vorgeschichte (hier war in ganz prononcierter Weise die Geschichte der germanischen Stämme gemeint) zu einer hervorragend nationalen Wissenschaft entwickelt habe.[7]

Die gegen Ende des 19. Jh. vor allem von F. Engels verfaßten Werke zur germanischen Geschichte, wie seine Arbeiten "Zur Geschichte und Sprache der deutschen Frühzeit", "Zur Urgeschichte der Deutschen" sowie auch die bedeutende Abhandlung zum Thema "Der Ursprung der Familie, des Privateigentums und des Staats",[8] aus einem ganz anderen Anlaß heraus geschrieben, paßten nicht nur nicht in das sich formierende oder, man sollte besser sagen, in das zielstrebig geschaffene Germanenbild, sondern widersprachen ihm. Die Arbeiten der Klassiker des Marxismus-Leninismus konnten sich deshalb auch nicht durchsetzen. Sie wurden verschwiegen und sind - wie wir wissen - auch heute noch nicht Gemeingut der gesamten deutschsprachigen Germanenforschung.

Soweit man überhaupt noch von einer Erberezeption sprechen kann, wurde sie insbesondere nach dem ersten Weltkrieg nahezu ausschließlich der politisch-ideologischen Zielstellung der herrschenden Kräfte des deutschen Reiches untergeordnet und, losgelöst von jeder historischen Wurzel, in der Zeit nach 1933 in die Entwicklung von Rassenhaß und Rassenwahn einbezogen. "Die Umwertung der deutschen Geschichte, die bewußte Einbeziehung der namenlosen frühen Jahrtausende, die den Weg unseres Volkes schicksalhaft bestimmt haben, ist im vollen Gange", schrieb H. Reinerth, der Beauftragte für Vor- und Frühgeschichte im "Amt für weltanschauliche Erziehung" im 3. Reich. "Maßstab der Gesittung, der Taten und Leistungen unserer Vorfahren kann nicht mehr Rom und der Süden, sondern ausschließlich unser eigenes, blutgebundenes Volkstum sein".[9] Das war ein Programm, das im Jahre 1938 im sogenannten Gesetz zum Schutze des deutschen Blutes und der deutschen Ehre offizielle Sanktionierung fand. Nun verwundert es gar nicht mehr, wenn man in einem Werk aus dem Jahre 1934 lesen kann, "die Annahme, daß das Germanentum in Germanien durch die Berührung mit den Römern und Westfranken in die Reihe der Kulturvölker eingetreten sei, ist als grober Irrtum zu erkennen".[10] Hierher paßt auch die 1936 veröffentlichte Auffassung, daß die italienische Renaissance den in der Völkerwanderungszeit nach Italien eingewanderten Germanen zu verdanken sei. Italien wäre rassenmäßig bereits so degeneriert gewesen, daß es aus eigener Kraft dazu nicht fähig gewesen sei.[11] Es gab aber auch in dieser am schwersten belasteten Periode der Geschichte unseres Volkes ein wissenschaftlich fundiertes Bemühen um die Erforschung der Geschichte der germanischen Stämme. Dafür sprechen zahlreiche Einzelpublikationen mit mehr Editionscharakter, vielleicht auch eine Art Flucht in Zeitperioden der Urgeschichte, die weniger "aktuell" im Sinne der damaligen Ideologie waren.[12]

Die Forschung nach 1945 hatte gewissermaßen zweierlei Erbe zu berücksichtigen: einmal die starke Belastung, die international vor allem die Germanenforschung betraf, sowie zum anderen die Erforschung der tatsächlichen Geschichte der Stämme und die Bestimmung ihres Platzes in der Entwicklung der deutschen Geschichte. Der enorme Zuwachs an Quellen (gegenwärtig ist mit einer Verdopplung der Zuwachsrate innerhalb von zehn Jahren zu rechnen) barg auch hier bei einer Konzentration auf das Detail die Gefahr in sich, daß der Blick für das Ganze erschwert wird und sich ein Informationsschwund breit macht, der wiederum die historische Aussage verringert.[13] Ereigniswissenschaft, getragen vom sogenannten Historismus, aber auch die Überbetonung von Analysen, hier getragen vom Positivismus, wie er gegenwärtig vor allem in der bürgerlichen Geschichtsforschung stärker spürbar ist, können aber historische Tatsachen, wie sie die Quellen vermitteln, weder strukturmäßig noch hinsichtlich ihrer Triebkräfte bestimmen; sie sind auch nicht in der Lage, diese unter dem Gesichtspunkt der Ablösung der ökonomischen Gesellschaftsformation zu betrachten. Aber gerade diese Zusammenhänge, die Analyse der ihnen innewohnenden Dialektik, die Behandlung des Menschen als soziales Wesen seiner Gesellschaft, führen erst zur richtigen historischen Erkenntnis und spannen schließlich auch den Bogen zur Gegenwart in der Herausarbeitung und Wahrung des historisch-kulturellen Erbes.

Es liegt nahe, daß jede national orientierte Geschichtsforschung bestrebt ist, die Anfänge des eigenen Volkes zu ermitteln. Was uns Deutsche betrifft, so können wir davon ausgehen, daß die germanische Stammesbevölkerung den Hauptteil an der deutschen Bevölkerung ausmacht. Aus den Stammesverbänden, Großstämmen und Stämmen der Franken, Alamannen, Sachsen, Thüringer, Friesen, Chatten Langobarden und namentlich nicht bekannten Stämmen zwischen Elbe und Oder entwickelten sich die deutschen Volksstämme und schließlich das deutsche Volk. Sie wirken bis heute in vielerlei Hinsicht fort, sei es als Sammelbezeichnung für alle Deutschen, wenn an den Alamannennamen gedacht wird, oder sei es als Bezeichnung für Bevölkerungsgruppen, für regionale Gebiete mit Spezifika in Kultur und geographisch bedingten Eigenarten, wenn andere Stämme in Betracht gezogen werden. Wir wissen aber auch, daß neben diesen Germanen westslawische Stämme und Bevölkerungsteile anderer ethnischer Zuordnung an diesem Prozeß teilgenommen haben.

Der zeitliche Ansatz für den Beginn der Herausbildung der germanischen Stämme - zweifelsohne ein wichtiger Abschnitt ihrer Geschichte, wenn es gilt, Schwerpunkte zu setzen - stand und steht auch heute noch in der wissenschaftlichen Diskussion, weil quellenbedingt gegenwärtig der hypothetische Charakter möglicher Aussagen nicht überwunden werden kann. Das trifft für die Sprachwissenschaft ebenso zu wie für die Archäologie. Methodisch möglich sind gegenwärtig lediglich sowohl die Einengung des zeitlichen Ansatzpunktes für diesen Prozeß als auch die Bestimmung des geographischen Rahmens, in dem er sich vollzog.[14]

Immer wieder, und sicher auch zu Recht, wurde von der Sprachwissenschaft versucht, mit Hilfe der ersten germanischen Lautverschiebung - festzustellen an der regelmäßigen Veränderung der Verschlußlaute - das Germanische aus der indoeuropäischen Sprachfamilie nicht nur herzuleiten, sondern diesen Vorgang mit Hilfe alteuropäischer Gewässernamen lokal auch einzuengen.[15] Die methodische Grundlage für diesen Weg lieferte die Erkenntnis, daß das Germanische sich aus der westindoeuropäischen Dialektgruppe herausentwickelt habe. Zweifelsohne werden nun Sprachgemeinschaften auch in ethnischer Hinsicht auswertbar sein.[16] Ob jedoch das Germanische im ethnischen Bereich alleiniger Träger einer solchen Sprachgemeinschaft war oder nicht, ist auch gegenwärtig noch nicht geklärt.

Im vermutlichen Herausbildungsbereich konnte nun die archäologische Forschung zwischen der Weser im Westen und der Oder im Osten, gewissermaßen auch gestützt auf mit Hilfe der antiken Überlieferung lokalisierbare Stammesgebiete, hier insbesondere auf die Sitze der Cimbern und Teutonen und der südlich davon anzusetzenden Sueben, die Verbreitung von eng verwandten und sich nach außen von anderen kulturellen Äußerungen abhebenden Siedlungsgebieten nachweisen.[17] Der einheitliche Habitus der materiellen und geistigen Kultur ermöglichte ein Zurückverfolgen der Entwicklung in Kontinuität und lokaler Bestimmung bis in das 6. Jh. v. u. Z. Sie setzte mit ihren Äußerungen gleichzeitig mit dem Übergang zur Eisenverarbeitung und Eisenerzeugung ein.[18]

Sollte das zumindest von zwei Wissenschaftsdisziplinen gestützte Forschungsergebnis der historischen Wahrheit nahe kommen, würde sich die Herausbildung der germanischen Stämme zeitlich in die große Phase der

Konsolidierung von ethnischen Gemeinschaften einordnen, zu denen dann neben Skythen, Thrakern, Illyrern, Iberern und Kelten auch Germanen gehört haben. Dieses Forschungsergebnis gewinnt immer mehr an Wahrscheinlichkeit und wird sowohl von der bürgerlichen als auch von der marxistischen Forschung vertreten.

Ausgehend von der Erkenntnis, daß die Erforschung der Gesetzmäßigkeit in der Entwicklung und Abfolge der ökonomischen Gesellschaftsformationen und die reale Darstellung von Geschichtsabläufen eine Hauptaufgabe unserer Geschichtsforschung zu sein hat, wurden zielgerichtet Arbeiten vergeben und gewissermaßen zu einem zweiten, weiteren Schwerpunkt zusammengefaßt, der die beginnende Phase des sozialökonomischen Umbruches im Leben der germanischen Stammesbevölkerung zum Inhalt hat. Das relativ zahlreiche Quellenmaterial in Form von zum Teil gut erfaßten und aufbereiteten archäologischen Quellen sowie in Form einer umfangreichen schriftlichen Überlieferung bot die Möglichkeit zu tiefergehenden Strukturanalysen, zur Darstellung von Struktur und Entwicklung sowie zur Erfassung von historischen Ereignissen und deren Wertung auf der Grundlage eben dieser Strukturanalysen. Es gibt kaum ein vergleichbares Gebiet in Europa, wo ähnlich gute Voraussetzungen für den Nachweis beginnender sozialökonomischer Veränderungen in der Gentilordnung bestehen wie bei den germanischen Stämmen in den letzten Jahrhunderten v. u. Z.[19]

Die Veränderung der Eigentumsverhältnisse mit dem Übergang zu Privateigentum an den mobilen Dingen, hier insbesondere an Vieh, dessen Bedeutung für den wirtschaftlichen Fortschritt wegen der möglichen Erzeugung des erforderlichen gesellschaftlichen Mehrproduktes außer Frage stand, war der entscheidende Faktor dafür. Es ist nicht von der Hand zu weisen, daß die in den germanischen Stammesgebieten zeitlich dazu parallel sich entwickelnde Aufstallung von Vieh diesen Prozeß widerspiegelt. Was das Hauptproduktionsmittel, den Grund und Boden, betrifft, so setzte jetzt ebenfalls der Übergang zu Sondereigentum ein, der sich im unmittelbaren archäologischen Befund möglicherweise durch Einzäunungen von Gehöften und durch Abgrenzung von Äckern zu erkennen gibt. Sowohl in der schriftlichen Überlieferung als auch in den Grablegen ist darüber hinaus auch eine Art Oberschicht der Stämme erkennbar, die sich bereits aus der Masse der Bevölkerung herausgehoben hatte und die, wie an der Familie des Arminius erkennbar, diesen besonderen Status bereits vererbbar gemacht hatte. Den Führungskräften der Stämme stellten sich junge Männer zur Verfügung, die als Gefolgschaften ein ganz wesentliches gesellschaftliches Element waren, das nicht nur den Prozeß der sich zersetzenden Gentilordnung mit einleitete, sondern ihn in der Folgezeit anteilig auch stark mitbestimmte. Mit Hinweisen auf den Wodanskult, ebenfalls noch vor Beginn u. Z., schufen sich diese sich mehr und mehr aus der bäuerlichen Produktion herauslösenden Verbände eine nicht mehr dem Fruchtbarkeitsgedanken gewidmete Ideologie, die auf das Jenseits mit Hervorhebung des Kriegerischen gerichtet war. Schließlich hatte die Erzeugung eines gesellschaftlichen Mehrproduktes die Voraussetzung für die beginnende Ausbeutung des Menschen innerhalb der Gentilordnung geschaffen. Bereits zu Beginn u. Z. arbeiteten Abhängige auf den Besitzungen von führenden Vertretern der Stämme.[20] Raub, Überfälle und kriegerische Auseinandersetzungen wurden zu Bestandteilen des gesellschaftlichen Lebens, was die Stämme zwang, durch verstärkte Verteidigungsbemühungen dieser Entwicklung zu entsprechen. Gestützt auf die Klassiker des Marxismus-Leninismus, sind wir gewohnt, die inhaltliche Seite dieser Entwicklung unter dem Begriff militärische Demokratie zu subsumieren, die, wie F. Engels zu Recht sagte, die höchste Stufe der gentilen Verfassungsverhältnisse darstellte.[21] Es besteht auch gar kein Zweifel darüber, daß die klassische Gentilordnung bei den germanischen Stämmen in den Jahrhunderten um den Beginn u. Z. diesen Höhepunkt erreicht hatte.[22]

Die aus verschiedenen Bereichen des gesellschaftlichen Lebens der Stämme stammenden Quellen belegen also eindeutig, daß sich mit dem Fortschritt in der Produktion das Gemeineigentum langsam zugunsten der Herausbildung des Privateigentums zu zersetzen begann. Nach F. Engels[23] liegen deshalb auch hier die Wurzeln für die Untergrabung des gemeinsamen Bodenbesitzes, der aufgelöst wurde und an dessen Stelle in späterer Zeit Dörfer mit Parzellenbauern traten. Dieser Entwicklung wohnt somit nichts besonderes inne. Sie bietet auch keinerlei Ansatzpunkte für Hervorhebungen. Sie spiegelt lediglich, wie bereits angedeutet, besser als anderswo den gesetzmäßigen Prozeß der Überwindung einer sozialökonomischen Formation wider, der der langsamen Entwicklung der Produktionskräfte gemäß mehr als ein halbes Jahrtausend andauerte, bevor die endgültige Ablösung durch den Feudalismus erfolgen konnte.

Seit der zielstrebigen Erforschung der germanischen Geschichte in Europa ist bekannt, daß die in ihrer Entwicklung bereits weiter fortgeschrittenen Kelten, vor allem aber das Römische Reich am historischen Prozeß der Stämme in unterschiedlichem Maße beteiligt waren.[24] Ich führte bereits einleitend aus, daß das Bemühen um Erkennen und Erfassen historischer Erscheinungen und deren Vergleich allein nicht genügt, wenn ein Gesamtbild ehemaliger Entwicklungsabläufe vom Standpunkt der Gesetzmäßigkeit historischer Ereignisse erarbeitet werden soll. Ich möchte das am Beispiel eben dieses Einflusses erläutern.

Seit Jahrzehnten werden umfangreiche und auch interessante Arbeiten über jene materiellen Güter geschrieben, die aus dem Römischen Reich, vorwiegend aus seinen Grenzprovinzen, in die germanischen Stammesgebiete kamen und, weil hier nicht eigenständig und fremd, heute als "Import" bezeichnet werden. Der Begriff ist nicht nur irreführend, er erfaßt auch keineswegs das breite Spektrum der Möglichkeiten, die entsprechende Gegenstände in die Stammesgebiete vermittelt haben bzw. mit Hilfe derer römisches Kulturgut außerhalb des Imperiums auftreten konnte. Daß es bei der Behandlung der Einflüsse nicht nur allein um den materiellen Gegenstand in vielfältiger Form und Ausprägung gehen kann, liegt auf der Hand. In gleicher Weise sind geistige Anregungen, sind Erfahrungen aus verschiedenen Gebieten des Lebens eingeflossen und den Möglichkeiten und dem Stand der Entwicklung entsprechend auch verwertet worden. Erst eine solche Gesamtbetrachtung unter Berücksichtigung von Ursache und Wirkung kann zu einem historisch auch aussagefähigen Überblick im Sinne von Information führen. Leider ist jedoch der gegenwärtige Bearbeitungsstand der Quellen so stark differenziert, daß Aussagen entweder sehr erschwert werden oder zunächst sogar unterbleiben müssen. Es ist aber dessen ungeachtet eine historische Tatsache, daß z. B. die nahezu 30 Jahre kriegerischer Auseinandersetzungen in den Jahrzehnten um den Beginn u. Z. die Entwicklung der Stämme zwischen Rhein und Elbe nicht nur gehemmt, sondern sogar zurückgeworfen haben; daß andererseits der Zusammenschluß von einigen Stämmen in Anbetracht der Gefahr von außen auch die Kraft bei einheitlichem Vorgehen demonstrierte, ein Aspekt, der z. B. in der Erbeauffassung vor allem in der Zeit der zweiten deutschen Reichsgründung stärker hervorgehoben wurde. Durch die auf Druck von außen erfolgte Einigung in einem Bündnis wurde aber auch bestätigt, daß die Überwindung des Stammeswesens kein administrativer Akt ist und sein kann. Alle Spekulationen darüber, ob Arminius als Anführer der zeitweilig verbündeten Stämme politisch versagt habe oder nicht,[25] lassen - wie an der Entwicklung unschwer abzulesen ist - die Gesetzmäßigkeit bei Abläufen gesellschaftlicher Prozesse außer acht. Arminius konnte zu seiner Zeit nicht realisieren, was sozialökonomisch bedingt erst nach 200 Jahren und später möglich war.

Der römische Einfluß hat sich, obwohl im einzelnen mangels durchgeführter Untersuchungen speziell kaum zu belegen, offensichtlich im handwerklichen Bereich stärker ausgewirkt. Ganz stark ist er auf die führenden Vertreter der Stämme orientiert worden, sei es durch Geschenke, durch Bevorzugungen oder durch gewaltmäßig hergestellte Abhängigkeiten. Im 4., vor allem aber dann im 5. Jh. hatte sich die Stammesaristokratie so weit von der breiten Masse sozialökonomisch und auch politisch abgehoben, daß nunmehr auch gemeinsames Auftreten mit den führenden Vertretern des Römischen Reiches im Sinne von nahezu gleichen Klasseninteressen möglich wurde. Diejenigen Stämme schließlich, die auf römischen und provinzialrömischen Gebieten Reichsgründungen, jetzt ebenfalls weit in der Auflösung der eigenen Gesellschaftsordnung begriffen, vollzogen, wurden in der Mehrzahl in den Niedergang der spätantiken Klassengesellschaft mit hineingezogen, ja sie haben diesen sogar mitbestimmt. Aus der Spätantike einerseits und aus der Gentilordnung andererseits ging - in einigen Gebieten im selben größeren Zeitabschnitt - der Feudalismus hervor, der weder das eine noch das andere Substrat verleugnen konnte.

Es gibt also keine Gründe, diesen Einfluß und seine Bedeutung abzulehnen. Er war und ist ein integrierter Bestandteil der Geschichte der meisten germanischen Stämme in Europa gewesen. Seine Negation mit ausschließlicher Anerkennung der eigenen Kraft war Gegenstand eines sich vor allem in Hitler-Deutschland ausbreitenden Pangermanismus.[26] Zweifelsohne wäre die deutsche Geschichte anders verlaufen, wenn Rom das Gebiet zwischen Rhein und Elbe als Provinz Germania Magna hätte einrichten können. Die Analyse der Befreiungskämpfe, die in den Jahren 12 v. u. Z. bis zum Jahre 16 u. Z. stattfanden und schließlich mit Erfolg endeten, betrifft deshalb einen Entwicklungsabschnitt, den F. Engels zu Recht als einen Wendepunkt in der Geschichte der Deutschen bezeichnet hat.[27] Die bäuerlich orientierte Stammesbevölkerung wurde dadurch nicht in eine ihr fremde und entwicklungsmäßig weiter fortgeschrittene Gesellschaftsordnung integriert und dort nach den Methoden und Prinzipien der Sklavereigesellschaft ausgebeutet. Sie konnte sich in allen Bereichen des gesellschaftlichen Lebens eigenständig weiterentwickeln.

Gesetzmäßig bedingte natürlich auch diese eigenständige Entwicklung neben Fortschritten in der Produktion und neben der Herausbildung von neuen Formen im geistig-kulturellen Leben die weitere Vertiefung der sozialökonomischen Differenzierung der Bevölkerung, des weiteren die Festigung und Stabilisierung der Führungsschicht der Stämme, den, wenn auch langsamen Ausbau der Ausbeutungsverhältnisse und schließlich den Übergang in die Klassengesellschaft des Feudalismus. Auch dieser Fortschritt besaß also antagonistischen Charakter. Er wurzelte letztendlich in dem sich festigenden Privateigentum. Aber nur auf der Basis von Privateigentum an den Produktionsmitteln konnte sich der gesellschaftliche Fortschritt durchsetzen.

Der Schritt in die feudale Klassengesellschaft ist zu unterschiedlichen Zeiten in Europa getan worden. Er wurde dort, wo die Einflüsse der römischen Sklavereigesellschaft stärker wirksam waren, früher gegangen als anderswo; das trifft nicht nur für Teile des weströmischen Reiches, sondern auch für das Mittelmeergebiet zu. Es besteht also keinerlei Grund und auch keine Berechtigung, den zeitlich gestaffelten Übergang zur Feudalordnung und deren Weiterentwicklung im Sinne einer sogenannten Abendlandtheorie für die Durchsetzung von politisch-ideologischen Zielstellungen im Rahmen der gegenwärtigen Klassenauseinandersetzungen auszuwerten.

Gestatten Sie mir abschließend noch einige Bemerkungen zur speziellen

Erbeproblematik. Die deutsche Nachkriegsforschung hat sich der Geschichte der germanischen Stämme gegenüber zunächst abwartend verhalten. Die ersten Schritte bewegten sich mehr in editorischen und damit in historisch weniger relevanten Bereichen. Was uns betrifft, so hatten wir zunächst die Verpflichtung zu erfüllen, die Geschichte der westslawischen Stämme in das Licht zu setzen, das ihr den Quellen gemäß zukam. Die Ergebnisse dieser Forschungen wurden in zahlreichen Einzelschriften, in einem Handbuch und auf dem 2. Internationalen Kongreß für Slawische Archäologie vorgelegt.[28] Erst danach konnten bereits vorhandene Ansätze zur Germanenforschung weiter ausgebaut und neben zahlreichen Einzeldarstellungen, häufig mit Monographiecharakter, in die Erarbeitung eines Handbuches zur Geschichte und Kultur der germanischen Stämme in Mitteleuropa hinübergeleitet werden.[29] Unsere gegenwärtige Situation wird also immer noch von der Sondierung und Analyse der Fakten und deren Einordnung in das tatsächliche historische Geschehen und weniger von einer zielgerichteten Erbekonzeption bestimmt.

Als unterste zeitliche Grenze bei der Erfassung und Pflege des kulturellen historischen Erbes wird gegenwärtig das Zeitalter der frühbürgerlichen Revolution berücksichtigt. Dem entsprachen auch die Beiträge auf der Konferenz zum 30. Jahrestag der Gründung der DDR, wo es heißt: "Unsere Republik erfüllt das Vermächtnis Thomas Müntzers und Ulrich von Huttens." In einem Beitrag hierzu stellte E. Engel als gute Kennerin von zeitlich älteren Geschichtsabschnitten der deutschen Geschichte fest, daß diese Erbedarstellung nicht identisch zu sein braucht mit unserer Erbeauffassung.[30] Ich möchte mich dieser Einschätzung durchaus anschließen, gleichfalls aber auch meine Zustimmung zu ihrer Feststellung geben, daß diese Beschränkung nicht zuletzt ein Selbstverschulden der Historiker ist.

Gute Ansätze liegen aber gegenwärtig schon im literarischen Bereich vor. Ludwig Renn hat ein Kinderbuch zum Thema "Herniu und Armin" geschrieben; Franz Fühmann und Joachim Novotny haben sich mit der Aufnahme des Nibelungenliedes bzw. der Gudrunsage ebenfalls Themen zur germanischen Geschichte zugewandt; zu erwähnen sind weiterhin G. de Bruyns Buch über Tristan und Isolde sowie W. Heiduczeks Abhandlung zum Thema "Die seltsamen Abenteuer des Parzifal".[31] Was den speziell historischen Bereich betrifft, so sind erste und auch ausbaufähige Ansätze vorhanden. Ich möchte das von F. Schlette geschriebene Buch "Germanen zwischen Thorsberg und Ravenna" erwähnen; von P. Donat liegt ein Manuskript zum Thema "König und Bauer" vor, das ebenfalls die Geschichte der germanischen Stämme berücksichtigt. Weiterhin ist eine Abhandlung zum Thema "Arminius und der Freiheitskampf der germanischen Stämme gegen die römische Fremdherrschaft zu Beginn u. Z." in Vorbereitung. Schließlich ist auch eine populärwissenschaftliche Ausgabe der zweibändigen "Geschichte und Kultur der germanischen Stämme in Mitteleuropa" geplant, in der der Erbegedanke stärker berücksichtigt werden soll, als das in der wissenschaftlichen Ausgabe möglich war.

Anmerkungen

1 W. Küttler, G. Lozek, Marxistisch-leninistischer Historismus und Gesellschaftsanalyse. Die historische Gesetzmäßigkeit der Gesellschaftsformationen als Dialektik von Ereignis, Struktur und Entwicklung, in: Probleme der Geschichtsmethodologie, Berlin 1972, S. 49.

2 E. Engelberg, Über Theorie und Methode in der Geschichtswissenschaft, in: Probleme der Geschichtsmethodologie, Berlin 1972, S. 12.

3 K.-H. Otto, Zur Forschungsgeschichte, Allgemeine Übersicht, in: Die Germanen. Geschichte und Kultur der germanischen Stämme in Mitteleuropa, Bd. 1, Berlin 1978, S. 23.

4 H. Döbler, Die Germanen. Legende und Wirklichkeit von A - Z, Gütersloh, Berlin, München, Wien 1975, S. 156 ff.

5 Ebenda, S. 162.

6 Klassenkampf, Tradition, Sozialismus. Von den Anfängen der Geschichte des deutschen Volkes bis zur Gestaltung der entwickelten sozialistischen Gesellschaft in der Deutschen Demokratischen Republik. Grundriß, Berlin 1974, S. 317.

7 G. Kossinna, Die deutsche Vorgeschichte, eine hervorragend nationale Wissenschaft, Würzburg 1912 (7. Auflage Leipzig 1936).

8 F. Engels, Zur Geschichte und Sprache der deutschen Frühzeit (Zur Geschichte der Urgermanen II). Bücherei d. Marxismus-Leninismus 35, Berlin 1952; ders. Zur Urgeschichte der Deutschen in: K. Marx, F. Engels, Werke (abgekürzt MEW), Bd. 19, Berlin 1962; ders., Der Ursprung der Familie, des Privateigentums und des Staats, in: MEW, Bd. 21, Berlin 1962.

9 H. Reinerth, Die politische Waffe der Vorgeschichtsforschung, in: Volk und Heimat, 1934, S. 89.

10 W. Teudt, Germanische Heiligtümer, 3. Aufl., Jena 1934, S. 8.

11 L. Woltmann, Die Germanen und die Renaissance in Italien, Leipzig 1936, S. 26.

12 So waren in der Zeit des Widerstandskampfes Überlegungen zur Überwindung von historischen Unwahrheiten herangereift, die nach Beendigung des Krieges in den Schulbüchern der DDR ihren Niederschlag fanden.

13 Zum Verhältnis von Quellenzuwachs, Detailforschung, Information und historischer Interpretation der Funde siehe J. A. Scher, Methodologische Fragen der Archäologie, in: Sowjetwissenschaft. Gesellschaftswiss. Beiträge 30, 1977, S. 628-642.

14 F. Horst, Zur Forschungsgeschichte. Zum Stand der Forschung über den Herausbildungsprozeß der germanischen Stämme, in: Die Germanen. Geschichte und Kultur der germanischen Stämme in Mitteleuropa, Bd. 1, Berlin 1978, S. 30 ff.

15 W. Morgenroth, Zur Herausbildung der germanischen Stämme nach sprachwissenschaftlichen Forschungen, in: Die Germanen. Geschichte und Kultur der germanischen Stämme in Mitteleuropa, Bd. 1, Berlin 1978, S. 104; H. Krahe, Die Struktur der alteuropäischen Hydronomie (Abhandlungen d. Akad. d. Wiss. u. Lit., Mainz 5), Wiesbaden 1962.

16 R. Wenskus, Stammesbildung und Verfassung. Das Werden der frühmittelalterlichen Gentes, Köln-Graz 1961, S. 93.

17 Siehe Besiedlungskarte der älteren vorrömischen Eisenzeit, in: Die Germanen. Geschichte und Kultur der germanischen Stämme in Mitteleuropa, Bd. 1, Berlin 1978, Karte 2.

18 H. Keiling, ebenda, S. 99 ff.

19 B. Krüger, Auflösungserscheinungen gentilgesellschaftlicher Produktionsverhältnisse bei den germanischen Stämmen in den Jahrhunderten um die Zeitenwende, in: Beiträge zur Entstehung des Staates (Veröff. d. Zentralinst. f. Alte Gesch. u. Archäologie d. Akad. d. Wiss. d. DDR 1), Berlin 1973, S. 147 ff.

20 H. Grünert, Unfreie bei den germanischen Stämmen zu Beginn unserer Zeitrechnung. Methodische Bemerkungen zur Vereinigung der Aussagen archäologischer und schriftlicher Quellen in der Frühgeschichtsforschung, in: Archäologie als Geschichtswissenschaft (Schriften zur Ur- und Frühgeschichte 30), Berlin 1977, S. 235 ff.

21 F. Engels, Der Ursprung der Familie, des Privateigentums und des Staats, in: MEW, Bd. 21, Berlin 1962, S. 140.

22 Natürlich läßt sich dem Prozeßcharakter zufolge ein feststehendes Datum für den Beginn der Zersetzung der Gentilordnung nicht angeben; er ist aber zweifelsohne in den letzten Jahrhunderten v. u. Z. anzusetzen.

23 F. Engels, Herrn Eugen Dührings Umwälzung der Wissenschaft (Anti-Dühring), in: MEW, Bd. 20, Berlin 1962, S. 150, 164 ff. Siehe zur gleichen Problematik auch K. Marx, Formen, die der kapitalistischen Produktion vorhergehen, in: Grundrisse der Kritik der politischen Ökonomie, Berlin 1953, S. 18.

24 B. Krüger, Verhältnis von Römern und Germanen nach den archäologischen Quellen, in: Von der archäologischen Quelle zur historischen Aussage, Berlin 1979, S. 249-262; siehe auch: ders., Zum Problem der Einflüsse der römischen Sklavenhaltergesellschaft auf die gesellschaftliche Entwicklung der Germanen, in: Zeszyty naukow uniwersytetu Jagiellonskiego. Prace Archeologiczne 22, 1974, S. 63-75.

25 H. v. Petrikovits, Arminius, in: Bonner Jahrbücher 166, 1966, S. 187 f.

26 Offenbar sind auch heute noch Nährböden dafür vorhanden, wenn beispielsweise an den "Ausschuß zur Erhaltung des nordischen Kulturerbes", an den "Goden-Orden", an die "Guiodo-von-List-Gesellschaft" mit der Zeitschrift Irminsul, an den "Forscherkreis für die Vor- und Frühgeschichte der Externsteine", an die "Gesellschaft für Vor- und Frühgeschichte", die die Zeitschrift Mannus herausgibt (zitiert nach E. Hieronimus, Der Traum von den Urkulturen. Vorgeschichte als Sinngebung der Gegenwart ?, München 1975, S. 13) und an die sogenannte "Wiking-Jugend" in der BRD gedacht wird.

27 F. Engels, Zur Urgeschichte der Deutschen, in: MEW, Bd. 19, Berlin 1962, S. 447.

28 Die Slawen in Deutschland. Geschichte und Kultur der slawischen Stämme westlich von Oder und Neiße vom 6. bis 12. Jahrhundert, 3. unveränderte Aufl. Berlin 1974; siehe auch Berichte über den 2. Internat. Kongreß für Slawische Archäologie, Berlin 24.-28. August 1970, Bd. 1-3, Berlin 1970-1973.

29 Die Germanen. Geschichte und Kultur der germanischen Stämme in Mitteleuropa, Bd. 1, 2. berichtigte Aufl., Berlin 1978; Bd. 2 im Druck.

30 E. Engel, Gesellschaftlicher Fortschritt und herrschende Klasse im Mittelalter, in: Wiss. Mitteilungen der Historiker-Gesellschaft der DDR, 1979/I-II, S. 23.

31 Siehe hierzu auch W. Spiewok, Zur Rezeption des kulturellen Erbes im Mittelalter - Probleme und Perspektive, in: ebenda, S. 9 f.

Peter Donat

Aktuelle Aufgaben und Zielstellungen der Forschungen zur Geschichte der nordwestslawischen Stämme

Eine der folgenreichsten Begleiterscheinungen der Verfallsperiode des Römischen Reiches bestand darin, daß immer wieder Gruppen, Gefolgschaften und ganze Stämme der Germanen die ursprünglichen Wohngebiete verließen, den Rhein überschritten und sich in den einst römischen Provinzen niederließen. Während sie dort zu einem neuerlichen ökonomischen und kulturellen Aufschwung maßgeblich beitrugen, bahnte sich in ihren einstigen Wohngebieten Stagnation und Verfall an. So schienen auch die Länder zwischen Elbe und Oder infolge der zunehmenden Entvölkerung dazu verurteilt, zu veröden und in den Zustand einer unbewohnten und unerschlossenen Landschaft zurückzufallen. Pollenanalytische Untersuchungen haben den Beweis geliefert, daß um die Mitte des 1. Jahrtausends u. Z. der Ackerbau vielfach zum Erliegen kam.[1]

Auf diese Situation trafen slawische Einwanderer, die seit dem 6. Jh. allmählich die Länder bis zur Elbe hin in Besitz nahmen. Sie schufen neue Siedlungen, rodeten Wälder und legten Verkehrswege an. In historisch kurzer Frist erschlossen sie sich die neu erworbenen Gebiete und schufen nicht nur eine eigene sozialökonomische Struktur, sondern auch feste politische und gesellschaftliche Organisationsformen. Es entstanden die großen nordwestslawischen Stammesgebiete der Obodriten und Wilzen in Mecklenburg, der Heveller im Havelland, der Lusizer und Milzener in der Lausitz und der Sorben im Saale-Elbe-Gebiet. An der Elbe und Saale stießen die Slawen auf die freilich keineswegs feste östliche Grenze des Frankenreiches. Zögernd zunächst und systematisch dann seit den Zeiten Karls des Großen war das Frankenreich bemüht, seinen Einflußbereich nach Osten auf die angrenzenden slawischen Stämme auszudehnen. Diese Auseinandersetzungen und ihre Folgen bestimmten nicht nur das politische Geschehen ihrer Zeit, sondern trugen wesentlich dazu bei, Macht und Einfluß des sich immer deutlicher herauskristallisierenden deutschen Feudalstaates zu festigen. Da die letztlich gleichgerichteten Grundinteressen von deutschem und slawischem Feudaladel endlich zur Eingliederung der nordwestslawischen Gebiete in den deutschen Feudalstaat führten, gingen die geschichtlichen Leistungen der Slawen ein in das historisch-kulturelle Erbe des aus diesem Staat hervorgegangenen deutschen Volkes. Jedoch die konkreten Verhältnisse der feudalen Staatsordnung drängten die slawische Kultur bald in die Rolle einer Kultur der Unterdrückten und Abhängigen. In weiten Teilen der einst slawischen Gebiete ging die sprachliche und kulturelle Assimilation so rasch voran, daß bereits wenige Jahrhunderte nach dem Ende ihrer politischen Selbständigkeit faktisch keine Spuren erhalten blieben. Rolle und Anteil der Slawen und ihrer Kultur am Prozeß der Herausbildung der deutschen Nation zu erforschen und darzustellen wurde damit eine Aufgabe der Geschichtsforschung. Nichts aber vermag die besondere Stellung des historisch-kulturellen Erbes der Slawen in der deutschen Geschichte besser zu verdeutlichen als die Tatsache, daß ein Jahrhundert großbürgerlicher und imperialistischer Politik, die in wachsendem Maße auf die Unterwerfung und Unterdrückung, endlich sogar auf die Ausrottung der slawischen Nachbarn gerichtet war, zugleich mit der Nichtachtung, der Geringschätzung und Verfälschung von geschichtlichen und kulturellen Leistungen der Slawen und ihres Anteils an der eigenen nationalen Geschichte verbunden war. Auch nach der Niederschlagung des Faschismus erwies sich, daß bürgerlicher Historismus nicht in der Lage war, das historische Erbe der Nordwestslawen in angemessener Weise zu verwalten und zu nutzen. Während sich in der BRD viele Forscher darauf beschränkten, Sachbeiträge zu historischen und archäologischen Teilfragen zu leisten, und hier zu bleibenden Ergebnissen gelangten, konnten sie doch nicht verhindern, daß eine neue, politisch motivierte Gesamtkonzeption den aktuellen Forschungen aufgeprägt wurde. Indem die Westslawen zugunsten eines modernen Abendlandbildes in eine historisch begründete "ostmitteleuropäische Schicksalsgemeinschaft" integriert wurden, war der Versuch unternommen, diesen Teil des historischen Erbes direkt zur Begründung einer Ostpolitik zu nutzen, deren antisowjetische und letztlich antisozialistische Stoßrichtung offenkundig wurde.[2]

Erwiesen hat sich aber auch, daß jegliche Formen slawophiler Bewahrung und Bewertung der slawischen Geschichte und Kultur keinen gangbaren Weg darstellen, dieses Erbe für die Gegenwart aufzuheben und zu erschließen, im Gegenteil vielfach letztlich den geschilderten nationalistischen Konzeptionen in die Hände spielen.

Bewahrung des historisch-kulturellen Erbes der Nordwestslawen erforderte also aus zwei Gründen, zunächst weitreichende, methodisch und sachlich fundierte Forschungsbeiträge zu leisten. Erstens hatten Jahrzehnte deutschnationaler Arroganz dazu geführt, daß die slawische Geschichte vergleichsweise schlecht erforscht war, und zweitens begünstigte dieser unzureichende Forschungsstand die Verbreitung verfälschender Legenden über die historische Stellung der Nordwestslawen in der deutschen Geschichte.

Bald nach dem zweiten Weltkrieg wurden daher umfangreiche Sachforschungen begonnen, mit denen die Historiker der DDR ihren ersten und notwendigen Beitrag zur Pflege dieses historisch-kulturellen Erbes leisteten. An diesen, bis weit in die sechziger Jahre reichenden Arbeiten hatte die Archäologie einen wesentlichen Anteil. Groß angelegte Grabungsunternehmen in Teterow, Behren-Lübchin, Köpenick, Meißen, Lebus, Dessau-Mosigkau, Tornow und vielen anderen Fundstellen führten zu beträchtlichen Ergebnissen. Dies ermöglichte, eine Gesamtdarstellung zur Geschichte der Nordwestslawen auszuarbeiten, die 1970 anläßlich des II. Kongresses der Union Internationale d'Archéologie Slave in Berlin vorgelegt werden konnte.[3]

Naturgemäß haben die im Handbuch "Die Slawen in Deutschland" vorgelegten Ergebnisse und stärker noch Fragen, die dort nur unzureichend beantwortet oder überhaupt erst aufgeworfen wurden, die Richtung der Forschung in den siebziger Jahren bestimmt.[4] Zunehmend bildete sich dabei ein Wechselverhältnis zwischen fortschreitender Erforschung der Geschichte und Kultur nordwestslawischer Stämme und vielfältigen, breitenwirksamen Publikationen heraus. Deutlich spürbar ist infolgedessen die Aneignung des von der Forschung bereitgestellten und vermittelten slawischen Erbes durch breite Schichten der Bevölkerung vorangeschritten und hat ihrerseits in unserer Gesellschaft die allgemeinen Bedingungen wissenschaftlicher Arbeit noch günstiger gestaltet.

In dem Maße, wie sich die archäologischen Funde immer deutlicher als die wichtigsten Quellen zur Erforschung der Nordwestslawen erwiesen haben, wurde die Forderung dringlicher, das in zahlreichen Museen und Sammlungen verstreute und größtenteils unbearbeitete Fundmaterial der wissenschaftlichen Arbeit zugänglich zu machen. Bereits im Jahre 1967 ist daher ein Inventar der frühmittelalterlichen Funde konzipiert und in Angriff genommen worden, dessen Ausarbeitung in den siebziger Jahren wesentliche Kräfte gebunden hat.[5] Erste auf diesem Corpus aufbauende Einzeluntersuchungen belegen,[6] daß damit die Voraussetzungen geschaffen wurden, die Bodenfunde umfassend als historische Quellen zu erschließen. Zugleich hat dieses Unternehmen deutlich sichtbar werden lassen, wie dynamisch sich in einzelnen Gebieten der Fundbestand entwickelt. Im nördlichen Flachland der DDR mit den Bezirken Rostock, Schwerin, Neubrandenburg, Magdeburg, Potsdam, Frankfurt/Oder und Berlin, also in den Siedlungsgebieten der Obodriten, Wilzen sowie der Mittelelbe- und Spree-Havel-Stämme, konnten 1968 insgesamt 2 169 Fundstellen nachgewiesen werden.[7] Aus dem gleichen Gebiet sind im Corpus 5 097 slawische Fundkomplexe erfaßt worden, von denen nur ein Teil zu alten, erst im Zuge dieser umfassenden Inventarisation erschlossenen Funden gehört. Die Mehrzahl ist im letzten Jahrzehnt aufgefunden worden. Solche sprunghaften Veränderungen zeigten sich beispielsweise auf der Insel Rügen, dem Stammesgebiet der Ranen, wo die Fundmenge von 72 auf 429 Fundstellen anwuchs oder im wilzischen Stammesgebiet der Tollenser, wo sie allein im Kreisgebiet Neubrandenburg von 54 auf 270 stieg. Es liegt auf der Hand, daß das ökonomische Potential sowie die historische und kulturelle Stellung einzelner nordwestslawischer Stammesgebiete in dem

Maße genauer beurteilt werden können, wie die Forschung ein objektiv richtiges Bild von Umfang und Intensität der Besiedlung vermittelt.

Zur modernen Archäologie gehören neben den Ausgrabungen umfassende, weitgefächerte und manchmal auf scheinbar nebensächliche Details ausgedehnte Analysen der materiellen Kultur. Denn erst diffizile Untersuchungen zur Chronologie wie zu kultur- und kunsthistorischen Bezügen einzelner oder ganzer Gruppen von Sachgütern erschließen diese umfassend als historische Quellen. Ein überzeugendes Beispiel für die wissenschaftliche Effektivität derartiger Forschungen liefern die Arbeiten zur Reihengräberkultur der Merowingerzeit. Angesichts des besonderen Schicksals, den die Erforschung der Nordwestslawen lange Zeit unterworfen war, sind demgegenüber bis in die Gegenwart Rückstände nicht zu überwinden gewesen. Im Ergebnis von Grabungsunternehmen, die dank klarer Stratigraphien neue Einblicke in den chronologischen Ablauf gestatteten, sowie von Dissertationsschriften konnte die umfangreichste Gruppe des slawischen Sachgutes, die Keramik, im zurückliegenden Jahrzehnt umfassender und modern bearbeitet werden. Damit wurde der genannte Rückstand in einem wichtigen Bereich wesentlich verringert. Zu den Ergebnissen dieser Arbeiten gehört die Erkenntnis, daß die älteste, unverzierte slawische Keramik des Prager Typs stets in Verbindung mit quadratischen Grubenhäusern und mit Brandbestattungen in Urnen auftrat.[8] Damit konnte eine eigenständige slawische Kultur ermittelt werden, deren Verbreitung nach Norden bis in das Mittelelbe- und Havelgebiet reichte. Die in Mecklenburg, in der Altmark und in Teilen Brandenburgs auftretende unverzierte Keramik des Sukower Typs gehörte zu einer gleichfalls eigenständigen Gruppe.[9] Beide Keramikgruppen repräsentieren die älteste Phase der slawischen Einwanderung. Zugleich haben die neueren Untersuchungen aber gezeigt, daß ältere Vorstellungen von der stufenweisen Entwicklung slawischer Keramik die tatsächlichen Prozesse zu schematisch und zu vereinfacht beurteilten. Mit dem Rüssener Typ im nordwestlichen Sachsen[10], dem Feldberger Typ im östlichen Mecklenburg[11] und den frühen verzierten Formen des Menkendorfer Typs im westlichen Mecklenburg bzw. im Mittelelbe-Havel-Gebiet[12] ließ sich bereits für das 7. Jh. die Ausprägung weiterer regionaler Keramikgruppen nachweisen. Dabei zeigt sich immer deutlicher, daß sich die Entwicklung regionaler Keramikgruppen im 8. bis 10. Jh. kontinuierlich fortsetzte und vertiefte.[13] Die Analyse der Keramik als eines wesentlichen Teiles der nordwestslawischen materiellen Kultur hat damit neue Einsichten in die Besiedlungsvorgänge der Gebiete westlich von Oder und Neiße ermöglicht. Der vermutlich älteste Siedlerstrom dürfte im frühen 6. Jh. die Oder überschritten und zunächst das Spree-Havelland erreicht haben.[14] Unbeachtet aller Schwierigkeiten bei der Datierung des frühen Fundmaterials in Mecklenburg haben die Arbeiten übereinstimmend zum Ergebnis geführt, daß spätestens in der ersten

Hälfte des 7. Jh. slawische Siedler das westliche Mecklenburg erreicht hatten.[15] Diese Siedlergruppen stießen im mittleren Elbegebiet auf die seit dem 6. Jh. von Süden her vordringenden Stämme mit Keramik vom Prager Typ. Aus der Symbiose beider entstanden die längere Zeit auch politisch selbständigen Stämme an mittlerer Elbe und Havel. Eine weitere Einwanderungswelle des 7. Jh. führte zum Vordringen der Sorben in das Saale-Elbe-Gebiet und der Wilzen in das östliche Mecklenburg, während die Entwicklung der Obodriten im westlichen Mecklenburg offenbar ungestört verlief.[16]

Dank einer hohen Fundstellendichte und darauf aufbauender gründlicher Materialstudien ist es also gelungen, das scheinbar uniforme Bild der frühslawischen Besiedlung in eine Reihe regional und zeitlich gestaffelter historischer Vorgänge aufzulösen. Es zeigt sich, daß die in mehreren Etappen verlaufende slawische Einwanderung eng mit der Herausbildung der großen Stammesgruppen verbunden war. Da auch in weiteren westslawischen Siedlungsgebieten ähnlich frühe Differenzierungen aufgedeckt wurden,[17] dürfte diesen Aussagen generelle Bedeutung zuzumessen sein. Zumindest mittelbar tragen die Arbeiten zu den Einwanderungsvorgängen der Nordwestslawen somit zur Lösung strittiger Fragen der slawischen Ethnogenese bei. Entgegen der Auffassung von einer weiträumigen Einheitlichkeit der ursprünglichen slawischen Kultur[18] können bei den Nordwestslawen bis in das 6./7. Jh. zurückreichende historisch-kulturelle Gebiete nachgewiesen werden. Deren archäologisch belegte, eigenständige Entwicklung gestattete, sie mit historisch bezeugten Stammesgruppen der Nordwestslawen zu verbinden. So entstand bereits für die Frühzeit das Bild einer ethnischen wie kulturellen Differenziertheit der einwandernden Slawen, was Rückschlüsse auf die Verhältnisse in den Ausgangsgebieten zuläßt.

Im zurückliegenden Jahrzehnt sind botanische und zoologische Untersuchungen durchgeführt worden, die wichtige Ergebnisse zur nordwestslawischen Agrargeschichte erbracht haben. Zahlreiche Einzeluntersuchungen, die zusammenfassende Auswertung von Getreidefunden aus Mitteleuropa und die breitgefächerten pollenanalytischen Untersuchungen im Gebiet der DDR[19] schufen die Voraussetzung, daß einige grundlegende Prozesse in der Entwicklung der Agrarproduktion nunmehr sicher beurteilt werden können. In Mitteleuropa vollzog sich um die Mitte des 1. Jahrtausends u. Z. ein qualitativer Wandel in der Agrarproduktion, der durch eine beträchtliche Ausdehnung des Ackerbaues gekennzeichnet wurde. Der Umfang des Feldbaues erlangte einen gleichgroßen Anteil am Gesamtergebnis der Landwirtschaft wie die noch in den ersten Jahrhunderten unserer Zeitrechnung dominierende Haustierhaltung.[20] Diese quantitative Ausweitung des Ackerbaues wurde durch wesentliche qualitative Veränderungen ergänzt. Merkmale dieser Entwicklung waren die Einführung des Roggenanbaues, intensivere Formen der Bodenbearbeitung und geregelte Formen der Flurnutzung.[21] Gestützt auf die archäologische Datierung zahlreicher Untersuchungspunkte konnte eine feinere chronologische Bestimmung dieser Prozesse erarbeitet werden.[22] Dabei zeigte sich, daß sich die kontinuierliche Ackernutzung seit dem 8. Jh. gleichermaßen in den ostrheinischen, germanischen wie in den nordwestslawischen Gebieten durchsetzte. Der gleichgerichtete Charakter dieser Entwicklung belegt, daß die Veränderungen in der Agrarproduktion mit der Herausbildung feudaler Produktionsverhältnisse in dialektischer Wechselwirkung eng verbunden waren.

Die Entdeckung, daß die Agrarproduktion der Nordwestslawen am Beginn des frühen Mittelalters sich weder quantitativ noch qualitativ von der im ostrheinischen Teil des fränkisch-deutschen Feudalstaates wesentlich unterschieden hat, wirft eine Reihe neuer Fragen auf. Blickt man auf die Verhältnisse des 12. Jh., so zeigt sich gegenüber dem vorangegangenen Zeitraum ein verändertes Bild. Die Eingliederung der nordwestslawischen Gebiete in den deutschen Feudalstaat ging einher mit der breiten Ansiedlung deutscher Bauern, die dank überlegener Produktionsmethoden ein wesentlich höheres Mehrprodukt als die slawischen Bauern erwirtschafteten und daher auch mit höheren Feudallasten belegt werden konnten.[23] Seit dem 8./9. Jh. war die zwischen deutschen und slawischen Gebieten zunächst gleichartige Entwicklung offenbar unterschiedlich verlaufen, ohne daß dies beim gegenwärtigen Forschungsstand sicher bestimmt werden kann. Während einerseits grundlegende, neue Methoden der Agrarproduktion wahrscheinlich in den nordwestslawischen Gebieten keine Anwendung fanden,[24] zeigten Untersuchungen in der siedlungsgeschichtlich wie vegetationskundlich besonders gut erschlossenen Niederlausitz, daß auch die slawische Landwirtschaft zwischen dem 7. und 12. Jh. weiter intensiviert wurde.[25] Die agrarhistorischen Untersuchungen haben damit Fragen aufgeworfen, deren weitreichende Bedeutung sich schon aus der Tatsache ergibt, daß die von deutschen und niederländischen Bauern getragene Ostkolonisation weite Teile auch des tschechischen und polnischen Feudalstaates erfaßte. Ihre Beantwortung wird allerdings maßgeblich davon abhängen, daß in den westelbischen, germanisch-deutschen Gebieten neue archäologische und botanische Quellen erschlossen werden, um die Veränderungen in der Agrarproduktion zwischen dem 9. und 12. Jh. präziser zu bestimmen und zu datieren.

Die mehr als 600 Burgen stellen die wohl markantesten Zeugnisse der Nordwestslawen dar, die bis in die Gegenwart erhalten geblieben sind. Das allein sichert ihnen einen hervorragenden Platz unter den historischkulturellen Denkmälern. Zugleich aber erwiesen sich die Burgen als die Quellengattung, welche weitreichendste Aufschlüsse über den Charakter der gesellschaftlichen Organisation und deren Institutionen zu geben vermag, da die Herausbildung und Festigung von frühfeudalen Herrschafts- und Abhängigkeitsverhältnissen an ihnen mit archäologischen Methoden am besten untersucht werden konnten. Zahlreiche Ausgrabungen gestatteten, die Entwicklung des Burgenbaues und seine Stellung im sozial-ökonomischen Gefüge der Nordwestslawen darzustellen.[26] Als ältester Burgentyp konnten die Volksburgen erkannt werden, die sich in allen Stammesgebieten nachweisen ließen.[27] Häufig waren solche Anlagen in unzugänglichem Gelände als Fluchtburgen errichtet worden. Vor allem im östlichen Mecklenburg, an der unteren und mittleren Oder und in Teilen Brandenburgs bestanden große Burgsiedlungen, die in der Regel auf erhöhtem Gelände errichtet und nach den Ergebnissen der Grabungen von Feldberg und Zislow von einem Kleinstamm bewohnt wurden. Sie waren zugleich Wohnsitz der bäuerlichen Bevölkerung und der Oberschicht, aber auch Versammlungsort und Kultstätte. Spätestens im 9. Jh. wurden diese Volksburgen aufgegeben, und es entstanden kleine bis mittelgroße Adelsburgen, die als Mittelpunkt von Burgbezirken fungierten.

Ausgrabungen des letzten Jahrzehnts haben zur Bereicherung und Modifizierung dieses Bildes beigetragen. Besonders eindrucksvolle Ergebnisse gelangen in Tornow, Kr. Calau, durch die vollständige Untersuchung von Burg und zugehöriger Siedlung. Dabei konnte die Herausbildung einer frühfeudalen Burgherrschaft in ihren Etappen erkannt und zugleich nachgewiesen werden, daß dieser Prozeß bereits im 7. Jh. einsetzte.[28] Ausgrabungen in den Burgen von Vorberg, Brohna, Ragow, Wiesenau und Presenchen bestätigten die Ergebnisse von Tornow.[29] Zwischen allen diesen Anlagen gab es nicht nur in der Größe und Bauart weitgehende Übereinstimmungen, sondern auch in ihrer Zeitstellung und Funktion entsprachen sie dem Tornower Modell. In der Niederlausitz liegen zahlreiche Burgen dieses Typs in Abständen von nur wenigen Kilometern. Zu den offensichtlich kleinen Siedlungskammern scheinen kaum mehr als drei bis fünf Siedlungen gehört zu haben.[30] Ebenfalls bereits im 7. Jh. wurde auf der Dominsel von Brandenburg über einer frühslawischen, unbefestigten Siedlung eine Burganlage errichtet, wie im Ergebnis langjähriger Grabungen festgestellt werden konnte. Diese zunächst etwa 0,5 ha große Burg erfuhr bis ins 10. Jh. zahlreiche Umbauten und wurde allmählich vergrößert. Die nachweisbar kontinuierliche Nutzung der Brandenburg läßt keinen Zweifel daran, daß sie von Anfang an als Hauptburg der Heveller fungierte.[31] Gleichfalls von Beginn an als zentrale und fürstliche Burg der Obodriten entstand im 7. Jh. die Mecklenburg. Sie war rund 1,5 ha groß und besaß bereits in der ältesten Phase einen 12 m breiten und mehr als 5 m hohen Wall, dessen Gesamtvolumen etwa 34 000 m^3 betragen hat.[32] Beide Anlagen gehören zu den nordwestslawischen Fürstenburgen, die in den Auseinandersetzungen der folgenden Jahrhunderte eine zentrale Rolle gespielt haben. Inzwischen haben aber auch weitere Burgen

Fundmaterial des 7./8. Jh. erbracht.[33] Daher darf der Beginn des adligen Burgenbaues nach diesen neueren Ergebnissen bereits in das ausgehende 7. und 8. Jh. datiert werden. Manches spricht dafür, daß keineswegs überall und zu gleicher Zeit Burgen errichtet wurden. Zu den ältesten befestigten Siedlungen scheinen die Stammesvororte gehört zu haben.[34]

Differenzierter, als zunächst angenommen, vollzog sich wahrscheinlich auch die Herausbildung der Burgbezirke. Darauf verwiesen Beobachtungen im Gebiet der Burg Marlow, Kr. Ribnitz-Damgarten.[35] Diese im Zentrum einer Siedlungskammer gelegene Anlage gehört zu den mittelgroßen Burgen. Nach den Funden entstand sie jedoch zeitgleich mit benachbarten wilzischen Höhenburgen, die zum Typ der Volksburgen gerechnet werden. Im Unterschied zu diesen wurde die Burg Marlow jedoch im 9. Jh. nicht aufgegeben, sondern als Mittelpunkt eines Burgbezirkes kontinuierlich bis ins hohe Mittelalter genutzt. Auch anderwärts konnten inzwischen neben den weiträumigen Volks- bzw. Fluchtburgen der Frühzeit kleinere Anlagen nachgewiesen werden.[36] So scheint sich die Burgenverfassung, wie sie für die nordwestslawischen Stämme typisch war, in einem widerspruchsvollen Prozeß herausgebildet zu haben, dessen Anfänge bis in das späte 7. Jh. zurückreichten.

Weiträumige Untersuchungen zum bäuerlichen Hausbau und Siedlungswesen[37] erbrachten auch für die Gebiete zwischen Elbe und Oder neue Ergebnisse, obwohl Siedlungsgrabungen nur an wenigen Plätzen neu aufgenommen werden konnten.[38] Die bis ins Mittelelbegebiet zunächst dominierenden Grubenhäuser wurden hier, wie in Böhmen und Mähren, seit dem 9. Jh. von ebenerdigen Blockbauten verdrängt. Damit setzte sich bei den westslawischen Stämmen allgemein das ebenerdige Blockhaus durch, das den in Mitteleuropa herrschenden geologischen und klimatischen Bedingungen besser angepaßt war. Nach den Grabungsergebnissen von Oldenburg, Mecklenburg und Groß-Raden waren im obodritischen Gebiet einfache Flechtwandhäuser weit verbreitet. Neben solchen regionalen Besonderheiten konnten vor allem grundlegende Unterschiede zum germanisch-deutschen Hausbau erkannt werden. Der wohl wesentlichste scheint darin zu bestehen, daß bei allen nordwestslawischen Stämmen sichere Belege für die Herausbildung des bäuerlichen Gehöftes fehlen.[39] In nordwestslawischen Siedlungen wurden eingezäunte Hofplätze mit Wohn- und Nebengebäuden nirgends sicher nachgewiesen, auch fehlten Hinweise auf die soziale und ökonomische Differenzierung der bäuerlichen Bevölkerung, wie sie in den germanischen Gebieten bis zur Herausbildung entwickelter Feudalverhältnisse bestanden hat. Ausgehend von diesen Ergebnissen ist die These formuliert worden, daß sich bei den nordwestslawischen Stämmen frühfeudale Produktionsverhältnisse herausbildeten, die wesentliche Übereinstimmungen mit denen der Ostslawen besaßen und durch das Fortbestehen der Dorfgemeinde bzw. deren allmählicher Umwandlung gekennzeichnet waren.[40] Auch wenn diese Darlegungen im Widerspruch zu anderen Auffassungen stehen[41] und keinesfalls als gesichert gelten können, nicht zuletzt weil sie ihrerseits mögliche regionale Unterschiede außer acht lassen, belegen sie, welche Möglichkeiten bereits erschlossen wurden, durch komplexe Ausgrabung und Analyse slawischer Burgen und Siedlungen die im Dunkel der Überlieferung liegenden sozialökonomischen Verhältnisse aufzudecken.

Ausgrabungen auf den frühstädtischen Siedlungen von Menzlin und Ralswiek erlaubten, die Beziehungen bedeutender Handelsplätze untereinander und zum jeweiligen Hinterland zu studieren. Menzlin[42] war eine unbefestigte Siedlung des 9. bis 10. Jh., die sich über ein fast 10 ha großes Gelände erstreckte. Das und die reichen Funde lassen Menzlin unter die bedeutenden Frühstädte wie Haithabu, Birka, Kaupang und Wolin einordnen. Zahlreiche spezialisierte einheimische Handwerker bewohnten diesen Platz, nachweislich aber auch skandinavische Händler, die am Rande der Siedlung einen eigenen Friedhof anlegten. Die geographische Lage und das Fundmaterial bewiesen Handelsverbindungen, die zur Ostsee und über Land zum Odergebiet sowie nach Magdeburg reichten.[43] Während in Menzlin Aufschlüsse zur wirtschaftlichen Tätigkeit und zur Lebensweise vor allem dem reichen Fundmaterial verdankt wurden, konnten in Ralswiek die Gehöftanlagen der Handwerker und Kaufleute aufgedeckt werden.[44] Nach den bisherigen Grabungsergebnissen scheint jede dieser Gehöftgruppen einen eigenen Schiffsanlegeplatz besessen zu haben. Handwerkliche Produktion und Handel waren offenbar eng verbunden und standen unter einheitlicher Leitung. Ein großer Schatzfund arabischer Münzen, der um 850 vergraben wurde, datierte die dritte Siedlungsperiode. Ralswiek dürfte daher in der zweiten Hälfte des 8. Jh. angelegt worden sein und gehört somit zu den ältesten Seehandelsplätzen des Ostseegebietes. Parallel durchgeführte Grabungen am Burgwall Rugard, der nur wenige Kilometer entfernten Hauptburg der Ranen, bestätigten, daß Burg und Seehandelsplatz gleichzeitig entstanden. Enge Beziehungen und Abhängigkeit von dem politischen Zentrum dürften die gesellschaftlichen Verhältnisse in Ralswiek geprägt haben. Während sich im Binnenland in der Regel frühstädtische Zentren aus den unmittelbar bei fürstlichen Burgen gelegenen Suburbien entwikkelten, scheint man an der Küste die räumliche Trennung da bevorzugt zu haben, wo es die besonderen Bedingungen des Seehandels erforderten. Diese in Ralswiek gewonnene Erkenntnis half, die Verhältnisse bei der obodritischen Hauptburg, der Mecklenburg, zu beurteilen. Ähnlich wie im Umkreis von Ralswiek und Menzlin bezeugen im Gebiet der Mecklenburg arabische Münzschätze des 9. Jh. einen aktiven Handelsverkehr. Aufgrund zahlreicher Argumente ist das in den fränkischen Reichsannalen beschriebene Emporium Reric mit der Mecklenburg in Verbindung zu bringen.[45] Bei den Ausgrabungen, besonders im Bereich der Vorburgsiedlung, konnte jedoch festgestellt werden, daß sich in unmittelbarer Nachbarschaft keine frühstädtische Siedlung befunden hat, zumal die Mecklenburg auch nicht über einen schiffbaren Wasserweg zur Ostsee verfügte. Ähnlich Ralswiek wird die Handelssiedlung Rerik daher in Küstennähe zu suchen sein.

In den Handelsniederlassungen Menzlin und Ralswiek waren die gentilen Stammesbindungen so weit gelockert, wie das sonst im nordwestslawischen Raum nicht zu beobachten ist. Die ethnische Verschiedenheit ihrer Bewohner erforderte, neue Formen der gesellschaftlichen Organisation auszuprägen, und offenbar begünstigte das die soziale und ökonomische Differenzierung der Bewohner sowie die Ausdehnung des privaten Eigentums.[46]

In den letzten Jahren haben die Ausgrabungen in Burgen und Siedlungen neue und teils grundlegende Einsichten in die Gestaltung und Entwicklung der sozialökonomischen Verhältnisse ermöglicht. Allerdings sind vielfach mehr die Problemstellungen als die Antwort sichtbar geworden, so daß verständlicherweise diese Untersuchungen gegenwärtig und wohl auch in Zukunft einen breiten Raum einnehmen.

Zugleich dienten diese Arbeiten aber auch einem tieferen Verständnis der Geschichte von geistiger und materieller Kultur. Als Beispiel für andere sollen hier Untersuchungen zum nordwestslawischen Kult genannt werden. Während Saxo Grammaticus, Thietmar von Merseburg und Helmold in ihren Chroniken vielfältige, wenngleich oft widersprüchliche Angaben zu wichtigen slawischen Heiligtümern lieferten, hat die archäologische Erforschung von Tempelanlagen nur zögernd und spät begonnen. Zu ihren Ergebnissen gehörten der Nachweis eines kleinen Tempels im Burgwall Feldberg und der Fund einer Kultstele in der jungslawischen Inselsiedlung im Tollensesee.[47] In Groß Raden wurde innerhalb einer dörflichen Siedlung des 8. Jh. ein Kultbau aufgedeckt, dessen Bauteile in allen Einzelheiten erhalten waren und die zum ersten Mal die Rekonstruktion eines slawischen Tempelbaues erlaubte.[48] Dieser Tempel war nicht nur mehrfach größer als die Wohnbauten, sondern zeichnete sich auch durch seine Bauweise aus. Vor die zwei Meter hohe Wand war eine Blendwand aus mächtigen Bohlen gesetzt, die als oberen Abschluß Kopfsymbole trugen und dem gesamten Gebäude ein besonderes Gepräge verliehen. Auch der völlig zerstörte Tempel von Arkona war nach dem Zeugnis des Saxo Grammaticus (p. 822) außen "mit rohen und unbeholfenen Bildwerken verschiedener Art geschmückt". Grundriß und Aufbau des Tempelbaues von Groß Raden folgten anscheinend festen Regeln des nordwestslawischen Kultes, womit die Bedeutung dieses Fundes weit über den Einzelfall hinausreicht.

Wenngleich hier nur einige Hauptlinien der aktuellen Forschungen zur Geschichte und Kultur der Nordwestslawen dargelegt werden konnten, so dürfte doch deutlich hervortreten, wie in zunehmendem Maße die historischen Prozesse in ihrer komplizierten Dialektik von ökonomischen und sozialen, aber auch kulturellen und ethnischen Faktoren untersucht werden. Offenbar werden damit nicht schlechthin die Anliegen wissenschaftlicher Arbeit erfüllt, sondern wird zugleich zur Vertiefung und Verbreitung eines wissenschaftlichen Geschichtsbildes beigetragen. Damit aber ist die kontinuierliche Ausweitung und Vertiefung der Forschung die eigentliche Voraussetzung, um der Auseinandersetzung zu Grundfragen des Frühfeudalismus die sachliche und methodologische Überlegenheit der vom historischen Materialismus getragenen Forschung zu erweisen und den ihr entgegengestellten Konzeptionen die Wirkungs- und Einflußmöglichkeiten zu nehmen.

Bei aller Bedeutung der Forschung für die systematische Erschließung des historisch-kulturellen Erbes der Nordwestslawen stellen die archäologischen Funde und die im Gelände erhaltenen Bodendenkmale einen selbständigen Schatz dar, den zu wahren eine gleichermaßen verpflichtende Aufgabe aktueller Erbepflege darstellt. Unsere gesellschaftlichen Bedingungen bieten hierfür denkbar günstige Voraussetzungen. So ist es selbstverständliche Praxis, daß Bodenfunde einem staatlichen Museum zugeführt werden, gleich von wem und bei welcher Gelegenheit sie entdeckt werden. In großer Zahl konnten slawische Bodendenkmale dank des Einsatzes ehrenamtlicher Helfer, der Mitarbeiter des Kulturbundes und der Staatlichen Museen für Ur- und Frühgeschichte neu entdeckt, unter Schutz gestellt und vor möglicher Zerstörung bewahrt werden. So beispielhaft die Erfassung und der Schutz von Bodendenkmalen auch organisiert sind, läßt sich doch nicht übersehen, daß in der Schaffung von archäologischen Reservaten gegenüber anderen, insbesondere sozialistischen Ländern ein erheblicher Rückstand klafft. Archäologische Reservate aber fördern, wie kaum eine andere Möglichkeit, auf überaus anschauliche und zugleich emotional wirksame Weise die Aneignung des historisch-kulturellen Erbes der Nordwestslawen. Daher soll auch hier die Forderung genannt werden, insbesondere solche bedeutsamen und zugleich in touristisch erschlossenen Gebieten gelegenen Burganlagen, wie die Mecklenburg bei Wismar, den Rugard bei Bergen, den Wall auf der Landeskrone bei Görlitz und nicht zuletzt die gewaltige Burganlage auf Kap Arkona, umfassend zu erschließen und, wo erforderlich, auch durch Einsatz großer Mittel vor der Zerstörung zu bewahren. Archäologische Reservate umfassen den komplexen Schutz, die Pflege und die vielseitige Nutzung von Bodendenkmälern für die Vertiefung des Geschichtsverständnisses. In dieser neuartigen Aufgabenstellung kündigt sich an, daß die Erforschung und Pflege des historisch-kulturellen Erbes der Nordwestslawen neue gesellschaftliche Bedürfnisse schaffen hilft, was ihr zugleich einen festen Platz in der kulturellen Entwicklung der sozialistischen Gesellschaft sichert.

Anmerkungen

1 E. Lange, Grundlagen und Entwicklungstendenzen der frühgeschichtlichen Agrarproduktion aus botanischer Sicht, in: Zeitschrift für Archäologie 10, 1976, S. 75-120.

2 Vgl. J. Herrmann, Die Nordwestslawen und ihr Anteil an der Geschichte des deutschen Volkes, Berlin 1973, S. 4. Wenn sich neuerdings K. Zernack (Osteuropa, eine Einführung in seine Geschichte, München 1977) in einer programmatischen Studie von dieser allzu offenkundigen Hypothek, die auf der westdeutschen Forschung lastet, abzugrenzen sucht und zugleich auf eine höhere Effizienz der wissenschaftlichen Arbeit drängt, werden auch dabei weder die methodologischen Grenzen noch die ideologischen Grundpositionen spätbürgerlichen Geschichtsbewußtseins angetastet.

3 Die Slawen in Deutschland, Geschichte und Kultur der slawischen Stämme westlich von Oder und Neiße vom 6. - 12. Jahrhundert, hrsg. von J. Herrmann, Berlin 1970.

4 Die bisher erreichten Forschungsleistungen sind in zwei Berichten umfassend gewürdigt worden (J. Herrmann, Hauptaufgaben, Probleme und Ergebnisse der archäologischen Frühgeschichtsforschung in der DDR in den Jahren 1965-1970, in: Berichte über den II. Internationalen Kongreß für Slawische Archäologie, Bd. 1, Berlin 1970, S. 133-159; ders., Die frühmittelalterliche slawische Siedlungsperiode, in: Ausgrabungen und Funde 21, 1976, S. 144-150) und fanden ihren Niederschlag in den von der Zeitschrift "Slavia antiqua" in den Jahrgängen 17, 1970; 18, 1971; 19, 1972; 20, 1973; 22, 1975 veröffentlichten bibliographischen Berichten (P. Donat, Das Schrifttum zur slawischen Archäologie in der DDR und der BRD).

5 Corpus der archäologischen Quellen zur Frühgeschichte auf dem Gebiet der Deutschen Demokratischen Republik. 1. Lieferung - Bezirke Rostock (Westhälfte), Schwerin und Magdeburg, Berlin 1973; 2. Lieferung - Bezirke Rostock (Osthälfte) und Neubrandenburg, Berlin 1979; 3. Lieferung - Bezirke Frankfurt/Oder, Potsdam, Berlin und Berlin (West), Berlin 1979; in Vorbereitung 4. Lieferung - Bezirke Cottbus, Dresden, Karl-Marx-Stadt und 5. Lieferung - Bezirke Halle, Erfurt, Gera, Suhl.

6 K. Grebe, Zur südlichen Importkeramik des 10. und 11. Jahrhunderts im Havelgebiet, in: Veröff. d. Mus. f. Ur- und Frühgeschichte Potsdam,

12, 1978, S. 232 ff.; O. Harck, Spätslawische Grabfunde in Norddeutschland, in: Offa 36, 1976, S. 132 ff.; P. Donat, Aktual'nye problemy issledovanii ranneslavjanskoi keramiki u severo-zapadnych slavjan, in: Zbornik Slavjanskaja Keramika V-VIII vv., (im Druck).

7 J. Herrmann, Siedlung, Wirtschaft und gesellschaftliche Verhältnisse der slawischen Stämme zwischen Oder/Neiße und Elbe, Berlin 1968, vgl. Katalogteil S. 260 ff.

8 Auf diesen Zusammenhang hat zuerst J. Herrmann hingewiesen (J. Herrmann, vgl. Anm. 7, S. 57 ff.), vgl. auch H. Brachmann, Slawische Stämme an Elbe und Saale, Berlin 1978, S. 7 ff.; J. Zeman, K problematice časně slovanské kultury ve střední Evropě, in: Památky archeologické 70, 1979, S. 113-130.

9 E. Schuldt, Die slawische Keramik von Sukow und das Problem der Feldberger Gruppe, in: Bodendenkmalpflege in Mecklenburg, Jahrbuch 1963 (1964), S. 239-262; vgl. auch H. Brachmann, vgl. Anm. 8, S. 30 ff.

10 H. Vogt, Die Ausgrabungen auf der Wiprechtsburg in Groitzsch, Kr. Borna (Diss. A) Berlin 1979; H. Brachmann, vgl. Anm. 8, S. 91 ff.

11 E. Schuldt, Slawische Keramik in Mecklenburg, Berlin 1956, S. 17 ff.; J. Herrmann, vgl. Anm. 7, S. 69 ff.

12 P. Donat, Mecklenburg - Stammeszentrum und Fürstenburg der Obodriten (im Druck); K. Grebe, Zur frühslawischen Besiedlung des Havelgebietes, in: Veröff. des Mus. f. Ur- und Frühgeschichte Potsdam, 10, 1976, S. 192; H. Brachmann, vgl. Anm. 8, S. 27 ff.

13 Beispielhaft sei hier auf das Verhältnis der Keramik vom Typ Feldberg und Typ Fresendorf verwiesen. Ausgehend von den Untersuchungen in Ralswiek (J. Herrmann, Ralswiek auf Rügen - ein Handelsplatz des 9. Jahrhunderts und die Fernhandelsbeziehungen im Ostseegebiet, in: Zeitschrift für Archäologie 12, 1978, S. 163-180) und der Gesamtverbreitung (vgl. Corpus, 2. Lieferung) zeigte sich, daß die Keramik des Fresendorfer Typs einerseits bereits im 8. Jh. entstanden ist, andererseits aber in ihrer Verbreitung auf die Insel Rügen und die unmittelbar vorgelagerten Festlandsgebiete konzentriert war. Während die klassische typologische Auffassung E. Schuldts (vgl. Anm. 11), insofern richtig ist, als die Keramik der Fresendorfer Gruppe erst bei Kenntnis der Feldberger Gruppe entstehen konnte, entwickelten sich beide Gruppen offenbar zu längere Zeit nebeneinander existierenden Keramikformen mit im wesentlich räumlich getrennter Verbreitung.

14 Diese frühe Datierung belegen die Gesamtergebnisse der Grabungen von Tornow, wo der älteste slawische Siedlungsniederschlag unmittelbar

mit dem Ausgang der germanischen Siedlung verknüpft werden konnte, vgl. J. Herrmann, Die germanischen und slawischen Siedlungen und das mittelalterliche Dorf von Tornow, Kr. Calau, Berlin 1973, S. 259 ff.

15 Vgl. dazu E. Schuldt, Slawische Töpferei in Mecklenburg, Schwerin 1964, S. 3 f.; H. Brachmann, vgl. Anm. 8, S. 31; P. Donat, vgl. Anm. 12. Dennoch können die damit verbundenen Fragen nicht völlig als gelöst betrachtet werden. Wenn H. Keiling beispielsweise den Suckower Typ als eine einfache, im Hauswerk hergestellte, aber sonst dem entwickelten Feldberger Typ zeitgleiche Keramik bezeichnet (H. Keiling, Zur Besiedlung der Flur Zapel, Stadt Hagenow, und das Problem der älterslawischen Keramik in Mecklenburg, in: Bodendenkmalpflege in Mecklenburg, Jahrbuch 1974, S. 219 ff.), so sind gegen eine solche Auffassung zwar vielfältige Bedenken, insbesondere methodischer Art, vorzutragen (P. Donat, vgl. Anm. 12). Die Tatsache, daß vor allem im westlichen Mecklenburg Fundplätze des Sukower Typs in der Regel auch verzierte Ware des frühen Menkendorfer Typs und vereinzelte Scherben des Feldberger Typs erbrachten, kann hingegen nicht bestritten werden. Auch hierbei war die Entwicklung offenbar komplizierter, als die ursprünglichen Vorstellungen vermuten ließen. Beeinflußt von den dendrochronologischen Forschungsergebnissen in Haithabu, setzte sich in der BRD zunehmend die Auffassung durch, daß in Ostholstein frühestens im ausgehenden 7. Jh., eher jedoch im 8. Jh., mit dem Eintreffen der Slawen zu rechnen sei (H. Steuer, Die Südsiedlung von Haithabu, Neumünster 1974, S. 128 ff.; H. Hinz, Bosau I, Neumünster 1974, S. 80 f.; W. Gebers, Ausgrabungen in der Siedlungskammer Bosau - Die frühslawische Burg auf dem Bischofswarder, in: Archäologisches Korrespondenzblatt 4, 1974, S. 382 ff.; I. Gabriel, Burg, Siedlung und Gräberfeld im frühmittelalterlichen "Starigard" (Oldenburg in Holstein), in: Archäologisches Korrespondenzblatt 5, 1975, S. 228). Beim gegenwärtigen Publikationsstand können die Voraussetzungen dieser Aussagen jedoch nicht beurteilt werden. Andererseits lassen sich im archäologischen Material keine Hinweise finden, die die Einwanderung der Obodriten im 6. Jh. aus dem nördlichen Balkanraum (J. Herrmann, Byzanz und die Slawen "am äußersten Ende des westlichen Ozeans", in: Klio 54, 1972, S. 309-319) bestätigen, so daß diese These wohl nur in modifizierter Form weiter verfolgt werden kann; H. Brachmann, vgl. Anm. 8, S. 41.

16 Das jedenfalls legen die stratigraphisch abgesicherten Befunde vom Burgwall Mecklenburg nahe (P. Donat, vgl. Anm. 12).

17 Vgl. dazu die Vorträge B. Chropovskýs, und J. Pouliks auf dem Symposium Etnogeneza slavjan, Kiev 1978; vgl. Z. Kurnatowska, Die "Sclaveni" im Lichte der archäologischen Quellen, in: Archaeologia Polona

15, 1974, S. 53 ff.

18 V. D. Baran, Slavjane v seredine I tysjačeletija n. e., in: Problemy etnogeneza slavjan, Kiev 1978, S. 13 ff.; J. P. Rusanova, Slavjanskie drevnosti VI-VII vv. Moskva 1976, S. 196 ff.

19 E. Lange, Grundlagen und Entwicklungstendenzen der frühgeschichtlichen Agrarproduktion aus botanischer Sicht, in: Zeitschrift für Archäologie 10, 1976, S. 75-120; dies., Zur Entwicklung der natürlichen und anthropogenen Vegetation in frühgeschichtlicher Zeit, in: Feddes Repertorium 87, 1976, S. 5-30 und 367-442.

20 Ebenda, Vegetation, S. 428 ff.

21 Ebenda, Vegetation, S. 10 ff.

22 J. Herrmann, vgl. Anm. 2, S. 11 ff.

23 Vgl. Anm. 3, S. 348 ff.

24 Die Verbesserungen im Bodenbau durch Einführung des Beetpfluges sowie die planmäßige Grünlandnutzung und entsprechende Formen der Vorratswirtschaft im Ergebnis breiter Anwendung der Sense mit langem Baum können bis zum 12. Jh. nur in den deutschen Gebieten belegt werden (E. Gringmuth-Dallmer, Probleme der landwirtschaftlichen Produktion des 1. Jahrtausends u. Z. in Mitteleuropa, in: Produktivkräfte und Gesellschaftsformationen in vorkapitalistischer Zeit, hrsg. von J. Herrmann und I. Sellnow, Berlin, im Druck (Veröff. d. Zentralinst. f. Alte Gesch. u. Archäologie d. Akad. d. Wiss. d. DDR, 11).

25 E. Lange, H. Illig, U. Illig, G. Wetzel, Beiträge zur Vegetations- und Siedlungsgeschichte der nordwestlichen Niederlausitz, in: Abhandlungen und Berichte des Naturkundemuseums Görlitz 52, S. III/63 ff.

26 Vgl. Anm. 3, S. 147 ff.

27 Neuere Untersuchungen erbrachten entsprechende Belege auch für das Spree-Havel-Gebiet; K. Grebe, vgl. Anm. 12, S. 196 f.

28 Die im 7. Jh. neben dem Dorf gebaute kleine Burg A war Fluchtburg der bäuerlichen Bevölkerung und Wohnsitz eines wohl adligen Burgverwalters. Dieser konnte seine Stellung in der Folgezeit beträchtlich ausbauen. Als zu Beginn des 9. Jh. die Burg abbrannte, ließ er die Burg B, seinen Bedürfnissen entsprechend, anlegen. Im Zentrum standen sein Wohnhaus mit Nebeneinrichtungen und an der Wallinnenseite 19 doppelgeschossige Bauten. Im Erdgeschoß enthielten sie die Unterkünfte der Gefolgsleute und im Obergeschoß Speicher. Hier waren umfangreiche Getreidevorräte eingelagert, die aus Abgaben der abhängigen Bauern stammten. Auch das zwischen Burg und Siedlung unter-

schiedliche Alter der Haustiere deutete auf Abgabenverhältnisse (vgl. dazu J. Herrmann, Tornow und Vorb rg, Berlin 1966; ders., vgl. Anm. 14, insbes. S. 359 ff.; vgl. dort auch S. 267 ff.: H.-H. Müller, Das Tierknochenmaterial aus den frühgeschichtlichen Siedlungen von Tornow, Kr. Calau).

29 J. Herrmann, vgl. Anm. 28 (Tornow und Vorberg), S. 97 ff.; W. Coblenz, Die slawische Sumpfschanze von Brohna, Berlin 1969; G. Wetzel, Der Burgwall von Ragow, in: Zeitschrift für Archäologie 7, 1973, S. 75-85; H. Geisler, Altslawischer Burgwall und Siedlung bei Wiesenau, Kr. Eisenhüttenstadt, in: Ausgrabungen und Funde 21, 1976, S. 151-153; J. Henning, Die altslawische Burganlage von Presenchen, Ot. von Schlabendorf, Kr. Luckau, in: Ausgrabungen und Funde 25, 1980, S. 82-85.

30 E. Lange u. a., vgl. Anm. 25, S. III/22.

31 K. Grebe, Die Ergebnisse der Grabung Brandenburg, in: Berichte über den II. Internationalen Kongreß für Slawische Archäologie, Bd. 3, Berlin 1973, S. 269-278 (dort ältere Literatur); ders., Die Brandenburg (Havel) - ‚Stammeszentrum' und Fürstenburg der Heveller, in: Ausgrabungen und Funde 21, 1976, S. 156-159; ders. vgl. Anm. 12, S. 170 ff.

32 P. Donat, vgl. Anm. 12.

33 Genannt seien die Ergebnisse von Berlin-Blankenburg (H. Seyer, Die Burg in Berlin-Blankenburg und die altslawische Besiedlung des Niederen Barnim, in: Archäologie als Geschichtswissenschaft, Berlin 1977, S. 381-395), Berlin-Spandau (A. v. Müller, Die slawischen Burgen von Spandau; V. Nekuda, Der Keramikfund vom Spandauer Burgwall", in: Ausgrabungen in Berlin 2, 1971, S. 89-95 und S. 98-103) und Cösitz (H. Brachmann, Cösitz-Kesigesburch. Zur Geschichte der Hauptburg des sorbischen Stammes der Colodici, in: Symbolae Praehistoricae, Berlin 1975, S. 211-226).

34 Wesentlich später datiert werden allerdings die Oldenburg (I. I. Gabriel, vgl. Anm. 15, S. 225 ff.) und Alt-Lübeck (H. H. Andersen, Det bjerg, der kaldes Gamle Lybaek, in: Skalk 1979, Nr. 2, S. 12.

35 A. Hollnagel, Burg und Wiek von Marlow, Kreis Ribnitz-Damgarten, in: Bodendenkmalpflege in Mecklenburg, Jahrbuch 1973 (1974), S. 217-237.

36 K. Grebe, vgl. Anm. 12, S. 196; H. Brachmann, vgl. Anm. 8, S. 39 f.

37 P. Donat, Haus, Hof und Dorf in Mitteleuropa vom 7. bis 12. Jahrhundert, Berlin 1980.

38 Neubrandenburg-Fritscheshof (U. Schoknecht, Rettungsgrabungen in der kaiserzeitlichen und slawischen Siedlung von Neubrandenburg-Frit-

scheshof, in: Bodendenkmalpflege in Mecklenburg, Jahrbuch 1975 (1976), S. 159-267) und Groß Raden (E. Schuldt, Burg und Siedlungen von Groß Raden, Schwerin 1978).

39 P. Donat, vgl. Anm. 37, S. 125 ff.

40 P. Donat, Formen des Bodeneigentums im Feudalismus und deren Einfluß auf die Entwicklung der Produktivkräfte; ders., Zur Frage des Bodeneigentums bei den Westslawen, in: Jahrbuch für Feudalismus 4, 1980, S. 9-26.

41 Aus den Grabungsbefunden von Tornow, Kr. Calau, erschloß J. Herrmann eine Grundherrschaft, die sich in ihren Formen nicht wesentlich von der Villikation fränkischen Musters unterschieden habe; J. Herrmann, vgl. Anm. 14, S. 394 ff.

42 U. Schoknecht, Menzlin, ein frühgeschichtlicher Handelsplatz an der Peene, Berlin 1977.

43 Ebenda, S. 138 f.; J. Herrmann, Der Beitrag der Archäologie zur Geschichte der Beziehungen zwischen fränkischem Reich und nordwestslawischen Stämmen, in: Prace i materiały muzeum archeologicznego i etnograficznego w Łodzi 25, 1978, S. 163 f.

44 J. Herrmann, vgl. Anm. 13, S. 164 ff., Abb. 3-4.

45 Ebenda, Abb. 1; ders., vgl. Anm. 43, S. 156 ff.

46 J. Herrmann, vgl. Anm. 13, S. 176 ff.

47 E. Gringmuth-Dallmer, A. Hollnagel, Jungslawische Siedlung mit Kultfiguren auf der Fischerinsel bei Neubrandenburg, in: Zeitschrift für Archäologie 5, 1971, S. 102-133; J. Herrmann, Zu den kulturgeschichtlichen Wurzeln und zur historischen Rolle nordwestslawischer Tempel des frühen Mittelalters, in: Slovenská Archeológia 26, 1978, S. 19-28.

48 E. Schuldt, Der altslawische Tempel von Groß Raden, Schwerin 1976; ders., vgl. Anm. 38.

Johannes Irmscher

Antikerezeption auf der Basis disziplinärer und interdisziplinärer Arbeit

Ein jeder Zweig der Geschichtswissenschaft begegnet uns in doppelter Funktion. Auf der Grundlage der ermittelten Fakten und ihrer kritischen Bewertung hat die Geschichtswissenschaft zum ersten die vergangene Entwicklung der menschlichen Gesellschaft zu erfassen, die dieser Entwicklung zugrunde liegenden objektiven Gesetzmäßigkeiten in ihrer konkreten Vielheit zu erforschen und vermittels der Geschichtsschreibung jene vergangene Entwicklung darzustellen.[1] Mit der Lösung dieser Aufgabe prägt die Geschichtswissenschaft das Geschichtsbild der sie tragenden Klasse und übt auf solche Weise einen erheblichen Einfluß auf die weltanschauliche und politische Bewußtseinsbildung in ihrer eigenen Gegenwart, darüber hinaus aber in bestimmten Grenzen auch in nachfolgenden Zeiten aus.

Nicht weniger gewichtig und gesellschaftlich wirksam ist jedoch auch die zweite Funktion geschichtswissenschaftlicher Arbeit, die wir als die kulturbildende, humanistische bezeichnen möchten. Denn im Unterschied und Gegensatz zu der klassischen bürgerlichen Historiographie beschränkt sich die marxistisch-leninistische Geschichtsforschung nicht auf die Darstellung der politischen und militärischen Abläufe, sondern ist darauf gerichtet, die Gesamtheit der ökonomischen, politischen, ideologischen und kulturellen Erscheinungen in ihrer Mannigfaltigkeit und in ihrer Komplexität zu erfassen und zu interpretieren. Dabei folgt sie bei der Erforschung der kulturellen Erscheinungen, denen in unserem Zusammenhang vornehmlich die Aufmerksamkeit gilt, einem denkbar weiten, in vielem dem antiken verwandten Kulturbegriff; Kultur, in diesem Sinne verstanden, umfaßt erstens die in der gesellschaftlichen Produktion geschaffenen materiellen Güter ("materielle Kultur"), zweitens die Errungenschaften der geistigen Arbeit des Menschen, drittens die Gesamtheit der Sitten, Gebräuche und Gewohnheiten sowie viertens und letztens die Institutionen, welche die praktische Anwendung aller solcher Potenzen ermöglichen.[2] In Gestalt von kulturellen Traditionen und kulturellem Erbe bieten sich alle solche Inhalte vergangener Kulturen dar, wie sie durch die Geschichtswissenschaft im Verein mit den jeweiligen Spezialdisziplinen erschlossen werden.

Unter kulturellen Traditionen verstehen wir verhältnismäßig stabile und doch zugleich veränderungsfähige, durch eine bestimmte Klasse für einen verhältnismäßig langen Zeitraum aus der Vergangenheit übernommene oder neubelebte Ideen, Symbole und Institutionen, die mittel- oder unmittelbar dazu dienen, bestimmte Klassenziele durchzusetzen.[3] Es liegt auf der Hand, daß Traditionen, die sich in der Antike herausbildeten, der hier speziell unsere Aufmerksamkeit gilt, in der Gegenwart für gewöhnlich keine Rolle mehr spielen, wenn man von der religiösen Überlieferung in Judentum und Christentum absieht, die sich in mannigfacher Gestalt als ebenso zählebig wie anpassungsfähig gegenüber den sich verändernden gesellschaftlichen Erfordernissen erwies. Wohl aber vermögen indirekt Traditionen jener Vergangenheit auch heute noch Wirkung zu üben, wenn sie nämlich durch progressive Rezeptionsepochen wie Renaissance, Aufklärung und Klassik aufgenommen und den neuen Gegebenheiten angepaßt wurden. In dieser Problematik, die bisher noch kaum gesehen wurde, vermögen vertieftere Forschungen zu Ergebnissen zu führen, die nicht nur wissenschaftlich bedeutsam, sondern auch kulturpolitisch relevant werden können.

Ich lasse die kulturtheoretisch nicht unwichtige Frage offen, ob kulturelle Traditionen und kulturelles Erbe als eigenständige Phänomene nebeneinander stehen oder ob die Traditionen unter dem Begriff des Kulturerbes zu subsumieren sind. Persönlich würde ich der zuletzt genannten Auffassung das Wort reden; denn ebenso weit und umfassend wie der Kulturbegriff ist der marxistische Begriff des Kulturerbes. Er umfaßt die Gesamtheit der der Menschheit von vergangenen Epochen überlieferten Kulturwerte, die es in ihren Entstehungsbedingungen zu erfassen, kritisch zu werten und nach den jeweiligen konkreten historischen Aufgaben gemäß den objektiven Kriterien des gesellschaftlichen Fortschritts nutzbar zu machen gilt.[4] Dabei ist die Formulierung "Gesamtheit" zu unterstreichen; denn von den frühen Kulturen ist eine jede grundsätzlich gleichberechtigt und gleichermaßen notwendig für den historischen Fortschritt und für die Herausbildung der Weltkultur, ungeachtet des Umstandes, daß die einzelnen Kulturen nicht äquivalent, nicht gleichwertig sind, sondern in differenter Weise den historischen Fortschritt beförderten, genauso wie sich in der sozialökonomischen Geschichte die Zentren der historischen Progression mehrfach verlagerten.[5] Ohne Zweifel nimmt die Antike allein schon von der immensen Nachwirkung her, die sie zu entwickeln vermochte, innerhalb des Erbes der Weltkultur einen hervorragenden Platz ein.

Nicht die Gesamtheit des überkommenen Erbes und nicht die Gesamtheit der überlieferten Traditionen ist jedoch progressiv zu bewerten und im Dienste des gesellschaftlichen und kulturellen Fortschritts rezipierbar. Gerade aus unserer deutschen Vergangenheit wissen wir ja aufs beste von antihumanistischen Traditionen und Überlieferungen, die in ihrer eigenen Zeit und bis hin zur Gegenwart eine verderbliche Rolle spielten, und wissen ebenfalls von Erbe, das adiaphoren Charakter trägt, das progressiv, aber auch regressiv genutzt werden kann, wie denn überhaupt die vorwärtsweisende oder retardierende Funktion des Erbes einerseits durch dieses selbst, zumindest in gleichem Maße aber auch durch den Rezipienten sowie die Tendenz der Rezeption bestimmt wird.

Voraussetzung dafür, daß Erbe erschlossen und fruchtbar gemacht werden kann, ist die geschichtswissenschaftliche Faktenermittlung, ist die Ordnung und Interpretation dieser Fakten und die Entwicklung darauf gegründeter Geschichtsbilder. Das gilt für jede Erbeaneignung und gilt im besonderen für die Aneignung des Erbes der Antike, dessen Entstehungszeit von unserer sozialistischen Gegenwart durch mindestens zwei recht differente Gesellschaftsordnungen getrennt ist. Am Anfang der Rezeption in jedweder Form steht somit die griechisch-römische Altertumsforschung mit ihren zahlreichen Verzweigungen und ihren noch zahlreicheren Nachbardisziplinen - Indologie, Iranistik, Altorientalistik, Ur- und Frühgeschichte usw. Gemäß der unterschiedlichen Quellenlage gründet die griechisch-römische Altertumskunde ihre Aussagen einerseits auf Schriftzeugnisse - Geschichtswerke und andere literarische Produkte, Inschriften, Briefe, Urkunden; zum andern stützt sie sich auf archäologische Testimonien, Zeugnisse der Kunst und der materiellen Kultur - auf Bodenfunde, die als Zufallsfunde zutage treten oder mit wissenschaftlicher Systematik betriebenen Ausgrabungen verdankt werden, auf Baudenkmäler öffentlichen wie privaten Charakters, auf Schöpfungen der bildenden Kunst in jedweder Form, auf Leistungen der Technik, auf für den Alltag bestimmte Handwerksprodukte; zum dritten arbeitet sie mit dem ethnologischen Vergleich, mit dem Schluß von den Gegebenheiten bei sog. primitiven Völkern, die noch heute oder doch in jüngster Vergangenheit noch in ansonsten überholten gesellschaftlichen Bedingungen lebten, von denen auf eine fernere Vergangenheit geschlossen wird, in der gleichartige oder ähnliche Bedingungen aus der regulären historischen Entwicklung resultierten. Auf einem derart vielgestaltigen und diffizilen Quellenfundament gestaltet die Wissenschaft vom griechisch-römischen Altertum, zuverlässig geführt durch die marxistisch-leninistische Geschichtstheorie, unsere Kenntnisse und Vorstellungen von der antiken Kultur, sie deckt deren bewegende Kräfte auf, fragt nach den der Entwicklung zugrunde liegenden Gesetzmäßigkeiten und versucht, das Leben der Antike und der diese mitbestimmenden Kulturen, das Denken und Fühlen ihrer Menschen, ihre Produktionsweisen und die darauf basierenden Produktionsverhältnisse, die Kämpfe zwischen den Klassen und sonstigen sozialen Gruppierungen, die politischen und staatlichen Verbände und ihre Auseinandersetzungen, die materielle Existenz und das geistige Leben in allen seinen Äußerungen so gründlich und so genau wie nur möglich zu erfassen, und sie leistet alle solche Arbeit in beständiger Auseinandersetzung mit die Wirklichkeit entstellenden Theorien und Konzeptionen der spätbürgerlichen Historiographie. Es bedarf keines Beweises dafür, daß, um derart komplexe Aufgaben zu bewältigen, das interdisziplinäre Zusammenwirken unerläßlich ist, nicht bloß das von vornherein naheliegende Zusammenwirken unter den verschiedenen Fächern der Altertumsforschung, sondern vor allem auch das Zusammenwirken mit den theoretischen Disziplinen der Gesellschaftswissenschaft.

Das Erbe der Antike hat in doppelter Weise Wirkung geübt. Die Leistungen und Errungenschaften zumal auf wirtschaftlichem, wissenschaftlichem und technischem Gebiet, welche die Griechen und Römer mit den in ihren Reichsbildungen vereinten Völkern zu erbringen vermochten, wurden von den Nachbar- und nachfolgenden Kulturen bis hin zu der nächsthöheren Gesellschaftsformation, der Feudalordnung, übernommen. Bei dieser Übernahme handelt es sich um einen objektiven, relativ klassenindifferenten, primär durch die historische Kontinuität geprägten Prozeß, für den ich bei anderer Gelegenheit die Bezeichnung Nachwirken der Antike vorgeschlagen habe.[6] In der Gegenwart ist solches kontinuierliches Nachwirken der Antike nur noch sehr eingeschränkt von Bedeutung. Der Kontinuität des Nachwirkens der Antike steht die Diskontinuität in Gestalt der zweiten Linie gegenüber, vermittels deren die griechisch-römische Kultur auf nachfolgende Einfluß übt; ich bezeichne diese Linie als Antikerezeption.[7] Rezeption ist demnach die bewußte, reflektierte Aufnahme ausgewählten Kultur- und Ideengutes aus dem klassischen Altertum, bewerkstelligt durch eine bestimmte Klasse oder andere soziale Gruppe zu dem Zwecke, daß die für vorbildlich oder in anderer Weise für bedeutungsvoll erachteten Inhalte des rezipierten Erbes eigenen weltanschaulich-ideologischen Erfordernissen dienstbar gemacht, durch sie eigene kulturelle Bedürfnisse befriedigt, mit ihnen eigene politische und moralische Überzeugungen gefestigt werden. Jede Rezeption, jede Erbeaneignung ist klassengebunden und orientiert an den Bedürfnissen ihrer Zeit, in deren Dienst sie diejenigen Errungenschaften der Vergangenheit stellt, die dafür jeweils optimal geeignet zu sein scheinen.

Die Antithetik ist mit Nachdruck zu unterstreichen: Die griechisch-römische = klassische Altertumswissenschaft in allen ihren Sparten erstrebt, wie es im Wesen historischer Forschung begründet liegt, die allseitige Erfassung, Durchdringung und Beschreibung ihres Gegenstandes; die Rezeption dagegen zielt zu allen Zeiten auf eine Auswahl,[8] die durch gesellschaftliche Veranlassungen, wie wir sie andeuteten, bestimmt ist. Dabei ergeben sich zusätzliche Schwerpunktverlegungen durch jene Elemente, die vorhin unter der Formulierung des Nachwirkens der Antike erfaßt wurden; man wird, um ein Beispiel zu geben, das Erbe der thrakischen Kultur in Bulgarien angesichts der unleugbaren historischen Kontinuität eher und intensiver pflegen als etwa in Polen oder in der DDR, wo es dazu jeweils eines besonderen Anstoßes - etwa in Form eines Gedenktages, einer Museums- oder Ausstellungseröffnung - bedarf. Aber auch das individuelle Moment ist ins Kalkül zu setzen; der Schriftsteller, Komponist oder bildende Künstler, der aus persönlicher Inklination auf ein Motiv des Erbes zurückgreift, um daran Gegenwartsproblematik zu entwickeln und zu deren Lösung beizutragen, rezipiert nicht nur für sich selbst, sondern über sein Werk für die gesamte Menschengruppe, auf die er Wirkung übt - Bertolt Brechts Rückgriffe auf Antikes bieten sich als markante Beispiele an.

Mit diesem Exemplum ist bereits unsere nächste Frage angeschnitten, die Frage nach den Formen der Rezeption, die sich, wie leicht verständlich, um so vielgestaltiger vollzieht, je weiter die Entstehungszeit des zu rezipierenden Erbes von der eigenen Gegenwart des Rezipienten entfernt liegt. Erbe der bürgerlichen Gesellschaft wird im allgemeinen unmittelbar und ohne Vermittlung aufgenommen werden, für das Erbe der Antike dagegen wird weithin das umgekehrte Verhältnis zu gelten haben.

Am ehesten vermögen Leistungen auf dem Gebiete der bildenden Kunst unmittelbar rezipiert zu werden. Von der griechischen Kunst hat Marx 1857/58 festgestellt, daß sie uns noch Kunstgenuß gewähre und in gewisser Beziehung als Norm und unerreichbares Muster zu gelten habe.[9] Wie immer auch diese Aussage in ihrem Kontext zu interpretieren sein mag,[10] so konstatiert sie doch eindeutig einen Rezeptionsbezug von der Antike auf die Marxsche und ganz gewiß auch auf unsere heutige Gegenwart, wenn wir die Einschränkung machen, daß die apostrophierte Bedeutung nicht der griechischen Kunst in allen ihren Werken zukommt und selbst ihren Großleistungen nicht zu allen Zeiten in dem gleichen Maße. Jedenfalls ist unbestritten, daß die Proportionalität eines antiken Tempels, die Ausgewogenheit einer griechischen Statue, die Realistik eines römischen Porträts, aber auch ein Zweckbau wie der Pont du Gard von Nîmes dem heutigen Betrachter als schön erscheinen und an sein ästhetisches Empfinden rühren, auch dann, wenn er diese künstlerischen Leistungen unvermittelt und unmittelbar ohne Kenntnis ihrer Entstehungsbedingungen aufnimmt (wiewohl wir überzeugt sind, daß das angesprochene ästhetische Erlebnis mit Kenntnis solcher historischer Voraussetzungen tiefer und nachhaltiger sein wird).

Während Architektur und bildende Kunst des griechisch-römischen Altertums noch heute derart direkt zu wirken vermögen, wird man für die Literatur (im weitesten Sinne verstanden) und ihre Inhalte eine solche unmittelbare Rezeption nur noch sehr selten antreffen können; denn selbst die professionellen Philologen lesen die klassischen Texte ja nicht mehr wie Auslassungen in ihrer Muttersprache, die Aufmerksamkeit allein auf deren Aussagen gerichtet, sondern müssen sich zuerst das Verständnis erarbeiten, ehe sie zur Aneignung und Rezeption der Inhalte vorzustoßen vermögen. Für den Nichtphilologen aber eröffnen sich die Literaturwerke des Altertums erst durch die Übersetzung, daß heißt in vermittelter Rezeption.

Während Texte aus unserer Gegenwart, freilich in einer gewissen Abstufung je nach dem Grade der Sprachverwandtschaft, sich im großen und ganzen, entsprechende Sprachbeherrschung vorausgesetzt, durchaus adäquat übersetzen lassen, gilt für die Wiedergabe von Werken der Antike in weitem Ausmaße der alte italienische Satz, daß der "traduttore", der Übersetzer, ein "traditore", ein Verräter sei, weil er ohne Preisgabe von Besonderheiten, sei es in der übersetzten, sei es in der eigenen Sprache, seines Amtes nicht walten könne. In der Tat sieht sich der Übersetzer immer neu mit der Problematik konfrontiert, Gedankengänge in die Vorstellungswelt der Gegenwart übertragen zu müssen, die aus einer sozialen und historischen Umwelt und entsprechend einem Weltverständnis erwuchsen, welche von unserer Zeit nicht nur durch zwei Jahrtausende, sondern auch durch zwei Gesellschaftsformationen getrennt sind. Ob er es will oder nicht, wird daher der Übersetzer in unzählbaren Fällen subjektiv auslegen, sprachlich im eigenen Geiste neugestalten müssen; denn der wissenschaftliche Interpret vermag auf eine Stelle so viele Worte zu verwenden, wie zu ihrem völligen Verständnis erforderlich sind, der Übersetzer dagegen muß Phrase für Phrase, Satz für Satz, Vers für Vers wiedergeben. Er ist daher im besten Sinne Vermittler der Rezeption, und diese seine Funktion wird um so gewichtiger und verantwortungsvoller, je schwieriger die zu übersetzenden Texte sind, sei es in bezug auf poetische Ausprägung, sei es in Hinsicht auf ihre Ideologieträchtigkeit. Ein philosophischer Text der Antike ist in seiner Terminologie kaum übersetzbar, ohne daß Begriffe verwendet werden, die in modernen philosophischen Systemen eine bestimmte Ausprägung erfuhren, welche von dem Leser der antiken Texte zwangsläufig mitempfunden wird. Doppelsprachige Ausgaben, die dem Kundigen, falls gewünscht oder erforderlich, eine Nachprüfung der Übersetzung ermöglichen, gewinnen daher zunehmend Raum und Bedeutung.

An die mittelbare Aufnahme antiker Leistungen, wie wir sie eben kennzeichneten, schließt sich, ein weites Feld eröffnend, die jene Leistungen verwertende Rezeption. Daß bereits der Übersetzer in bestimmten Ausmaßen eigenschöpferisch tätig werden mußte, wurde vorhin sichtbar; der Schritt vom schöpferischen Übersetzer bis zum Nachdichter und Nachgestalter ist indes sehr gering. Im heutigen Griechenland können antike Dramen, ins Neugriechische übersetzt, mit verhältnismäßig geringen dramaturgischen Eingriffen als zumindest in der Bildungsschicht lebendiges Kulturerbe aufgeführt werden, insbesondere dann, wenn solche Aufführungen nicht in modernen Theaterbauten, sondern an antiken Plätzen stattfinden. Auf einer europäischen Bühne dagegen wirken dieselben Stükke allzu leicht museal,[11] während sie, in ihren Gehalten rezipiert, in den Formen aber heutigem Denken und Fühlen angepaßt, in erheblichem

Maße Emotionen zu wecken und nicht anders als ihre antiken Muster staatsbürgerliche Erziehung zu üben, moralische Qualitäten zu entfalten vermögen - man denke nur an die Brechtsche Antigoneadaption nach der Übersetzung Hölderlins, an Peter Hacks' Stücke, insonderheit den "Frieden" nach der Komödie des Aristophanes, an Euripides' "Troerinnen" in der Umsetzung von Mattias Braun. Es erübrigt sich, hier über den antiken Mythus[12] wie die weiteren Bestandteile des Formenschatzes und der Vorstellungswelt des künstlerischen und literarischen Schaffens der Alten zu sprechen, die sich als noch immer gültige und wirksame Mittel und Möglichkeiten realistischer Kunstgestaltung und modellhafter Verallgemeinerung darbieten;[13] die Wissenschaft vom griechisch-römischen Altertum hält jedenfalls das antike Erbe in seiner Gesamtheit aufbereitet präsent als ein unerschöpfliches Reservoir, auf das Künstler und Schriftsteller, Philosophen und Gesellschaftswissenschaftler der Gegenwart, historisch-kritische Wertvorstellungen und Wertungskriterien zugrunde legend,[14] nach-, um- und neugestaltend zurückgreifen, um ihre aktuellen Aufgaben nachhaltiger und überzeugender lösen zu können. Da aber jenes antike Erbe auch durch die bürgerliche Altertumswissenschaft aufbereitet und nicht nur von Humanisten, sondern auch von den Ideologen und Propagandisten des Imperialismus in ihrem Sinne genutzt, mißbraucht und verfälscht wird, bedeutet sozialistische Antikerezeption zugleich streitbare Auseinandersetzung um die progressiven Inhalte des Erbes, wobei die Marxisten auf eine große Zahl bürgerlicher Humanisten als Mitstreiter und Bundesgenossen rechnen können.

Wir hatten, wenn es gestattet ist zu rekapitulieren, von einer unmittelbaren, einer mittelbaren und einer verwertenden Aufnahme vergangener Leistungen als Formen der Rezeption von Kulturerbe - im speziellen Falle des antiken; doch gelten diese Feststellungen generell - zu sprechen. Das antike Erbe ist indes, wie allgemein bekannt, schon seit seinem Entstehen in vielfacher Weise rezipiert worden und hat auf nachfolgende Gesellschaften und Kulturen gewirkt, die ihrerseits selbst inzwischen wieder Kulturerbe geworden sind. Wenn die Formen der Rezeption, von denen wir eben sprachen, trotz ihrer Unterschiedlichkeit auf die Antike selbst zurückgriffen, so müssen wir zugleich die Wirkung ins Kalkül setzen, welche die Antikebilder späterer Rezeptionsepochen übten und noch üben. Am bedeutendsten wurden dabei jene Perioden, in denen die Bourgeoisie, um sich selbst zu verwirklichen, bewußt und nachdrücklich auf die Antike als ideologisches Arsenal zurückgriff; ich nenne in erster Reihe die Renaissance und den sie begleitenden Humanismus, Bewegungen, in denen zumindest partiell die frühbürgerliche Revolution ihren Widerhall fand, nenne Aufklärung und Klassik in ihren verschiedenen Erscheinungsformen, Epochen, in denen nach Karl Marx die Gladiatoren der Bourgeoisie "in den klassisch strengen Überlieferungen" "die Ideale und Kunstformen", das heißt die heroischen Illusionen,[15] fanden, um "ihre Leidenschaft auf der Höhe der großen geschichtlichen Tragödie zu halten".[16] Mit diesem Marxzitat ist bereits angedeutet, daß jene Antikebilder, erwachsen aus den Emanzipationskämpfen des progressiven Bürgertums, mitunter sehr weit entfernt sind von dem Antikeverständnis der Altertumswissenschaft der eigenen und gar unserer Zeit; die Öffentlichkeit der eigenen wie späterer Epochen aber haben diese Konzeptionen und Vorstellungen fast immer stärker bestimmt als die esoterischen Resultate der Fachwissenschaft - man denke an Goethesche Gedichte, Schillersche Balladen, Hölderlins Hymnen, die Historienbilder des Jakobiners und späteren Hofmalers Napoleons Jacques Louis David, denke an Zeichnungen John Flaxmans, an Skulpturen Bertel Thorwaldsens, an Romane Bulwers und Sienkiewiczs, um von Kleineren nicht zu reden. Wir möchten in diesem Zusammenhang von einer Rezeption der Rezeption sprechen, die in solcher Qualität in ihren Ursachen, Veranlassungen, Erscheinungsformen, Wirkungen und Möglichkeiten noch kaum untersucht ist und, um voll sichtbar gemacht zu werden, des Zusammenwirkens einer Vielzahl wissenschaftlicher Disziplinen bedarf.

Noch eine letzte, in unserm Säkulum der Entkolonialisierung und der Überwindung des Europazentrismus nicht unwichtige Frage soll aufgeworfen werden, die Frage nämlich, ob Antikerezeption lediglich eine europäische Angelegenheit sei oder ob diese auch außereuropäische Völker angehe. In solchem Zusammenhang ist zunächst daran zu erinnern, daß der Orbis antiquus, das heißt der geographische Raum, der dem Antikebild zugrunde liegt, weit über Griechenland und Italien, die beiden klassischen Länder, hinausreichte; zu ihm gehörte die gesamte Ökumene, die "bewohnte Welt", verkörpert in dem Reich Alexanders von Makedonien und dem Imperium Romanum, welches das Erbe jenes Reiches antrat, mit Einschluß der sogenannten Randkulturen, die unsichtbare Grenzen[17] von dem Weltreich trennten. Es ist daher ein unhistorisches, wiewohl dank dem einengenden Klassizismus durchaus auch heute noch verbreitetes Herangehen, wenn man die Antike auf ihre griechische und ihre römische Komponente begrenzen, ihre Abhängigkeit von den einheimischen urgeschichtlichen Kulturen sowie von Ägypten und dem Alten Orient leugnen und den beständigen Einfluß der Nachbar- und Randkulturen in Frage stellen möchte, deren Gewicht und Bedeutung die Gelehrtenarbeit der letzten Dezennien nachhaltig sichtbar machte. Der Strom antiker Kulturüberlieferung berührte eben nicht nur Europa - die Romania und die germanischen Völker über die römischen Eroberungen und später über die römische Kirche, den gräkoslawischen Osten über Byzanz und die Orthodoxie -, sondern auch große Teile des asiatischen und des afrikanischen Mittelmeergebietes. In unserer Epoche des Erwachens der Völker nimmt daher die Antikerezeption sehr vielfältige, weithin neuartige Formen an. Bei den Arabern, die bereits im Mittelalter antike Philosophie, Naturwissenschaft und Medizin fruchtbar rezipierten, entwickelt sich ein Antikebild von eigener Prägung, das um so stärker auf das allgemeine Geschichtsverständnis einwirken wird, je mehr das einseitig religiös bestimmte Geschichtsverständnis durch ein wissenschaftliches abgelöst wird; erinnert sei beispielhaft an das literarische und wissenschaftliche Oeuvre des Ägypters Taha Husain (1889-1973). Oder in Senegal versuchte Léopold Sédhar Senghor die Theorie der Négritude organisch mit Elementen der antiken Überlieferung zu verbinden und, als Präsident des Landes, aus dieser Symbiose praktische Konsequenzen für das Bildungswesen zu ziehen.[18] Aber auch in Amerika ist die Antike weithin lebendiges Erbe. In den USA und in Kanada gehört sie als aus Europa mitgebrachte Tradition zum Bildungsgut, mit bemerkenswerten Varianten, die es in interdisziplinärem Zusammenwirken herauszuarbeiten gilt; in Lateinamerika rezipiert die Bourgeoisie derzeit Teilaspekte über die christliche Religion und das römische Recht, das die eigenen Rechtsordnungen wesentlich prägte. Weiter geht bereits das sozialistische Kuba, das antike Literatur den Studierenden aller philologischen Fächer vermittelt;[19] die Formen der Rezeption, die daraus erwachsen, wird man mit Aufmerksamkeit verfolgen müssen.

Das Erbe der Antike stellt in unserer Gegenwart nirgends mehr die Kultur par excellence dar wie etwa in den vorhin behandelten Aufstiegsepochen der europäischen Bourgeoisie. Aber es besitzt, wie unser Überblick zeigte, für weite Lebensbereiche noch heute spürbare Aktualität und weitausgreifende Wirkung. In der sozialistischen Weltkultur der Zukunft wird es sicher nicht den ersten, sehr wohl aber einen überaus gewichtigen Platz einnehmen.

Anmerkungen

1 Formulierungen im Anschluß an: Sachwörterbuch der Geschichte Deutschlands und der deutschen Arbeiterbewegung, Bd. 1, Berlin 1969, S. 677.

2 Begriffsbestimmung im Anschluß an: G. Klaus, M. Buhr, Philosophisches Wörterbuch, Leipzig 1964, S. 302 f.

3 Begriffsbestimmung im Anschluß an: Kulturpolitisches Wörterbuch, 2. Aufl., Berlin 1978, S. 671 f.

4 Im Anschluß an: Kulturpolitisches Wörterbuch, ebenda, S. 386.

5 Dazu J. Irmscher, Das Antikebild unserer Gegenwart, Berlin 1979, S. 15 ff.

6 J. Irmscher, Probleme der Aneignung des antiken Erbes, Berlin 1976, S. 6 f.

7 Ebenda, S. 7

8 Zur Problematik vgl. unter anderem Aspekt E. John, in: Sozialistische Lebensweise und kulturelles Erbe, Berlin 1976, S. 44 f.

9 K. Marx, Grundrisse der Kritik der politischen Ökonomie (Rohentwurf), 1857-1858, Reprint Berlin 1953, S. 31.

10 Wichtiges (und zumeist Übersehenes) dazu bei Anatoli Lunatscharski, Das Erbe, deutsch von Franz Leschnitzer, Dresden 1961, S. 5 ff.; vgl. ferner Reimar Müller bei D. Schiller, H. Bock, Dialog über Tradition und Erbe, Berlin 1976, S. 95 ff.

11 Die Erwartung Brechts, daß "in nicht allzu ferner Zukunft der Genuß an den Originalwerken infolge der Schulung des historischen Sinns und des Geschmacks auch den breiten Massen möglich sein" wird (zitiert nach J. Werner, Neues Deutschland vom 27./28. Oktober 1979, S. 14), scheint mir utopisch.

12 Ich nenne als wirksame Nachgestaltungen F. Fühmann, Prometheus. Die Titanenschlacht, 2. Aufl., Berlin 1976, und St. Hermlin, Die Argonauten, Berlin 1974, ferner als poetische Umformungen P. Hacks, Amphitryon, Berlin 1969, und dens., Omphale (in: P. Hacks, Ausgewählte Dramen, Berlin 1972, S. 361 ff.).

13 Zu den Inhalten der Antikerezeption vgl. J. Irmscher, wie Anm. 6, S. 12 f.

14 W. Kahle, in: vgl. Anm. 8, S. 58 f.

15 Die Wendung bei Ch. Trilse, in: J. Irmscher, Antikerezeption, deutsche Klassik und sozialistische Gegenwart, Berlin 1979, S. 56.

16 K. Marx, F. Engels, Werke, Bd. 8, Berlin 1960, S. 116.

17 Formulierung von E. Kornemann, Gestalten und Reiche, Leipzig 1943, S. 323.

18 Vgl. dazu F. R. Chaumartin, Annales de la Faculté des lettres et sciences humaines de Dakar, 1978, Nr. 8, S. 87 ff.

19 J. Irmscher, vgl. Anm. 5, S. 18 f.

Reimar Müller

Antike Philosophie in der sozialistischen Erberezeption

Die Rezeption des kulturellen Erbes wurde lange Zeit als ein Anliegen betrachtet, das sich vornehmlich auf Kunst und Literatur bezieht. Bewußt oder unbewußt den Beschränkungen einer eindimensionalen Kulturauffassung unterliegend, tat man sich schwer, das, was prinzipiell als Konsequenz des umfassenden marxistischen Kulturbegriffs akzeptiert wurde, beim Umgang mit dem kulturellen Erbe auch wirklich in seiner ganzen Vielfalt zu realisieren. Das galt vor allem von solchen Bereichen wie der Geschichte der Technik oder der Lebensweise, es galt aber auch weithin von Philosophie und Wissenschaft. Wie ungleich hier die Dinge entwickelt waren, spiegelt sich auf der Ebene der Theoriebildung. Einer Fülle z. T. hervorragender Untersuchungen zur Rezeption des künstlerischen und literarischen Erbes stehen nur wenige Versuche gegenüber, zu einer theoretischen Selbstverständigung über Bedeutung und Funktion der Erbeaneignung in Philosophie und Wissenschaft zu gelangen. Wenn hier von der Bedeutung der antiken Philosophie für die Erbeaneignung unserer Gesellschaft die Rede sein soll, scheint es nötig, einige einleitende Erwägungen grundsätzlicher Art vorauszuschicken.[1]

Im Unterschied zu Wissenschaft und Technik, wo der jeweils erreichte Stand durch neue Erkenntnisse überholt und ersetzt wird, vollzieht sich die Entwicklung der Philosophie nicht in der Form eines linearen gradlinigen Fortschritts, bei dem die gewonnenen älteren Erkenntnisse restlos in den höheren Stufen aufgehen.[2] Bestimmte Grundfragen werden im eigentlichen Sinn (dem der Annäherung von der relativen zur absoluten Wahrheit) nicht "erledigt", sondern unterliegen in immer neuen Ansätzen der Reflexion, dienen in unterschiedlicher Weise der Konstituierung eines Weltbildes, werden für die weltanschauliche und ideologische Prägung der Gesellschaft nutzbar gemacht. Dabei gehen bereits erreichte Positionen der Erkenntnis zeitweilig wieder verloren, andere werden in völlig neue Systemzusammenhänge integriert und erhalten damit einen anderen Stellenwert. Der Fortschritt des philosophischen Denkens vollzieht sich demgemäß vielfach im Rückgriff auf frühere Stufen der Erkenntnis, im Dialog mit den großen Systemen der Vergangenheit, durch Aktualisierung älterer Positionen auf einem höheren Niveau im Sinne der Negation der Negation.

Was wir hier im historischen Rückblick auf die Entwicklung des philosophischen Denkens gesagt haben, prägt auch das Verhältnis der marxistisch-leninistischen Philosophie zur Philosophiegeschichte. Wie auf früheren Stufen der philosophischen Erkenntnis ist auch das Verhältnis der marxistischen Philosophie zu den Errungenschaften der Vergangenheit durch die Dialektik des Logischen und Historischen bestimmt.[3] In seiner logischen Gestalt ist das progressive Erbe im System der marxistischen Philosophie als der höchsten Entwicklungsstufe des philosophischen Denkens aufgehoben. Damit wird der Dialog mit der Vergangenheit aber nicht überflüssig. Es ist Aufgabe der philosophiegeschichtlichen Forschung, das Erbe in der Vielfalt seiner Bezüge aufzudecken, die in ihm enthaltenen Fragen und Problemlösungen in ihrer heuristischen Funktion für die Weiterentwicklung der marxistischen Philosophie zu nutzen und die im progressiven Erbe vorhandenen Potenzen der weltanschaulichen Bildung zu aktualisieren. Bedeutsam sind dabei in den meisten Fällen die Fragen, die das philosophische Denken vorangetrieben haben, nicht so sehr die Problemlösungen, die meist an eine bestimmte historische Stufe der Wissenschaftsentwicklung, an ein bestimmtes Weltbild gebunden und damit überholt sind.

Welche Bedeutung hat in diesem Zusammenhang das Erbe der antiken Philosophie? Wir möchten zunächst einige Aspekte hervorheben, die uns die paradigmatische Funktion zeigen, die die Betrachtung der antiken Philosophiegeschichte unter methodologischem Gesichtspunkt haben kann.

F. Engels hat davon gesprochen, daß sich in den mannigfachen Formen der antiken Philosophie "fast alle späteren Anschauungsweisen bereits im Keim, im Entstehen vorfinden".[4] Damit ist nicht gesagt, daß die ganze spätere Entwicklung der Philosophie nichts anderes darstellt als die "Auswicklung" eines Kerns, der bereits im antiken Denken angelegt war; daß die Geschichte der Philosophie nur Kontinuität und nicht die Risse und Sprünge einer tiefreichenden Diskontinuität kennt; daß bei der Herausbildung der neuzeitlichen Philosophie nicht völlig neue Qualitäten entstanden wären, grundlegende Revolutionen, die mit dem in der Antike entstandenen Weltbild unvereinbar sind. Die Feststellung von Engels bewegt sich auf einer sehr hohen Stufe der Abstraktion und betrifft Fragen wie die Grundfrage der Philosophie, Grundprobleme wie das der Einheit der Welt, Grundtypen der Erkenntnis. Und auch diese Fragestellungen erscheinen in der Geschichte des Denkens nicht zu allen Zeiten in unveränderlicher Gestalt, sondern nehmen, entsprechend dem historischen Entwicklungsstand, sehr verschiedene Formen an, ändern sich nicht nur im Hinblick auf die erzielten Ergebnisse, sondern auf die Art der Fragestellung, werden durch neue Fragestellungen bereichert, die andere zurücktreten lassen. So erscheint die Geschichte der antiken Philosophie als besonders fruchtbar, weil in ihr viele dieser Grundfragen eine erste Formulierung erfahren haben. Nur in diesem Sinn erscheint die Geschichte der antiken Philosophie als die Geschichte eines bestimmten "Vorlaufs" in der philosophischen Erfassung der Realität, in dem verschiedenste Ansätze der Aneignung der Wirklichkeit sich keimhaft entfalten und sich in A n deutungen zeigen, deren volle B e deutung erst durch den weiteren Verlauf der philosophischen Entwicklung deutlich wird: in der Spätantike, im Mittelalter, in der frühbürgerlichen Renaissance, der Aufklärung, der klassischen bürgerlichen Philosophie, im Marxismus. Es ist eine Herausforderung an die philosophiegeschichtliche Forschung, diesen allgemeinen Eindruck, dem sich der Betrachter der antiken Philosophie nicht entziehen kann, nicht nur als gegeben hinzunehmen, sondern historisch zu begreifen und aus den besonderen Bedingungen der Entwicklung der antiken Gesellschaft zu erklären. Eine Lösung dieser Aufgabe ist nur möglich im Zusammenhang einer umfassenden sozial- und kulturgeschichtlichen Betrachtung, die die philosophische Entwicklung als Bestandteil des weltgeschichtlichen Vorlaufs begreift, den die antike Klassengesellschaft insgesamt im Hinblick auf die spätere Entwicklung des Feudalismus und Kapitalismus in Europa bedeutet.[5]

Unter methodologischem Gesichtspunkt bieten die Verhältnisse der Antike wie auf anderen Gebieten auch hier den Vorzug einer relativen Übersichtlichkeit. Kaum eine spätere Entwicklungsphase der Philosophie gibt uns die Möglichkeit, die gesellschaftliche Funktion des philosophischen Bewußtseins so eindringlich zu demonstrieren wie die modellhafte Situation, die bei der Entstehung der ionischen Naturphilosophie im 6. Jh. v. u. Z. bestanden hat. Wir meinen das komplizierte Ineinander von Spekulation und Empirie, das für alle frühen Phasen des Philosophierens charakteristisch ist und in gewissem Sinn für lange Zeit ein Merkmal philosophischer Wirklichkeitserfassung bleibt; die Beziehungen von Theorie und Praxis; die ideologisch-weltanschauliche Funktion der Philosophie in einer gegebenen Gesellschaft, die nicht nur Bestehendes reflektiert, sondern die Entwicklung vorantreibt. Freilich zeigt die Forschungssituation gerade auf diesem Gebiet, wie wenig hier mit einfachen Formeln geholfen ist. Weder eine Ableitung allein aus dem Entwicklungsstand der Produktivkräfte, den Bedürfnissen von Handwerk, Gewerbe und Handel,[6] noch die Übernahme der von der akademisch-peripatetischen Tradition geformten Vorstellung, die die frühen Philosophen zu Vertretern eines gesellschaftsfernen 'bios theoretikos' macht,[7] vermag der komplizierten Frage gerecht zu werden. In einmaliger Weise veranschaulicht die Entstehung der ionischen Philosophie die komplexen gesellschaftlichen Bedürfnisse, die zur Herausbildung einer wissenschaftlichen Weltanschauung führen, ein Prozeß, fern jeder handgreiflichen Utilität, aber doch alles andere als "zweckfrei" im Hinblick auf gesellschaftliche Bedürfnisse, praxisfern nur für einen unmarxistischen Begriff der Praxis, der diese auf die materielle Produktion beschränkt.

In ähnlich modellhafter Weise vermag die Analyse der antiken Philosophie zur Bewältigung einer methodisch so schwierigen Frage wie der nach dem Verhältnis von Ideologie und Wissenschaft beizutragen. Auch hier setzen bestimmte Erfahrungen der Forschungsgeschichte der letzten Jahrzehnte Warnzeichen: eine ausgeprägte Tendenz, die frühen Formen der Wirklichkeitsaneignung in Ideologie aufzulösen,[8] hat sich nicht als haltbar erwiesen. Zwischen soziomorphen Denkstrukturen, die auf der Projektion gesellschaftlicher Kategorien in die Natur beruhen, und empirischer Beobachtung besteht ein komplexes Wechselverhältnis, das es nicht gestattet, die Ergebnisse philosophischer Erkenntnis lediglich als Ideologie im Sinne des falschen Bewußtseins zu begreifen. Die klassenmäßigen Voraussetzungen eines philosophischen Systems zu analysieren, ist ein unerläßlicher Schritt. Den Beitrag eines jeden Systems zur Wahrheitserkenntnis zu erfassen, ist eine andere, nicht minder wichtige Aufgabe. Zwischen beiden Betrachtungsweisen kann es Widersprüche geben, die bisweilen zu falschen Bewertungen führen. Gerade auch für die bewußtseinsbildende Funktion der Philosophiegeschichte ist der Grundsatz wichtig, den der sowjetische Philosophiehistoriker Oiserman formuliert hat: so wesentlich es ist, die ideologische Funktion eines jeden philosophischen Systems aufzudecken, so geht es doch nicht an, jeden Erkenntnisprozeß auf eine Dienstleistung an den Interessen bestimmter Klassen und Schichten zu r e d u z i e r e n.[9] Es ist bedeutsam für unsere Bewertung der Grundlinien der antiken Philosophie und damit für die Gewinnung des progressiven Erbes, daß es sehr unterschiedliche Phasen der Entwicklung von Klassen sein können, die zu Höhepunkten in der Philosophie führen: Aufstiegsphasen einerseits, wie sie zur Herausbildung der beiden großen Aufklärungsbewegungen (ionische Naturphilosophie des 6. Jh., attische Philosophie des 5. Jh.) geführt haben, Phasen andererseits, die vom Bemühen um Bewahrung und Stabilisierung in der Krise gekennzeichnet waren und im 4. Jh. die großen idealistischen Systeme hervorbrachten.

Wir hatten davon zu sprechen, daß das Wichtigste für uns die Fragen sind, die von den verschiedenen Systemen gestellt worden sind, nicht so sehr die Antworten. Fragen von höchster weltanschaulicher Relevanz wurden bereits von den ersten Philosophen aufgeworfen: die Frage nach der Einheit, die die Vielfalt der sinnlich wahrnehmbaren Dinge konstituiert, oder die Frage nach der Gesetzmäßigkeit im Kosmos. Tief angelegt im antiken Denken ist der immer wieder hervorbrechende Konflikt zwischen einer kausalen und einer teleologischen Form der Weltbetrachtung, die sich erst heute in wissenschaftlich gültiger Weise im kybernetischen Prinzip der sich selbst organisierenden Materie löst, ein Gedanke, für den es in der Antike von Empedokles bis zu Lukrez' "foedera naturae" bemerkenswerte keimhafte Ansätze gibt.[10] Ein Prinzip wie das der Widerspiegelung als elementarer Eigenschaft der Materie (von Lenin formuliert im Anschluß an Diderot und gleichfalls bestätigt durch die moderne Kybernetik) ist vorbereitet im Bemühen antiker Denker, den Keim für höhere Organisationsformen der Materie in früheren Entwicklungsphasen zu erkennen. Sehr aufschlußreich ist es, den modernen Gedanken der biologischen Evolution über die Philosophie der Aufklärung bis auf seine antiken Wurzeln zurückzuverfolgen.[11] So abenteuerlich die antiken Spekulationen in ihrer halbmythischen Form dem modernen Betrachter erscheinen, die Fragen sind entscheidend, die zu Keimformen des Prinzips von "trial and error" und des "survival of the fittest" führten. Schon in der Antike gab es bisweilen eine gewisse Einsicht in den inneren Zusammenhang, der zwischen solchen weltanschaulichen Grundfragen und der sozialen Position ihrer Verfechter bestand. In erstaunlicher Klarheit ist die Nahtstelle zwischen naturphilosophischer Spekulation und gesellschaftsbezogener Ideologie bei Platon im 10. Buch der "Nomoi" markiert, wenn es heißt, es seien dieselben Leute, die da behaupten, im Kosmos sei alles nur von Natur und durch Zufall geschaffen, und die im Leben der Gesellschaft nur Gesetze von relativer, örtlich und zeitlich begrenzter Gültigkeit anerkennen. Beides führe in letzter Konsequenz einerseits zur Gottlosigkeit und andererseits zur Auflehnung gegen die bestehenden Gesetze.[12]

Wir sind damit von der Naturphilosophie und der Naturwissenschaft zu dem nicht minder bedeutsamen Bereich der Gesellschaftstheorie gelangt. Es liegt im Wesen der historischen Entwicklung der Klassengesellschaft, daß alle vormarxistische Gesellschaftstheorie nicht zur vollen Erkenntnis der Triebkräfte der gesellschaftlichen Entwicklung vorstoßen konnte. Das enthebt uns nicht der Verpflichtung, sehr sorgfältig zu prüfen, inwieweit E l e m e n t e relativer Wahrheit in diesen Theorien enthalten sind. Auch dies ist eine eminent bedeutsame Frage des progressiven philosophischen Erbes. Niemand zweifelt an der Bedeutung, die Hegel, die französischen Utopisten und die klassischen bürgerlichen Ökonomen für die Herausbildung des historischen Materialismus hatten. Gehen wir zurück auf die Antike, so kommen wir auch hier an die Quellen einer verzweigten späteren Entwicklung. Auch hier gilt, daß spätere Denkformen, Anschauungsweisen, Termini im Ansatz vorgeprägt sind.

Die zweite große Aufklärungsbewegung, die mit der Blüte der Polisdemokratie im 5. Jh. verbunden war, führte zu einem sprungartigen Aufschwung gesellschaftstheoretischen Denkens, zu intensiven Reflexionen über den Ursprung der Gesellschaft und des Staates, die Herausbildung der Kultur, die wissenschaftliche Begründbarkeit juristischer und ethischer Normen.[13] Elemente demokratischer Polisideologie sind die Vereinigungs- und Vertragstheorien, in denen sich der Gedanke der politischen Gleichheit bereits als Ausdruck ökonomischer Sonderinteressen artikuliert, die infolge einer rasch sich entwickelnden Warenproduktion über die Interessen des Gemeinwesens zu dominieren beginnen: die Gesellschaft erscheint als Konglomerat "vereinzelter Einzelner", die sich im

Vertrag auf der Basis politischer Gleichheit zusammenfinden. Weitertreibende Ansprüche gehen auch in der Theorie über die politische Gleichheit der freien Bürger hinaus. Naturrechtliche Kategorien kommen in Anwendung, um die Gleichheit von Bürgern und Nichtbürgern, Griechen und Barbaren, Freien und Sklaven zu begründen. Die antithetische Scheidung von "physis" und "nomos" führt zum Gedanken der geographischen, ethnischen und historisch-gesellschaftlichen Relativität und Bedingtheit der Normen. Man sieht ein Feld intensiver Diskussion, in dem sich gewissermaßen die Keimpunkte der großen Gesellschaftskonzeptionen der bürgerlichen Aufklärung vorbereiten: Gesellschaftsvertrag, Naturrecht, Klimatheorie. Auch die sozialökonomischen Bedingungen jener Antizipationen werden sichtbar, von denen eingangs zu sprechen war: eine punktuell und temporär relativ starke Entfaltung der Warenproduktion, die, das antike Gemeinwesen zersetzend, Bedingungen schafft, die die Affinität der Theoretiker und Ideologen des aufsteigenden Bürgertums gegenüber dem antiken Gesellschafts- und Menschenbild begreiflich machen.

Gerade auch im Hinblick auf die Gesellschaftstheorie ist zu differenzieren zwischen Elementen echter Erkenntnis und ihrer ideologischen Einbettung. Hervorragende Leistungen in der Analyse des Staates, des Rechts und der Ökonomie finden wir bei Aristoteles, der auch die Gesellschaftstheorie zum Gipfel ihrer antiken Entwicklung geführt hat, sie sind aber scharf zu sondern von einer Reihe von klassenbedingten, zeitgebundenen ideologischen Momenten. Welche überraschende Aktualität derlei Fragestellungen gewinnen können, zeigen die Versuche spätbürgerlicher Theoretiker, die aristotelische Gesellschaftstheorie unter Hervorkehrung gerade ihrer zeitbedingten konservativen Züge unmittelbar aktuellen Zwecken der Ideologiebildung nutzbar zu machen[14]: ein Beispiel dringend notwendiger Auseinandersetzung um das Erbe der Antike, das als Erbe nicht einfach gegeben ist, sondern angeeignet und vor Mißbrauch geschützt werden muß.

Wie schwierig es ist, bei der wissenschaftlichen Bewertung antiker Traditionselemente, die in der Neuzeit aufgenommen wurden, zu einer treffenden, sachlich begründeten Wertung zu gelangen, die die zukunftweisenden Denkansätze weder über- noch unterbewertet, zeigt eindringlich ein Problembereich, der vom philosophischen ins geschichtliche Denken hinüberreicht. In Untersuchungen zum Geschichtsdenken der Neuzeit (darunter auch marxistischen[15]) wird immer wieder behauptet, daß der Gedanke des historischen Fortschritts sich erst in der Neuzeit habe entwickeln können, während es in der Antike nur Formen von Kreislauf- oder Dekadenzkonzeptionen gegeben hätte (abgesehen von den eschatologisch-teleologischen Vorstellungen des Christentums, die in Augustins Geschichtsphilosophie ihre gültige Ausprägung fanden). Nun hat sich zweifellos im 17. und 18. Jh. im Prozeß der Emanzipation des Bürgertums eine neue Qualität des geschichtlichen Denkens herausgebildet, in Gestalt der Querelle des anciens et des modernes unmittelbar mit der Reflexion der Antike verbunden.[16] Werner Krauss und andere haben eindrucksvoll gezeigt, daß sich aus dem Bewußtsein der unerhörten Beschleunigung der ökonomischen, politischen und kulturellen Entwicklung im Kapitalismus eine Form des Fortschrittsgedankens entwickelt hat, die ihre Intensität nicht zuletzt aus dem Bewußtsein der Überlegenheit gegenüber der Antike bezog, der man eine Superiorität allenfalls im Bereich der Kunst und Literatur zuzusprechen bereit war. Bei solchen globalen weltgeschichtlichen Einschätzungen wird leicht übersehen, daß die Antike selbst neben den verbreiteten Formen der Kreislauf- und Dekadenztheorien ausgeprägte Fortschrittskonzeptionen entwickelt hat, mit Xenophanes schon früh einsetzend, in der Blütezeit der Polis in der Sophistik und bei Demokrit ihren Höhepunkt erreichend, weiter entwickelt im Hellenismus durch die epikureische und stoische Kulturtheorie.[17] Diese Fortschrittskonzeptionen, ein wertvoller Bestandteil des philosophischen Erbes der Antike, sind freilich auch in ihren historisch begründeten Grenzen zu sehen. Primär gleichfalls am Fortschritt in der Produktivkraftentwicklung im 5. und 4. Jh. orientiert, setzen sie diesen doch nicht linear in die Zukunft fort, sondern sehen Möglichkeiten der Höherentwicklung über den erreichten Stand hinaus nur auf wissenschaftlichem und ethischem Gebiet.

Diese Beschränkung hat ihre Ursache im Entwicklungsstand der Produktivkräfte und der sozialen Verhältnisse. Obwohl die Warenproduktion im 5. und 4. Jh. in bestimmten Zentren der griechischen Welt einen beachtlichen Aufschwung nahm, war unter den Bedingungen der Sklaverei an eine ungehemmte Entfaltung der produktiven Kräfte, wie sie später die kapitalistische Produktionsweise ermöglichte, nicht zu denken. So führten die Beschleunigung und der Aufschwung der ökonomischen und gesellschaftlichen Entwicklung zwar dazu, daß das Bewußtsein vom erreichten hohen Stand (im Vergleich zu früheren Perioden) eine gewissermaßen retrospektive Fortschrittstheorie hervorbrachte. Die bestehenden Verhältnisse gaben aber keinen Anlaß, sich diesen Fortschritt in die Zukunft verlängert zu denken. Was unter den gegebenen Bedingungen nicht vorstellbar war, konnte auch nicht Gegenstand einer theoretischen Konzeption werden: der Gedanke einer sich in die Zukunft fortsetzenden, sich potenzierenden Entfaltung der produktiven Kräfte. Man erklärte sich mit dem erreichten Stand der materiellen Kultur zufrieden und neigte eher dazu, im Streben nach unbegrenzter Entfaltung des "Reichtums", das man als immanente Tendenz der Warenproduktion erkannte, eine Gefahr für die ethische Substanz zu sehen, wie Aristoteles' Kritik an der Chrematistik zeigt (Politik I 9,1256 b 40 ff.). Dieses Beispiel ist sehr wichtig, weil es deutlich die Grenzen markiert, die aus der inneren Struktur der sozialökonomischen Bedingungen heraus dem Gesellschaftsdenken der Antike gesetzt waren.

Wir haben bisher überwiegend von den großen theoretischen Linien gesprochen, die den Zusammenhang zwischen der marxistisch-leninistischen Philosophie und dem philosophischen Erbe der Antike konstituieren. Große Aufgaben stehen vor der Forschung, um dieses Erbe wissenschaftlich so zu erschließen, daß eine historisch-materialistische Gesamtkonzeption von der Entwicklung der antiken Philosophie möglich wird. Ein guter Vorlauf marxistischer Forschung ist für Teilbereiche vorhanden: die ionische Naturphilosophie, die attische Aufklärung des 5. Jh., die Atomistik Demokrits, Teile der hellenistischen Philosophie wie Stoizismus und Epikureismus, Elemente der zweiten Kultur wie Kynismus und andere Formen der Sozialutopie. Aber sehr viel bleibt noch zu tun, um die großen Systeme des antiken Idealismus in ihrer Bedeutung voll zu erfassen, die klassischen, wie die Platons und Aristoteles', und die nachklassischen des Eklektizismus, des Skeptizismus oder des Neuplatonismus. Auf vielen verschlungenen und verborgenen Wegen lebt das Erbe dieser Philosophien im Denken der Neuzeit weiter und hat so neben der direkten eine vermittelte Bedeutung für unser philosophisches Erbe. Noch wesentlich genauer als bisher sind die gesellschaftlichen Grundlagen für die einzelnen Entwicklungsstufen der antiken Philosophie zu analysieren, um von pauschalen Urteilen zu differenzierten Bewertungen zu kommen, die es möglich machen, etwa den komplizierten Weg nachzuvollziehen, den die stoische Philosophie in den Jahrhunderten ihrer Entwicklung gegangen ist. Was noch fehlt, ist eine Geschichte der antiken Philosophie, die diese aus dem Entwicklungsweg begreift, den die antike Gesellschaftsformation in ihren einzelnen Stadien genommen hat, im Kontext der übrigen Bereiche des Überbaus wie Wissenschaft, Kunst und Literatur.

Das sind freilich Formen der Aneignung, die auf breite Kreise unserer Gesellschaft nur mittelbar zu wirken vermögen. Wie aber steht es um die Möglichkeit, Elemente der antiken Philosophie für die weltanschauliche B i l d u n g nutzbar zu machen? Wie setzen wir die großen Potenzen antiker Philosophie - Rationalität, Aufklärung, Materialismus, Humanismus, Religionskritik und Atheismus, ethische Werte - ein für unsere weltanschauliche Bildung und Erziehung?

Unter dem Gesichtspunkt der Erbeaneignung ist es eine wichtige Aufgabe, den engen Zusammenhang näher zu untersuchen, der zwischen Welt- und Lebensanschauung, philosophischem Weltbild und praktischer Lebensorientierung besteht. Hier gibt es Beziehungen, die ungeachtet aller historischen Bedingtheit in ihrer bewußtseinsbildenden Wirkung weit über den Horizont ihrer Entstehung hinausreichen. Beziehungen zeichnen sich ab, die als Konstanten durch die Perioden der Rezeption hindurchgehen: Materialismus hat eine dauerhafte Affinität zu aufklärerischen

Bestrebungen, ein philosophisch fundierter Humanismus fühlt sich lebensbejahender Diesseitigkeit enger verbunden als Fluchttendenzen in eine andere Welt, obwohl diese Gleichung nicht immer aufgeht. Von hoher weltanschaulicher Relevanz ist die im vollen Sinn erst durch den historischen Materialismus wissenschaftlich begründete Auffassung vom Menschen als Schöpfer seiner selbst. Die antike Kulturtheorie hat diesem Gedanken in bemerkenswerter Weise vorgearbeitet. Mit der Erkenntnis, daß die menschliche Kultur als ein künstlich geschaffener Lebensraum gewissermaßen eine zweite Natur darstellt, entstanden in einem Prozeß, in dem der Mensch zugleich mit der Umgestaltung der äußeren Naturbedingungen auch seine eigene Natur formt,[18] ist ein elementares Prinzip humanistischen Denkens erstmals in gültiger Weise ausgesprochen. Auch die aus der Sicht unseres Menschenbildes in ihrem ursprünglichen sozialen Kontext nicht unproblematische Auffassung von der Muße als höchstem Wert[19] enthüllt sich, ihrer klassenbedingten Bezüge entkleidet, als großer Vorgriff auf ein Menschenbild, das seine inneren Potenzen erst in unserer Zeit entfalten kann: der Mensch als schöpferisches Wesen, für das die Entfaltung seiner Kräfte Selbstzweck ist, mit Marx zu sprechen, "das wahre Reich der Freiheit, das aber nur auf jenem der Notwendigkeit als seiner Basis aufblühen kann"[20].

Zu sprechen ist hier auch vom Erbe der antiken Ethik. Auf diesem Gebiet, in dem die Philosophie ganz unmittelbar ideologische Bedürfnisse bedient und Klasseninteressen reflektiert, erscheint es besonders schwierig, Zeitbedingtes von Zukunftweisendem zu scheiden. Das progressive Bürgertum hat in den verschiedenen Phasen seiner Entwicklung die verschiedensten ethischen Systeme der Antike rezipiert: Platonismus, Aristotelismus, Epikureismus, Stoizismus. Für unsere Gesellschaft unmittelbar wirksam zu werden vermag die antike Ethik nur in begrenztem Maße. Es wird noch genauer zu prüfen sein, ob und in welcher Weise etwa Aspekte des antiken Eudämonismus und Naturalismus für die Rezeption bedeutsam werden können. Elemente antiker Tradition vermögen auch auf dem Gebiet der Ethik eine Wirkung auszuüben: etwa Demokrits und Sokrates' Überzeugung von der sittlichen Verantwortung des Menschen gegenüber sich selbst und der Gesellschaft, die aristotelische und die epikureische Lehre von der Freundschaft, Ciceros höchst lebendige Gedanken über die theoretische und praktische Lebensform, die Lehren der Kyniker und Stoiker über den sittlichen Wert der Arbeit.

Gerade bei der Vermittlung eines für Welt- und Lebensanschauung unmittelbar relevanten Erbes ist es unerläßlich, sich stets der Zwischenglieder bewußt zu bleiben, die unsere Rezeption auf vielen Wegen und Umwegen mit der Antike verbinden. So ist es in hohem Grade aufschlußreich (um nur ein Beispiel herauszugreifen), Goethes Winckelmannschrift, eine der bei aller Zeitbedingtheit wirklich großen Programmschriften der deutschen Klassik, unter dem Gesichtspunkt der weltanschaulichen Traditionswahl näher zu betrachten.[21] In ihr ist die Antike auf jeder Seite gegenwärtig, mit Gedanken, die auch für uns unmittelbar bedeutsam sind: der Gedanke allseitiger Persönlichkeitsentwicklung, das Prinzip einer dem Leben zugewandten Diesseitigkeit, die Bereitschaft zum Dienst an der Gesellschaft, das Bekenntnis zu einer realistischen Kunstauffassung. Dabei weist der Einzugsbereich der Ideen eine große Vielfalt auf, die von Homer bis zum Neuplatonismus reicht.

Ein anderes Beispiel, mit dem wir gleichfalls im Umfeld einer durch unsere Klassik vermittelten Rezeption bleiben (wenn auch gewissermaßen einer Unterströmung dieser Klassik), vermag den unlösbaren Zusammenhang von Welt- und Lebensanschauung zu demonstrieren: Lukrez, der Dichter des antiken Materialismus. Immer wieder hat man versucht, besonders mit den Mitteln einer psychologischen oder speziell psychoanalytischen Betrachtungsweise, diesen großen Aufklärer und kämpferischen Philosophen als einen in Wahrheit zutiefst unsicheren, ja gebrochenen Menschen darzustellen, dessen rational begreifbare Aussage in innerem Widerspruch zu seinem Lebensgefühl gestanden habe.[22] Goethe, der Lukrez einerseits geschätzt, aber (besonders in der Frage der Unsterblichkeit) auch distanziert betrachtet hat, zählte den Philosophen nachdrücklich zu den "starken Geistern", die "wohl zu verzichten, aber sich nicht zu ergeben genaturt waren"[23]. Der junge Marx war beeindruckt von der Weise, in der Lukrez den Menschen in den ewigen Rhythmus von Werden und Vergehen einordnet, der die gesamte Natur beherrscht und von dem der Mensch nicht ausgenommen sein kann.[24]

Daß die Auseinandersetzung um das philosophische Erbe Grundfragen der weltanschaulichen Orientierung betrifft, zeigt das Beispiel des Lukrez auch in anderer Hinsicht. Neuerdings wird versucht, diesen Materialisten zu einem Philosophen umzudeuten, dessen Denken letztlich auf die Begründung eines religiösen und metaphysischen Weltbildes gerichtet war.[25]. Zum Mittel dieser Umdeutung werden Manipulationen mit dem Begriff der Metaphysik, die unter mißbräuchlicher Gleichsetzung von Metaphysik und Ontologie den Unterschied zwischen Materialismus und Idealismus verwischen. Die im Atomismus erreichte Lösung der Ethik von einem metaphysisch oder teleologisch aufgefaßten Naturbegriff wird negiert, und es wird behauptet, die Epikureer hätten die ethischen Werte aus einer normativ verstandenen Gesamtnatur des Kosmos begründet. Ähnliche Manipulationen werden an der epikureischen Religionsauffassung vorgenommen. Unter mißbräuchlichem Bezug auf quasireligiöse Sprachformen dieser Philosophie wird der Epikureismus zu einer Heilslehre umgedeutet, als deren Verkünder Lukrez erscheint. Gerade für Lukrez, bei dem die schemenhaften Götter Epikurs hinter dem leidenschaftlichen Kampf gegen die Religion völlig zurücktreten, wird diesen Göttern eine metaphysische Bedeutung zugesprochen, die ihnen im Epikureismus niemals zugekommen ist. Erstaunliche Interpretationskünste spätbürgerlicher Wissenschaft, praktiziert an einem Philosophen, der einer der bedeutendsten Religionskritiker der Antike war und in der neuzeitlichen Geschichte der Aufklärung und des Atheismus eine Rolle gespielt hat, die mit der keines anderen antiken Philosophen zu vergleichen ist.

Von entscheidender Bedeutung scheint es mir zu sein, solche Traditionsströme bewußt zu machen, die Gedankengut der antiken Philosophie durch das Medium der weiteren Rezeptionsgeschichte zu uns tragen, von Erasmus bis zu Giordano Bruno, von Bacon und Vico bis zu Montesquieu und Diderot, von Winckelmann und Lessing bis zu Herder und Hegel, von Marx und Engels bis zu Lenin. Auch diese progressiven Traditionen, die - wie im eben genannten Beispiel - die zeitgenössische bürgerliche Wissenschaft vielfach verleugnet, zeugen von der Lebenskraft eines Erbes, dessen Bewahrung und Pflege uns anvertraut ist.

Anmerkungen

1 Zu theoretischen Problemen der Rezeption des philosophischen Erbes vgl. besonders T. I. Oiserman, Probleme der Philosophie und der Philosophiegeschichte, wiss. bearbeitet von M. Buhr und E. Mieth, aus dem Russ. übers. von W. Hoepp, Berlin 1972; ders., Die philosophischen Grundrichtungen, wiss. bearbeitet von M. Buhr und E. Mieth, aus dem Russ. übers. von H. Wolle, Berlin 1976. Der folgende Abschnitt verdankt diesen Büchern wichtige Anregungen.

2 Zu Parallelen in der Entwicklung von Kunst und Literatur s. R. Müller, Zur theoretischen Grundlegung der Antikerezeption bei Karl Marx, in: Dialog über Tradition und Erbe. Ein interdisziplinäres Kolloquium des Forschungsbereiches Gesellschaftswissenschaften der Akademie der Wissenschaften der DDR, Berlin 1976, S. 101 f.

3 S. dazu C. Warnke, Disziplinäres und Interdisziplinäres zur Erberezeption aus der Sicht der marxistisch-leninistischen Philosophie, in: Dialog über Tradition und Erbe, S. 204 ff.

4 F. Engels, Anti-Dühring, in: K. Marx, F. Engels, Werke (abgekürzt MEW), Bd. 20, Berlin 1968, S. 333.

5 Kulturgeschichte der Antike, 1: Griechenland, von einem Autorenkollektiv unter Leitung von R. Müller, 2. Aufl. Berlin 1977, S. 20 f. (Veröff. d. Zentralinst. f. Alte Gesch. u. Archäologie d. Akad. d. Wiss. der DDR 6.1).

6 Diese Seite wird einseitig hervorgehoben von B. Farrington, Greek Science, London 1966.

7 Vgl. dazu W. Jaeger, Über Ursprung und Kreislauf des philosophischen Lebensideals, in: Sitzungsberichte Berlin, Phil.-Hist.Kl. XXV, 1928, S. 5 f.; G. Redlow, Theoria. Theoretische und praktische Lebensauffassung im philosophischen Denken der Antike, Berlin 1966, S. 37 ff.

8 Diese Tendenz z. T. sehr ausgeprägt bei G. Thomson, Die ersten Philosophen, aus dem Engl. übers. von E. Sommerfeld, Berlin 1961.

9 T. I. Oiserman, Probleme der Philosophie..., S. 345 ff.

10 Vgl. K. Sallmann, Studien zum philosophischen Naturbegriff der Römer mit besonderer Berücksichtigung des Lukrez, in: Archiv für Begriffsgeschichte 7, 1962, S. 182 ff.

11 R. Müller, Antike Evolutionstheorien und moderne Wissenschaft, in: Deutsche Zeitschrift für Philosophie 17, 1969, S. 436 ff.

12 Nomoi 888 E ff.

13 Zu den gesellschaftstheoretischen Konzeptionen der attischen Aufklärung des 5. Jh. vgl. E. Ch. Welskopf, Sophisten, in: Hellenische Poleis. Krise - Wandlung - Wirkung, hrsg. von E. Ch. Welskopf, Berlin 1974, Bd. 4, S. 1927 ff.; R. Müller, Das Menschenbild der sophistischen Aufklärung, in: Der Mensch als Maß der Dinge. Studien zum griechischen Menschenbild in der Zeit der Blüte und Krise der Polis, hrsg. von R. Müller, Berlin 1976, S. 239 ff. (Veröff. d. Zentralinst. f. Alte Gesch. u. Archäologie d. Akad. d. Wiss. d. DDR 8).

14 Zu dieser in neueren Monographien und Aufsätzen zu verfolgenden Tendenz vgl. z. B. die Beiträge von H. Kuhn und J. Ritter in: Rehabilitierung der praktischen Philosophie, hrsg. von M. Riedel, Bd. 1, Freiburg 1972, S. 57 ff.; Bd. 2, Freiburg 1974, S. 261 ff., 479 ff. Sie trat auch in einer Reihe von Vorträgen beim Aristoteles-Weltkongreß in Thessaloniki 1978 deutlich zutage. Zur "Renaissance" der sog. Praktischen Philosophie insgesamt vgl. W. Eichhorn I, Historischer Materialismus und Erneuerung der "praktischen Philosophie", in: Deutsche Zeitschrift für Philosophie 26, 1978, S. 715 ff.

15 Z. B. G. Klaus/H. Schulze, Sinn, Gesetze und Fortschritt in der Geschichte, Berlin 1967, S. 139.

16 W. Krauss, Der Streit der Altertumsfreunde mit den Anhängern der Moderne und die Entstehung des geschichtlichen Weltbilds, in: Essays zur französischen Literatur, Berlin und Weimar 1968, S. 130 ff.

17 Vgl. L. Edelstein, The idea of progress in classical antiquity, Baltimore 1967.

18 Dazu R. Müller, vgl. Anm. 13, S. 246 ff., 264 f.

19 E. Ch. Welskopf, Probleme der Muße im alten Hellas, Berlin 1962.

20 K. Marx, Das Kapital, Bd. III, in: MEW, Bd. 25, Berlin 1968, S. 828.

21 R. Müller, Weltanschauung und Traditionswahl in Goethes Winckelmannschrift, in: Goethe Jahrbuch 96, 1979, S. 11 ff.

22 O. Tescari, Lucrezio, Rom 1939; H. Klepl, Lukrez und Virgil in ihren Lehrgedichten, Diss., Leipzig 1940; R. Rozelaar, Lukrez, Versuch einer Deutung, Amsterdam 1943; L. Perelli, Lucrezio poeta dell' angoscia, Florenz 1969; A. P. Cavendish, Lucretius: A psychological study, in: Ratio 5, 1963, S. 60 ff.

23 Goethes Werke (Weimarer Ausgabe), Abt. I, Bd. 41, S. 361.

24 K. Marx, F. Engels, Gesamtausgabe (abgekürzt MEGA), Vierte Abteilung, Bd. 1, Berlin 1976, S. 79. 92.

25 H. Ludwig, Materialismus und Metaphysik. Studien zur epikureischen Philosophie bei Titus Lucretius Carus, Köln 1976 (Grenzfragen zwischen Theologie und Philosophie 26).

Walter Ruben

Altindische Philosophie als unser kulturelles Erbe[1]

Wenn wir uns - jeder auf seinem Gebiet - im 30. Jahre unserer Republik auf das besinnen, was wir inzwischen errungen haben, so kann und muß sich auch der Sanskritist zu Worte melden. Die idealistischen Indologen des imperialistischen Weltlagers pflegen ihrem Wesen gemäß als ihr Erbe altindischer Philosophie deren idealistische Traditionen. Wir, die wenigen materialistischen Historiker der altindischen Philosophie des sozialistischen Weltlagers, aber auch einige in Indien und den USA, heben dagegen die großen Leistungen materialistischer Traditionen der altindischen Philosophie hervor. Es handelt sich bei diesem Gegensatz um ein wahrhaft aktuelles internationales Problem, und wir wollen uns hier zunächst kurz - ohne jeden Anspruch auf Vollständigkeit - auf die Entwicklung dieser Problematik besinnen.

Dieser heute - entsprechend der Weltpolitik - mit großer Schärfe geführte Kampf um das altindische kulturelle Erbe ist im Grunde bereits mehr als zwei Jahrhunderte alt. Er begann, als der "dritte Stand", der der Bürger, gegen den feudalen Adel und die Kirche zur Revolution drängte, mit der bürgerlichen Aufklärung und ihrer sicher nicht zufälligen Entdeckung der alten Kultur Indiens.

Im Jahre 1764 erschienen in England J. W. "Holwells merkwürdige Nachrichten von Hindostan und Bengalen nebst einer Beschreibung der Religionslehren, der Mythologie, Kosmogonie, Fasten und Festtage der Gentoos und eine Abhandlung über die Metempsychosis".[2] Der Engländer Holwell trat damit als aufgeklärter Indienhistoriker mutig gegen die christlichen Missionare in Indien auf, die bis dahin Europa über Indien unterrichtet hatten. Er schwärmte damals schon für die indische Geistigkeit und meinte, die ursprüngliche altindische Religion aus dem brahmanischen Aberglauben seiner Zeit (d. h. des 18. Jh.) herausschälen zu können; sie habe ursprünglich die erhabenste Vernunft zur Quelle gehabt.[3]

14 Jahre später, 1778, erschien dieses Buch Holwells in Leipzig, von einem mir sonst unbekannten J. F. Kleuker übersetzt und kommentiert.[4] Damals fand der deutsche Materialismus im Pantheismus Goethes, Lessings und Herders seinen Ausdruck,[5] und Kleuker urteilte demgemäß, daß die Inder mit der pantheistischen Auffassung ihrer höchsten Gottheit, "deren Wesen alles erfüllt, einen richtigen und würdigen Begriff von der Gottheit gehabt haben" (S. 569 ff.).

Im Jahre 1787 urteilte unser großer Aufklärer J. G. Herder[6] ganz anders über die indische Religion, insbesondere über den Seelenwanderungsglauben. Diesen deuten wir heute als das klassengesellschaftliche Opium des alten Indien, das sich aus magischem Schamanismus der vorarischen Urgesellschaft entwickelt hat.[7] Herder meinte, dieser Glaube sei ein "jugendlicher Traum der Einbildungskraft"; aus diesem gut gemeinten Wahn aber sei ein vernunftloses heiliges Gesetz geworden; die brahmanische Tradition habe nämlich "allen Fortgang der Vernunft" gehindert (Marx sagte, daß die asiatische Produktionsweise in Indien stagnierte), und so sei sie "das wahre Opium des Geistes"[8] geworden. Wer denkt dabei nicht an Marx' Definition der Religion aus dem Jahre 1844: "Die Religion ist der Seufzer der bedrängten Kreatur... das Opium des Volkes"[9]. Den Klassenstandpunkt von Marx konnte Herder natürlich noch nicht vertreten. Herder hat aber auch u. a. Marxens Begriff der asiatischen Produktionsweise vorweggenommen und - wie Kleuker[10] - auch den von deren langer Stagnation, wenn er nämlich von der "ewigen Dauer der Gewohnheiten des Morgenlandes" sprach.[11]

Zur deutschen Aufklärung aber gehörte es im Grunde noch, wenn 1817 in Jena in deutscher Übersetzung eine kurze Abhandlung des großen indischen Aufklärers Rammohan Roy erschien: "Auflösung des Wedant ... worin die Einheit des höchsten Wesens dargethan wird..."[12]. Rammohan Roy war, wie viele Inder heute sagen, der Vater des modernen Indien, der schon 1790 gegen Götzendienst auftrat und ihn für eine Verfallserscheinung eines ursprünglichen ritenlosen Pantheismus erklärte. Er begrüßte die englisch-französische Aufklärung und empfahl seinen Indern, sich die moderne Wissenschaft der Engländer anzueignen.[13]

Mit der Romantik begann dann ein neues Kapitel unserer Kultur und damit auch unserer Problematik. Im Jahre 1808 verurteilte Fr. Schlegel als Katholik, und damit wieder im Sinne der Missionare gegen die Aufklärung (ohne aber Holwell oder Kleuker zu zitieren), in seinem Buch "Über die Sprache und Weisheit der Inder"[14] deren Pantheismus und die "den Geist zerstörenden Martern der Yoghuis und Sonnyasis" (142). "Tiefer ist der menschliche Geist nicht herabgesunken, als bis zum Pantheismus" (152). Aber 1816 gestand A. Schopenhauer, er glaube nicht, daß "seine Lehre je hätte entstehen können, ehe die Upanishaden, Plato und Kant ihre Strahlen zugleich in eines Menschen Geist werfen konnten",[15] und dieser Mensch war eben Schopenhauer. Er schrieb, die Lektüre der Upanishadübersetzung ist "der Trost meines Lebens gewesen und wird der meines Sterbens sein".[16] Er hatte einen gewaltigen Einfluß mit seinem pessimistischen Idealismus auf das deutsche Geistesleben, u. a. von 1854 an auf Richard Wagners Tristan.[17]

Inzwischen hatte Hegel (1830 ff.) sich einerseits bemüht, in Indien Philosophie (d. h. Idealismus) und Religion zu unterscheiden, sie aber andererseits zu versöhnen. Er kannte indische Philosophie aus den ersten zuverlässigen Berichten von H. Th. Colebrook (1823 ff.).[18]

An Schopenhauer schließt bis heute eine Richtung der deutschen Sanskritisten an, insbesondere P. Deussen, der der altindischen Philosophie, vor allem dem Idealismus, in seiner "Allgemeinen Geschichte der Philosophie" von 1894 an einen großen Platz einräumte.[19] Dieser in ihrem Wesen romantisch zurückblickenden, vom Kapitalismus enttäuschten und vom sogenannten "Westen" auf den idealisierten indischen "Osten" schauenden idealistischen Richtung folgten wichtige Indologen wie H. Zimmer in seinem Buch, das den bezeichnenden Titel "Ewiges Indien" trägt (1930),[20] und H. v. Glasenapps Buch "Die Philosophie der Inder" (1949)[21]. Die meisten Indologen aber bemühten sich wie heute noch in der BRD um einen objektivistischen,[22] scheinbar neutralen Standpunkt wie die in Wiesbaden 1977 und 1978 erschienenen Bücher über die altindischen Philosophiesysteme Sāṃkhya und Nyaya-Vaiśeṣika.[23]

Inzwischen hatte K. Marx 1853 die Indologie zu einer Wissenschaft entwickelt, indem er die Kausalität der stagnierenden gesellschaftlichen Entwicklung Indiens dank der asiatischen Produktionsweise aufdeckte. Marxistische Indologie konnte aber erst von 1917 an an den Universitäten der UdSSR und erst nach 1949 in unserer DDR gelehrt werden. Zu den bedeutendsten Historikern der altindischen Philosophie gehörte zunächst noch in Leningrad der Idealist Th. Stscherbatsky, der den Idealismus von Platon bis Kant dem des späten Buddhismus in einer fingierten Diskussion unterliegen ließ.[24] Viel Material über den "Modern Ideological Struggle for the Ancient Philosophical Heritage of India"[25] hat N. P. Anikeev 1969 aus der ganzen Welt zusammengestellt. Auch in unserer Republik erschienen mehrere Bücher und Aufsätze über alt- und neuindische Philosophie.[26]

Unser Bemühen geht dahin herauszustellen, was in den 2500 Jahren der Philosophie der Gangesgesellschaft an Fortschrittlichem geleistet wurde. Da ist zunächst der Beginn selber der indischen Philosophie mit dem Hylozoismus des Uddālaka und als sofortige Reaktion auf diesen mit dem Idealismus-Pantheismus des Yājñavalkya um 650 v. u. Z. Die indische und griechische Philosophie begannen mit der Klassengesellschaft, die indische mit der Gangesgesellschaft und mit den ersten Ansätzen naturwissenschaftlichen, insbesondere physiologischen und physikalischen Denkens; sie begann, sich langsam und dann doch wiederum mit einem Sprung, mit Evolution und Revolution, von Religion, Mythologie, Theologie und Aufklärung zu differenzieren. Aber dieser erste Hylozoist, Uddālaka, wurde wie sein Gegner, der Idealist Yājñavalkya vom Priesterstand der Brahmanen, dem die meisten Philosophen angehörten, fast ausnahmslos bis heute als Pantheist und damit als Idealist aufgefaßt, und er hat mit seinem jüngeren Zeitgenossen, dem Idealisten Yājñavalkya zwar diskutiert, aber nicht über die Grundfrage der Philosophie.[27]

Man kann diesem ersten indischen Hylozoisten den ersten griechischen,

Thales, als ungefähren Zeitgenossen der beginnenden griechischen Klassengesellschaft an die Seite stellen,[28] aber die lange Vorgeschichte der Philosophie in der Urgesellschaft und in deren Mythologie kann man nur mit indischem Material rekonstruieren.[29] Andererseits wagte kein altindischer Materialist, sich als solcher in einem Buch zu bekennen; wir lernen diesen Materialismus, das sogenannte Lokāyata, nur aus Polemiken der Idealisten kennen, d. h. unzureichend.[30] Der Hylozoismus wurde bis etwa 500 v. u. Z. zu diesem Materialismus, den man dem des Demokrit an die Seite stellen kann.[31] Dialektisches Denken aber begann in Indien etwa um 500 v. u. Z. mit dem Idealismus des Buddhismus, in Griechenland fast gleichzeitig mit dem Feuer-Hylozoismus des Heraklit.[32]

Um 300 v. u. Z. stellte dann Kauṭalya, ein großer Staatsmann und Verfasser einer Staatslehre, am Anfang seines Buches die Philosophie neben die Theologie.[33] Dies war eine bedeutende Leistung, bedenkt man, daß die wissenschaftliche Unterscheidung von Religion und Idealismus damals bei Aristoteles noch nicht klargestellt war[34] und in Europa erst Marxisten gelang.

Ungefähr gleichzeitig mit diesem Staatsmann dürfte die berühmte Bhagavadgītā anzusetzen sein.[35] Sie lehrte selbstloses pflichtgemäßes Handeln zum Wohl der Gesellschaft, aber freilich auf dualistischer, also im Kern idealistischer, ja gläubiger Grundlage.

Um die Zeitwende haben die beiden dualistischen Systeme des Nyāya und Vaiśeṣika in verdienstvoller Weise mehr oder weniger bewußt die drei Disziplinen der Logik-Erkenntnistheorie, der Naturphilosophie und der Ethik, Atomismus und ein Kategoriensystem ausgebildet, das dem des Aristoteles an die Seite gestellt werden kann.[36] Ansätze zur Ästhetik entwickelten Poetiker.

Schon um 400 u. Z. etwa hat der Nyāyaphilosoph Vātsyāyana sein Werk mit der Darlegung einer Art Kriterium der Praxis[37] eingeleitet. Ein solches kennen wir Materialisten erst seit Marx' Thesen über Feuerbach (1845).[38] Die Theorie dieses Kriteriums hat in Indien bis in unsere Zeiten weitergelebt, und zwar haben verschiedene Systeme zum ihm in verschiedener Weise Stellung genommen. Idealisten wie Theologen der Mīmāṁsa z. B. haben es abgelehnt, weil Erkenntnis (d. h. theologische Dogmatik) ewige Offenbarung sei und keines Beweises ihrer Richtigkeit bedürfe. Andere, wie die objektiven Idealisten des Vedānta, erkannten dem Erkennen, das zur alltäglichen Praxis gehört, eine nur "praktische Richtigkeit" zu und unterschieden diese von der "höchsten" Erkenntnis des Idealisten-Pantheisten, welche ewige Wahrheit sei. So lebte eine im Grunde scholastische Diskussion über das Kriterium der Praxis bis zum Anfang unseres Jahrhunderts, als der Nyāyaphilosoph Mahadev Rajram Bodas 1917[39] diese Tradition zusammenfaßte, fußend auf einer mittelalterlichen Zusammenfassung. Durch ihn habe ich die Geschichte dieses indischen Kriteriums der Praxis kennengelernt und zugleich durch sowjetische Marxinterpreten das Marxsche; 1954 habe ich beide zusammengestellt.[40]

Zehn Jahre später hat der bengalische marxistische Philosophiehistoriker D. Chattopadhyaya[41] diese altindische Errungenschaft mit einer Leninschen Formulierung[42] zusammengebracht. Einige andere Indologen sind auf diese grundlegende Problematik eingegangen, aber nicht grundlegend,[43] u. a. hat K. M. Potter 1977 - ohne Marx zu kennen - dieses indische "Kriterium der Wahrheit" (!), das "ganz einfach erfolgreiches Handeln ist", ziemlich sinnlos aus neopositivistischer Sicht mit semiotischer Darstellungsweise auf zwei "wahrhafte Urteile" zurückgeführt, auf das des Erkenntnismittels und der aus diesem resultierenden Erkenntnis.[44] Damit ist natürlich diesem historischen und philosophischen Problem nicht gedient. Wir müssen vielmehr klären, wie solch materialistischer Gedanke auf dem Höhepunkt der Gangesgesellschaft von einem Dualisten mit hoher logischer Bildung im Kampf gegen Idealismus geboren wurde, nicht von einem Materialisten.

Der altindische Materialismus des Lokāyata war dafür zu platt. Er war hedonistisch und sensualistisch; er war offenbar die Ideologie reicher städtischer Handelsherren; diese entwickelten eine Hetärengeselligkeit, die an die athenische erinnert; in ihr diskutierten u. a. auch Philosophen; der Despot brauchte zwar diese Kaufleute und duldete deren frivole, platt materialistische Ideologie, aber die Brahmanen duldeten nicht, daß diese Materialisten Bücher schrieben, und der Despot mußte sie darin unterstützen, um den Volksmassen die Religion und den Gebildeten den Idealismus zu erhalten. Wohl aber konnte sich ein Dualist die Veröffentlichung dieser Entdeckung erlauben.

Die heutigen Marxisten in Indien betonen in der langen Geschichte der stagnierenden alten indischen Philosophie die mehr oder weniger eindeutig materialistischen Tendenzen, die auf "Rationalismus, Säkularismus, Orientierung auf Wissenschaften und Diesseitigkeit" gerichtet sind,[45] gegen streitbaren Obskurantismus, religiösen Fanatismus und nationalen Chauvinismus,[46] der die heutigen bürgerlichen indischen Philosophiehistoriker zu Verherrlichern der indischen idealistischen Traditionen macht. Diese meinen, daß der kapitalistische und damit angeblich materialistische "Westen" von der Geistigkeit (spirituality) des alten und neuen Indien lernen müsse.

Sogar der indische, sich zum Materialismus bekennende Philosophiehistoriker K. P. Ghosh[47] erklärte es 1972 für wünschenswert und möglich, daß die Jugend des Westens in der Hektik unserer Tage sich der Meditation und dem Yoga Indiens zuwendet, ohne aber dessen Mystizismus zu übernehmen. Auch der Nyāya, der das Kriterium der Praxis fand, glaubte immer an Yoga, an diese Erlösung vom irdischen Jammertal bei Lebzeiten.

Andererseits begrüßte es 1956 der kürzlich verstorbene konservative Brahmane und bedeutende Sanskritist der Universität Madras, V. Raghuvīra, in seinem Buch über das kulturelle Erbe Indiens, zu dem der damalige Präsident der Indischen Union, Rajendra Prasad, ein Vorwort schrieb und das in die "Indian Series" der UNESCO[48] aufgenommen, also von höchsten Stellen gefördert wurde, daß indischer Yoga sich in alle Teile der Welt verbreitet hat. Im selben Sinne veröffentlichte Hans Jacobs in München 1965[49] ein Buch über "Indische Weisheit und westliche Psychotherapie"; in diesem berief er sich nicht nur auf Schopenhauer und die diesem nachfolgenden Indologen wie P. Deussen und H. Zimmer (s. o.), sondern auch auf Indienschwärmer wie H. Hesse und Graf H. Keyserling (7)[50] und auf S. Freud und C. G. Jung mit ihrer Psychoanalyse (44 ff.), die mit Indien freilich nichts zu tun hat. Von solchen idealistischen Traditionen her stellte er die indische Weisheit gegen uns, insbesondere scharf gegen mein Buch von 1954 (s. o.) (23).

Aus manchem heutigen indischen, idealistischen Philosophiehistoriker spricht immer noch der Patriotismus des bis 1947 von England kolonial unterworfenen alten, zurückgebliebenen, aber kämpferischen Indien. Kapitalismus und bürgerliches Denken wurden Indien ja aufgezwungen. Indien lebt noch immer in seiner bürgerlichen Revolution, seine Parteien der Bürger und Arbeiter wachsen erst langsam heran, für Indien ist der Kapitalismus immer noch etwas Fortschrittliches, und das in unserer Epoche, in der der Kapitalismus bereits in seine endgültige Krise eingetreten ist.[51] In Indien spielt heute die Ideologie der Svatantrapartei eine große Rolle, die das religiöse und idealistische altindische Erbe gegenüber der Philosophie des Westens überbewertet.[52] Gerade deswegen ist es unsere Aufgabe, die Bürger unseres Staates im Sinne der Politik der friedlichen Koexistenz über die beiden gegnerischen Standpunkte der Aneignung des altindischen kulturellen Erbes wissenschaftlich aufzuklären.

Indische nationalistische Philosophiehistoriker übersehen häufig, daß es auch in Europa von den alten Griechen bis heute die für die Ausbeuter der Klassengesellschaften unentbehrliche "Geistigkeit" (s.o.), kurz das Opium des Volkes, und Idealismus gegeben hat. In der in Indien seit 1977 erscheinenden Zeitschrift "Glory of India" z. B. begrüßt der Herausgeber 1978[53] die "Flut der Publikationen über Yoga und Mystizismus", d. h. über die Geistigkeit (spirituality) Indiens, die in asketischer Beherrschung der Sinne und in uralten, angeblich die Seele reinigenden (also religiösen) Bräuchen besteht, auf welche die heiligen Schriften und die Gottesverehrung gestützt sind.

Dem ist u. a. der Aufsatz des OMR Prof. Dr. D. G. R. Findeisen in unserer Wochenzeitschrift "Horizont" vom Oktober 1979[54] gegenüberzustellen, in dem er die im Kapitalismus in verschiedenen Formen propagierte "neue Jugendreligion" angreift, die angeblich gegen den derzeitigen

"Stress" psychotherapeutisch helfen soll. Er meint vor allem die "transzendentale Meditation" des Maharshi Mahesh Yogi, eines indischen Mystikers unserer Tage, eines "Erleuchteten", der seine Anhänger zum Glauben an das "Weltzeitalter der Erleuchtung durch die transzendentale Meditation" zu führen verheißt. Er gilt sozusagen als ein neuer Buddha, der die ganze Welt erlösen möchte. Unter anderen pilgerte einer der berühmten Beatles zu ihm. Einerseits handelt es sich dabei um ein gutes Geschäft für diese Sekte, denn die verschiedenen Ausbildungskurse kosten in der BRD von 300 bis 3000 Mark. Unser Autor Prof. Findeisen klagt als Mediziner diese und ähnliche Sekten der Kurpfuscherei an und empfiehlt statt dessen das "autogene Training" des Westberliner Nervenarztes Prof. I. H. Schulz, das auch in unserem Staat mit Erfolg angewendet wird; es ist medizinisch-wissenschaftlich und frei von Glaubensbindung. Andererseits weist Prof. Findeisen auf die politischen Funktionen dieser und anderer "neuer Jugendreligionen" im Kapitalismus hin, die "den Klassenauftrag der tatsächlich Herrschenden erfüllen".

Dieser umfang- und inhaltsreiche Aufsatz im "Horizont" stellt die heutigen indischen Yogapropagandisten, die die Menschheit zu erlösen versprechen, weder in den Rahmen des vielseitigen Konservatismus[55] des Imperialismus noch in den historischen Zusammenhang als Erben einer Yogatradition, die wir in Indien bereits 5000 Jahre, seit dem 3. Jahrtausend v. u. Z., seit der Indusgesellschaft,[56] verfolgen können; die asiatische Produktionsweise stagnierte eben nach Marx in Indien. Andererseits steht die Propaganda dieser Mystik in der romantischen Tradition Schopenhauers. Aber der Aufsatz des Mediziners zeigt jedem von uns, wie aktuell das Problem der historischen Analyse der altindischen Philosophie in ihrer Verquickung mit Religion (bzw. Theologie) durch unsere marxistisch-leninistischen Indologen ist und wie wichtig es ist, daß wir als dialektische Materialisten immer genauer und umfassender herausarbeiten, was wir als unser Erbe der altindischen Philosophie zu betrachten haben, und das in der heutigen weltgeschichtlichen Lage der allgemeinen Krise des Kapitalismus und der 30 Jahre der Entwicklung unseres sozialistischen Staates, im Kampf des Wissens gegen den Glauben, der erst im Kommunismus abgeschlossen werden wird.

Anmerkungen

1 Anders angelegt war: W. Ruben, der Kampf um das philosophische Erbe in Indien, in: Das Altertum 13, 1973, S. 175-178.

2 So lautet der Titel bei J. F. Kleuker (s. gleich). Vgl. E. Windisch, Geschichte der Sanskritphilologie und indischen Altertumskunde, Stuttgart 1917, S. 11 f.

3 W. Ruben, Indische Romane I, Berlin 1964, S. 24 f.; ders., Kulturgeschichte Indiens, Berlin 1978, S. 308.

4 Ders., Karl Marx über Indien (1853) und die Indienliteratur vor ihm, in: Wiss. Ztschr. d. Humboldt-Univ. zu Berlin, Ges.- und sprachwiss. Reihe III, 1953/54, Nr. 2, S. 69 ff., bes. S. 72: Kleuker schloß aus der Lektüre antiker Nachrichten über Indien, daß dieses sich im wesentlichen nicht geändert habe. Damit war er ein Vorläufer von Marx, der von der Stagnation Indiens sprach. - Vgl. E. Windisch, vgl. Anm. 2, S. 22, über ein anderes Übersetzungswerk Kleukers.

5 Klassenkampf Tradition Sozialismus, Grundriß, Berlin 1974, S. 196.

6 E. Windisch, vgl. Anm. 2, S. 56: Romantiker; Herder wußte über Indien noch nicht viel. - H. v. Glasenapp, Das Indienbild deutscher Denker, Stuttgart 1960, S. 14 ff., über Herder anders, aber richtig; W. Ruben, Herders Vorstellungen zur Periodisierung der Weltgeschichte und die marxsche "asiatische" Produktionsweise, in: Universalhistorische Aspekte und Dimensionen des Jakobinismus, Sitzungsberichte d. Akad. d. Wiss. der DDR, 1976, Nr. 10 G, S. 297 ff.; ebenda, Johann Gottfried Herder, 1978, Nr. 8 G, S. 130 f.: W. Ruben, Herder und Marx über die Indoeuropäer.

7 W. Ruben, 1978, vgl. Anm. 3, S. 97.

8 W. Ruben, 1976, vgl. Anm. 6, S. 301.

9 K. Marx, F. Engels, Werke (MEW) Bd. I, Berlin 1961, S. 378.

10 Vgl. Anm. 4.

11 W. Ruben, 1976, vgl. Anm. 6, S. 300.

12 Zit. von G. Adelung, Bibliotheca Sanscritica, St. Petersburg 1837, S. 184; 1818 statt 1817 angegeben.

13 W. Ruben, 1964, vgl. Anm. 3, S. 31 ff.

14 Heidelberg 1808; E. Windisch, vgl. Anm. 2, S. 57; ders., vgl. Anm. 6; H. v. Glasenapp, vgl. Anm. 6, S. 28 f., sehr kurz.

15 E. Windisch, wie Anm. 6, S. 50, 204, sehr kurz; H. v. Glasenapp, vgl. Anm. 6, S. 68; W. Ruben, Die Entwicklung der Philosophie (Die gesell-

schaftliche Entwicklung im alten Indien, Bd. 4), Berlin 1971, S. 2.

16 H. v. Glasenapp, vgl. Anm. 6, S. 72.

17 G. Knepler, Musikgeschichte des 19. Jahrhunderts, Berlin 1961, S. 874: Wagner lernte Schopenhauers "Welt als Wille und Vorstellung" im Jahre 1854 kennen und schrieb darüber schwärmerisch; S. 875: Frontwechsel Wagners, er tritt in die Kreise der herrschenden Klasse über; S. 876: Sein Gesinnungswechsel zeigt sich im Ring (Rheingold und Walküre 1854); S. 876: Tristan; S. 878: dritter Schluß des Rings.

18 W. Ruben, Hegel über die Philosophie der Inder, in: Asiatica, Festschrift F. Weller, Leipzig 1954, S. 553 ff.; ders., 1971, vgl. Anm. 15, S. 1 f.

19 W. Ruben, vgl. Anm. 15, S. 3.

20 Das Weltbild, 14. Band, Potsdam-Zürich 1930; dazu W. Ruben, Rezension in Orient. Lit.zeitung 1931, Nr. 9/10, Sp. 887 ff.

21 Stuttgart 1949, S. 497, s. v. Schopenhauer.

22 Vgl. Philosophisches Wörterbuch, hrsg. von G. Klaus und M. Buhr, II, Leipzig 1974, S. 885 f.: Objektivismus. Siehe unter Neopositivismus Potters (Anm. 44).

23 B. K. Matilal, Nyāya-Vaiśeṣika, und M. Hulin, Sāmkhya-Literature, beide in: A History of Indian Literature, ed. J. Gonda, vol. VI, Fasc. 2 und 3, Wiesbaden 1977 und 1978.

24 Buddhist Logic I, Leningrad 1932, S. 536 ff.

25 Soviet Indology Series No. 1, Calcutta (ohne Jahr).

26 Sanskrit Studies in the GDR, part II: Bibliography, Berlin 1979, S. 103: Index s. v. Philosophy; H. Rüstau, Zur Konstinuität der indischen philosophischen Entwicklung, in: Asien Afrika Lateinamerika 7, 1979, S. 609 ff.; W. Ruben, der Beginn des Kampfes des Wissens gegen den/das Glauben im alten Indien und Griechenland, Abhandlungen d. Akad. d. Wiss. d. DDR, Abt. Ges.wiss., Nr. G 1, Berlin 1979.

27 W. Ruben, vgl. Anm. 26.

28 W. Ruben, vgl. Anm. 15, S. 97 f.; über Thales: Kulturgeschichte der Antike 1: Griechenland, hrsg. von R. Müller, Berlin 1976, S. 146, 148.

29 W. Ruben, 1979, vgl. Anm. 26.

30 W. Ruben, vgl. Anm. 15, S. 183.

31 Ebenda, S. 197.

32 Ebenda, S. 127.

33 Ebenda, S. 128 f.; ders., 1979, vgl. Anm. 26, S. 167 f.

34 Zeller, Die Philosophie der Griechen in ihrer geschichtlichen Entwicklung, II, 2, 4. Aufl., Leipzig 1921, S. 179, Anm. 1.

35 W. Ruben, vgl. Anm. 15, S. 131 ff.

36 Ebenda, S. 156 ff.

37 Ebenda, S. 199 f.; ders., Die Bedeutung der Volksmassen für die Entdeckung des Kriteriums der Praxis im alten Indien, in: J. Herrmann, I. Sellnow (Hrsg.), Die Rolle der Volksmassen in der Geschichte der vorkapitalistischen Gesellschaftsformationen, Berlin 1975, S. 249 ff.

38 Wie Anm. 22, s. v. Praxis; MEW, Bd. 3, Berlin 1958, S. 5.

39 Tarkasaṁgraha of Annambhaṭṭa, ed. Y. V. Athalye with Introduction and notes by M. R. Bodas, Bombay Sanskrit Series No. 24, Bombay 1918, S. 356 ff.

40 W. Ruben, Geschichte der indischen Philosophie, Berlin 1954, S. 243.

41 D. Chattopdhyaya, Indian Philosophy, Peoples Publishing House, New Delhi 1964, S. 98 f., über den Begriff der bloß "praktischen Richtigkeit" einer Erkenntnis im Vedānta. Deutsch: Indische Philosophie, Berlin 1975, S. 112. Sehr ausführlich: Ders., What is Living and what is Dead, in: Indian Philosophy, New Delhi 1976, S. 361-369.

42 W. I. Lenin, Werke, Bd. 14, Berlin 1962: Materialismus und Empiriokritizismus, S. 136 f.

43 S. Dasgupta, A History of Indian Philosophy, vol. I, Cambridge 1951, S. 332 Anm. 1 ganz kurz nach Gangeśa; S. Ch. Vidyabhusana, History of the Mediaeval School of Indian Logic, Calcutta 1909, S. 129: Titel des 30. Kapitels in Śānta Rakṣitas Tattvasaṁgrahakārikā; H. N. Randle, Indian Logic in the Early Schools, Oxford University Press 1930, S. 49 ff. nach Vātsyāyana; dessen Übersetzung und Kommentierung: D. Chattopadhyaya, N. Gangopadhyaya, Nyaya Philosophy, in: Indian Studies, Past and Present, Calcutta 1967, S. 1 ff.; D. Riepe, The Naturalistic Tradition in Indian Thought, Seattle 1961, S. 233, wie alle diese Autoren, ohne den Begriff Kriterium der Praxis.

44 Encyclopedia of Indian Philosophies, ed. by K. H. Potter, Princeton 1977, S. 154 f.

45 D. Chattopadhyaya, 1971, vgl. Anm. 41, S. 212.

46 N. P. Anikeev, vgl. Anm. 25, S. 32.

47 The Indian Way, Arnold-Heinemann India, London, New Delhi 1971, S. 139.

48 The Indian Heritage, Bangalore 1956, S. LIX; Unesco Collection of Representative Works, Indian Series.

49 J. F. Lehmanns Verlag.

50 Über dessen "Reisetagebuch eines Philosophen" (1918) vgl. H. v. Glasenapp, vgl. Anm. 6, S. 135; ebenda, S. 133 über Max Scheler, der 1927 schrieb, daß die alte Weisheit des Ostens neuerdings durch eine Unzahl von Kanälen nach Europa dringt, so daß eine wahrhaft kosmopolitische Weltphilosophie im Werden ist.

51 W. Ruben, 1978, vgl. Anm. 3, S. 356.

52 H. Rüstau, vgl. Anm. 22, S. 558.

53 A Quarterly of Indology, Motilal Banarsidas, Delhi, vol. II, No. III, Sept. 1978, im "Editorial".

54 Zwei Seiten! S. 8 f.

55 Konservatismus als politische Strömung und politische Ideologie, Abhandlungen d. Akad. d. Wiss. d. DDR, 1978, Nr. W 4, unter der Verantwortung von M. Buhr.

56 Sogar vorarische Gentilgesellschaft, vgl. Anm. 7.

Heinrich Kuch

Antikes Drama im sozialistischen Theater

Das Phänomen der Antikerezeption ist im Theater ganz offensichtlich. Es kann zwar keine Rede davon sein, daß die Griechen des 6. Jh. v. u. Z. das Theaterspiel etwa erfunden hätten - es gibt da mimisch-magische Urformen des Theaters, die bis in urgesellschaftliche Zeiten zurückgehen[1] -, aber die Griechen haben, vor allem im Laufe des 5. Jh. v. u. Z., die ästhetische Form geprägt, die auch heute noch dem Theater in wesentlichen Elementen zugrunde liegt. Auf den ersten Blick scheint hier eine greifbare Kontinuität zu bestehen. Dafür sprechen zunächst die Idee des Spiels auf einer "Bühne" sowie insbesondere das Prinzip der dramatischen Gestaltung und der dialektischen Auseinandersetzung. Doch bei näherer Betrachtung überwiegt die Diskontinuität bei weitem.

Daß sich nach etwa 2 1/2 Jahrtausenden in den Bedingungen theatralischen Spiels manches geändert hat, kann nicht überraschen. Schon die äußeren Umstände der eben apostrophierten Bühne machen Unterschiede zwischen dem antiken und dem modernen Theater deutlich. Das athenische Dionysostheater des 5. Jh. kannte keine uns geläufige hohe Bühne, sondern verwendete wahrscheinlich eine nur mäßig erhöhte Plattform, auf der die Schauspieler agierten und von der aus ein zwangloser Übergang zur Orchestra, ein Kontakt mit dem Tanzplatz des Chores möglich war. Wer additiv denkt, kann hieraus zwei Ebenen des Spiels entnehmen. Auch zeitgenössische Inszenierungen begnügen sich mitunter nicht mit einer Spielfläche, vor allem, wenn sie mit dem Raum experimentieren und sogar den Zuschauerbereich mit beanspruchen. Aber mit der Orchestra und dem Chor sind bei der Bühnenfrage doch spezifische Merkmale ins Gespräch gekommen, durch die sich das griechische Theater vom modernen abhebt. Und so ließen sich weitere Charakteristika des griechischen Spiels aufführen, die sich von unseren Theatergegebenheiten weitgehend unterscheiden, wie etwa die Masken, die Art der Kostüme, die szenische Ausstattung, die Bedingungen des Freilufttheaters mit der Chance, Himmel, Sonne und Landschaft mit einzubeziehen, andererseits wieder die Grenzen der Bühnentechnik, nicht zuletzt, nein, vor allem jene Besonderheiten, die sich aus den Verhältnissen des Stadtstaats Athen ergeben, wie etwa der Modus der Aufführungen sowie die Organisation und Leitung des Spiels durch die zuständigen Polisinstanzen.[2] Daß das moderne Theater bereits in diesen mehr oder weniger äußeren Angelegenheiten im allgemeinen beträchtliche Unterschiede aufweist, ist weithin bekannt.

Was das sozialistische Theater jedoch in entscheidender Weise zur Welt des griechischen Theaters in Distanz setzt, ist der neue Erfahrungs- und Erlebnishorizont völlig neuer gesellschaftlicher Verhältnisse. Dieser Horizont wirkt sich in den Inszenierungen aus, wobei es keine Rolle spielt, ob moderne oder antike Stücke zur Aufführung kommen. Auch wenn es ohne schockierende Kühnheiten des Regisseurs abgeht, wird hier mit einem Schlag sichtbar, in welchem Maße die Antikerezeption des Theaters im Zeichen der Diskontinuität steht. Bei modernen Neugestaltungen antiker Stoffe fällt die Diskontinuität ohnehin ins Auge. Einen Bruch mit der Tradition vollziehen jedoch mehr oder weniger auch die neuzeitlichen Adaptionen, selbst wenn sie sich immerhin im großen und ganzen auf den dramaturgischen Bahnen der antiken Stücke bewegen, aber sogar bei modernen Aufführungen antiker originaler Dramen kann das um ganze Produktionsweisen fortgeschrittene Bewußtsein nicht aus der Inszenierung herausgehalten werden. Und doch finden sich bei allem Trennenden nicht nur Berührungspunkte, sondern es bestehen zwischen unserem Theater und dem Theater der Hellenen unübersehbare Gemeinsamkeiten, die so relevant sind, daß das antike Theater, die antike Dramatik, das antike Sujet ohne jeden Zweifel für uns eine wesentliche Bedeutung haben.

Bevor jene rezeptionskonstitutiven Gemeinsamkeiten zur Sprache kommen, soll wenigstens ein kurzer Blick auf die Antikerezeption in der DDR-Dramatik geworfen werden, was indessen schwer möglich ist, ohne ein Wort über die Fülle der vorausliegenden Rezeptionsversuche zu verlieren. Die sozialistische Antikeaneignung steht in einer großen Tradition. Die Rezeption der Dramatik des 5. Jh. beginnt schon im 5. Jh., nicht so sehr mit Wiederaufnahmen bereits gespielter Stücke - was für die Dramen des Aischylos nach seinem Tode möglich wurde -[3] als vielmehr mit Neuinterpretationen schon abgehandelter Themen. Jeder der drei großen attischen Tragiker hat den Elektramythos gestaltet: Aischylos in den "Choephoren", Sophokles und Euripides in ihren Tragödien, die beide den Titel "Elektra" tragen. Es ist in diesem Zusammenhang nicht wichtig, welcher "Elektra", der Sophokleischen oder der Euripideischen, die Priorität zukommt - eine bisher ungelöste Frage. Wesentlicher für unsere Problematik erscheint das ständig neuinterpretierende Wiederaufgreifen des gleichen Gegenstandes, wobei der jeweils spätere Tragiker das bzw. die vorangehenden Dramen für die eigene dichterische Produktion ästhetisch fruchtbar machen konnte. Von hier erstreckt sich bis zum Theater unserer Zeit eine Traditionslinie, die sich im Laufe der Jahrhunderte bei der Rezeption der griechischen Dramatik gebildet hat.

Wenigstens einige Etappen sollen davon genannt werden. Das 4. Jh. v. u. Z. greift mit Vorliebe auf klassische Leistungen der vergangenen großen athenischen Epoche zurück und versucht sich bei allen dramatischen Neuerungsbestrebungen in Variationen des Euripides.[4] Welche Bewunderung den Leistungen des 5. Jh. entgegengebracht wurde, beweist eine Neuerung im Theaterprogramm der Großen Dionysien: Seit 386 wird neben den Neuproduktionen der eigenen Zeit jeweils eine alte Tragödie wiederaufgeführt. Auch bei jenen Reprisen scheint Euripides der Favorit der Bühne gewesen zu sein, weil seine Fragestellungen den Ideen, Erwartungen und Hoffnungen des 4. Jh. und späterer Zeiten am meisten entsprachen. Das römische Drama[5] - es muß zumindest als Stichwort erwähnt werden - ist um eine überaus produktive Rezeption der griechischen dramatischen Leistungen bemüht, wie etwa das Beispiel Senecas zeigt, auch wenn sein Pathos nahezu über die Grenzen hinausschießt. Höhepunkte fruchtbarer Beschäftigung mit der griechischen Dramatik sind zweifellos die französische und die deutsche Klassik.[6] Bedeutsam wird dann die moderne bürgerliche Rezeption, schon seit Hugo von Hofmannsthal (vgl. etwa "Elektra", 1904), dann aber mit dem erfrischend geistreichen Impetus der französischen Dramatiker Jean Giraudoux, Jean Anouilh, Jean-Paul Sartre, die sich indessen dem gesellschaftlichen Fortschritt nur bedingt verbunden zeigten. Die Aischyleische "Orestie" zu modernisieren und psychoanalytisch auszudeuten, blieb Eugene O'Neill mit seinem Werk "Mourning becomes Electra" (1931) vorbehalten; die Trilogie von 13 Akten spielt in New England unmittelbar nach dem amerikanischen Bürgerkrieg, in den Jahren 1865 und 1866. Nicht vergessen werden kann in diesem Zusammenhang die Atridentetralogie Gerhart Hauptmanns (1942-1944), in der eine Auseinandersetzung mit dem Faschismus unternommen wurde, ohne daß es dem Dichter bei seinem humanistischen Engagement gelungen wäre, am Ende eine konstruktive Lösung zu finden.

Jener immensen Traditionslast, die sich weder negieren noch mit leichter Hand beiseite schieben läßt, sieht sich der sozialistische Dramatiker gegenüber. Nun wäre es naiv, annehmen zu wollen, daß sich jeder moderne Dichter mit der gesamten Masse des bereits Produzierten wissenschaftlich eingehend befaßt hätte. Zum Glück für das poetische Ingenium ist das wohl kaum der Fall. Aber von diesen oder jenen Vorläufern gingen nachweislich - auf dem Wege der Auseinandersetzung - produktive Impulse auf die sozialistische Dramatik aus. Wer hier genauer nach der Abhängigkeit von der dramatischen Dichtung der Griechen fragt, findet sich einem verwirrenden Beziehungsfeld konfrontiert. Neben den direkten, mit Sicherheit feststellbaren Einflüssen antiker Dramatik sind ihre möglichen indirekten Einwirkungen wenigstens theoretisch in Erwägung zu ziehen, die über den umfangreichen Komplex nichtantiker Dramen vermittelt sein können, ohne daß sie sich im einzelnen heute noch nachprüfen lassen.

Vom sicheren Boden der überschaubaren Rezeptionsvorgänge aus kann jedenfalls festgestellt werden, daß das antike Theater und der Bereich seines Sujets ergiebige Inspirationsquellen für die deutsche sozialistische Dramatik[7] waren. "Keine andere Literatur- und Kunsttradition hat so nachhaltig auf den gegenwärtigen Kunstfortschritt eingewirkt wie die

Antikerezeption", urteilt Werner Mittenzwei.[8] Einen Anfang in der Rezeption des griechischen Dramas machte Bertolt Brecht, insbesondere mit seiner Bearbeitung, die den Titel trägt "Die Antigone des Sophokles", geschrieben 1947. Es verging nur etwa ein Jahrzehnt, bis Heiner Müller, gleichfalls auf Sophokles zurückgreifend, an seinem "Philoktet" (1958-1964) zu arbeiten begann, der gegenwärtig in Berlin im Deutschen Theater gespielt wird. Auf den 1964 abgeschlossenen "Philoktet" ließ Heiner Müller in kurzer Zeit eine Reihe von weiteren modernen antiken Stücken folgen: "Herakles 5" (1966), "Ödipus Tyrann" (1966), "Prometheus" (1968) und "Der Horatier" (um 1968-1969). Hinzu kommt 1972-1973 das Prosastück "Herakles 2 oder Die Hydra", das als Intermedium in das nach Fjodor Gladkows gleichnamigem Roman gestaltete Drama "Zement" aufgenommen wurde.[9] Unlängst schrieb er seinen "Elektrakommentar" (1974) und "Medeaspiel" (1976).

Während sich Heiner Müller vorwiegend der Tragödie verpflichtet sah, griff Peter Hacks nach antiken Stücken bzw. Stoffen, die dem Genos nach zur Komödie zu zählen sind, auch wenn ihr Sujet tragische Aspekte nicht verleugnen kann. Hierher gehören "Amphitryon" (1967) und "Omphale" (1969). Mit anzuführen bleiben die "Beamtentragödie"[10] "Prexaspes" (1968) sowie das Schauspiel "Senecas Tod" (1978). Eine genuine Komödie ist aber "Der Frieden" (1962), den Peter Hacks nach Aristophanes schrieb, mit sprühendem Witz, ein großer Wurf. Von Peter Hacks liegen ferner vor "Die schöne Helena" (1964), "Operette für Schauspieler" mit der Musik von Jacques Offenbach, und das Libretto "Die Vögel" (1973), nach Aristophanes.

Es soll hier keine vollständige Liste der Antike-Stücke von DDR-Autoren präsentiert werden. Wenigstens zu erwähnen sind jedoch drei Jahre nach dem Hacksschen "Frieden" "Die Weibervolksversammlung" (1965) von Joachim Knauth und seine "Lysistrata" (1975), beide nach Aristophanes - dazwischen liegt "Der Maulheld" (1968-1969) nach dem "Miles gloriosus" des Plautus -, sowie "Amphitryon" von Armin Stolper (1967) und Karl Mickels "Nausikaa" (1968). Die sechziger Jahre erwiesen sich gewissermaßen als die "goldenen Jahre" der Antikerezeption im deutschen sozialistischen Theater. Demgegenüber ist jetzt ein spürbarer Rückgang eingetreten, ohne daß etwa ein Stillstand zu verzeichnen wäre, wie die angegebenen Entstehungsdaten nachweisen. Es ist erfreulich, daß in den siebziger Jahren auch neue Autoren auf die Antike zurückgriffen. Stefan Schütz verfaßte "Seneca" (1971), "Odysseus' Heimkehr" (1972) und "Die Amazonen" (1974)[11]. Jochen Berg schrieb das Stück "Im Taurerland" (1976-1977)[12], von dem er indessen bereits eine neue Fassung erarbeitet[13]. "Die Amazonen" von Stefan Schütz, aber in gewisser Hinsicht auch Jochen Bergs "Im Taurerland" machen mit antikem Sujet wieder ein Problem bewußt, das bereits Peter Hacks in seiner "Omphale" (1969) nicht ohne groteske Momente herausgestellt hatte: die Selbstverwirklichung der Frau. Schon an diesem Beispiel zeigt sich deutlich, daß die Antikerezeption der DDR-Dramatik keinen musealen Charakter hat. Was die überaus unterschiedlichen neuen antiken Dramen des sozialistischen Theaters eint, ist der Versuch, die eigene Zeit mit den Mitteln des alten Mythos zu reflektieren, um zeitgenössische Problematiken mit lösen zu helfen. In dieser Weise haben die modernen Stücke im antiken Gewand eine bedeutsame bewußtseinsbildende Funktion.

Sie zerfallen im wesentlichen in zwei Gruppen. Da sind einmal die z. T. sehr eigenständigen Adaptionen griechischer oder römischer Vorlagen, andererseits gänzlich neue Produktionen unter Verwendung antiker Stoffe. Mitunter läßt sich nicht sofort eine scharfe Grenze zwischen freier Adaption und Neuproduktion ziehen. Wer die ersten Verse in Heiner Müllers "Philoktet" mit der gleichnamigen Tragödie des Sophokles vergleicht, kann manche Parallelen finden. In beiden Dramen beginnt Odysseus mit dem Hinweis auf den Schauplatz und mit der Information über die Vorgeschichte. "Das ist der Platz, Lemnos." Dieser Eingangssatz im neuen "Philoktet" entspricht, wenn auch in knapper Aussage formuliert und sichtbar entpoetisiert, dem Sophokleischen Beginn: "Das ist die Küste des meerumflossenen Landes Lemnos" (1 f.) - 'Ακτὴ μὲν ἥδε τῆς περιρρύτου χθονὸς | Λήμνου. In beiden Dramen folgen die Anrede an Neoptolemos, den Sohn Achills, und die Feststellung, daß Philoktet dort, auf der Insel, ausgesetzt wurde. Bei Sophokles heißt es: "Hier, Neoptolemos, Abkömmling des besten der Hellenen, Sohn des Achilleus, habe ich einst den Mann aus Melis, den Sohn des Poias, ausgesetzt" (3-5) -

ἔνθ', ὦ κρατίστου πατρὸς 'Ελλήνων τραφεὶς
'Αχιλλέως παῖ Νεοπτόλεμε, τὸν Μηλιᾶ
Ποίαντος υἱὸν ἐξέθηκ' ἐγώ ποτε.

Diesen Sachverhalt gibt Heiner Müller wie folgt wieder: "Hier, Sohn Achills, | hab ich den Mann aus Melos ausgesetzt, | den Philoktet." Daß dabei die thessalische Landschaft Melis bzw. Malis, aus der Philoktet stammt, mit der Insel Melos verwechselt wird, soll uns nicht interessieren. Wichtig erscheint jedoch, daß die Sophokleische Darlegung wieder zu weitaus kürzerer Form zusammengezogen ist, wobei auf jeden heroisch-genealogischen Schmuck verzichtet wird. So findet sich die Entheroisierung vorbereitet, die Neoptolemos, der Sohn des besten der Hellenen, im Stück Heiner Müllers erfährt.

Der Textvergleich soll hier abgebrochen werden, obwohl sich weitere, bei näherer Betrachtung aber eher fernere Parallelen zu Sophokles leicht aufweisen lassen, wie etwa Philoktets Wunde, sein Gebrüll, das "in | das vorgeschriebne Schweigen bei den Opfern" gellte, und das "Loch, vom Wasser in den Fels gewaschen", in dem sich der Ausgesetzte aufhielt.

Aber schon im dritten Vers taucht ein Gedanke auf, der von Sophokles erheblich abweicht. Da wird als Motiv für die Aussetzung Philoktets angegeben: "in unserm Dienst verwundet, / uns nicht mehr dienlich seitdem". Die Dialektik des Dienstes steht im Dienst der Dialektik. Diese konzeptionelle Änderung nimmt sich indessen gering aus im Vergleich zu den tiefgreifenden Umgestaltungen, die das Folgende bringt. Der Chor der Tragödie wird weggelassen, und gestrichen findet sich gleichfalls der Deus ex machina Herakles, der bei Sophokles am Schluß erscheint, um Philoktet mit seinem Bogen nach Troja zu beordern. Und Philoktet selbst erlebt in Heiner Müllers Stück das Ende nicht. Er wird von Neoptolemos, dem Sophokleischen Idol des Edelmuts, von hinten mit dem Schwert getötet. Zu den grundlegenden Neuerungen gehört nicht zuletzt der Aufbau oder, besser, der Abbau der Titelfigur. Philoktet erhält bei Heiner Müller einen Charakter, in dem sich Enttäuschung und Zerrissenheit, Verbitterung und Resignation verbinden und der von einem abgrundtiefen Griechen-, ja Menschenhaß erfüllt ist.

Das Umfunktionieren bereits vorliegender Stücke, Stoffe und Figuren erscheint poetisch legitim. Bereits im 5. Jh. wurde bei der Rezeption einschneidend und durchgreifend geändert, so daß unsere Bühnenautoren bei ihren weitgehenden Umgestaltungen in bestimmtem Grade in einer alten griechischen Tradition stehen. In der Antikerezeption der DDR-Dramatik legten Heiner Müller und Peter Hacks[14] die ästhetisch reifsten Leistungen vor. Daß zwischen beiden Autoren beträchtliche Unterschiede bestehen, läßt sich nicht verkennen. Heiner Müller will die "Vergangenheit" nicht aus dem Spiel lassen, "als noch der Mensch des Menschen Todfeind war" - so heißt es im Prolog zum "Philoktet" -, für uns, historisch gesehen, ein überholter Zustand, aber doch eine Vergangenheit, die in unser Leben von außen leider mehr hineinwirkt, als uns lieb sein kann. Der Dichter geht den Schwierigkeiten und tragischen Momenten nach, die sich bei der Loslösung von der "Vorgeschichte der Menschheit"[15] und bei der Entstehung einer neuen Gesellschaft ergeben. Ästhetischen Ausdruck findet zugleich die lange Dauer revolutionärer Prozesse. Heiner Müllers Werke sind von einem tiefen Problembewußtsein getragen. Seine Befreiung des Prometheus durch Herakles - in "Herakles 2 oder Die Hydra" - zeigt die Konstruktivität, ja den Optimismus seines poetischen Denkens. In den Stücken von Peter Hacks bildet die "Emanzipation der Menschheit"[16] den Kernpunkt. Dem Autor gebührt das Verdienst, Komödien mit brillantem Witz schreiben zu können, was im deutschen Sprachgebiet seit je selten anzutreffen ist. Die Harmonie oder eher die Harmonisierung, die sich bei ihm hergestellt findet, entspricht offenbar nicht so sehr Aristophanischer Praxis als vielmehr der eigenen poetischen Konzeption. Und wer wollte das Reizvolle menschlich harmonischer Vollendung bestreiten? Peter Hacks greift kühn über die eigene Zeit hinaus, indem er seine "postrevolutionäre"[17] Ästhetik verwirklicht, ohne sich indessen dabei von der in den Klassenkämpfen der Gegenwart gewonnenen Erfahrung beunruhigen zu lassen, daß der Kampf weitergeht.[18]

Es besteht nach allem kein Zweifel: Die antike Dramatik hat zu sehr differenzierten modernen Produktionen angeregt. Wo aber liegen die Potenzen der antiken Dramatik, ohne die jene fruchtbare Entwicklung nicht möglich geworden wäre?[19]

Die moderne Literaturtheorie, die auf Marx' Erkenntnissen von den dialektischen Beziehungen zwischen Produktion und Konsumtion aufbaut, geht von der Komplexität der Produktions-, Rezeptions- und Zirkulationsprozesse in der Literatur aus,[20] eine Komplexität, die in besonderem Maße für die dramatische Dichtung gilt. Dabei hat die Produktion, in unserem Fall die dramatische Produktion das Primat, auch wenn sich ein Produkt "der Wirklichkeit nach" (Marx) erst in der Konsumtion "als Gegenstand für das tätige Subjekt"[21] realisiert. Die sozialistische Gesellschaft bietet für die Aufnahme und Verbreitung humanistischer Werte überaus günstige Bedingungen, womit über die soeben erwähnte Sphäre der Rezeption und Zirkulation der dramatischen Literatur Entscheidendes gesagt ist. Ähnlich günstige Voraussetzungen liegen für die Produktion vor. Es sollen hier jedoch nicht die Gegebenheiten und Möglichkeiten dramatischen Schaffens unter sozialistischen Verhältnissen erörtert werden. Zu fragen bleibt vielmehr, um es zu wiederholen, worin die Potenzen jener antiken Produktionen bestehen, die die sozialistische Dramatik so nachhaltig befruchteten, daß eine relativ reiche Rezeption einsetzen konnte.

Wer die Frage beantworten will, wird zugleich auf den Mythos weisen, mit dessen Hilfe bereits in früher Zeit und dann vor allem im 5. Jh. v. u. Z. eine geistige Aneignung von Natur und Gesellschaft versucht wurde. Der Mythos bildet ein nahezu unerschöpfliches Stoffreservoir und erlaubt eine modellhafte Gestaltung individueller wie gesellschaftlicher Grundsituationen. Zur Beantwortung unserer Frage müssen dann die Formen der Humanisierung und Humanität des attischen Dramas angeführt werden sowie sein realistischer Gehalt, seine Rationalität, sein Griff nach großen, nach bedeutenden Gegenständen und seine progressiven Menschenbilder, mit einem Wort: sein ästhetischer Reichtum, die künstlerischen formalen Mittel nicht zu vergessen. Die schlagwortartig genannten Werte reichen keinesfalls aus, um die Kräfte des antiken Dramas erschöpfend zu definieren. Wenn aber zur Charakterisierung noch ein bedeutsames Moment erwähnt werden darf, dann ist es die öffentlichkeitswirksame gesellschaftliche Funktion des attischen Theaters, das aktiv in das Leben der Polis eingriff.[22]

Offensichtliche Potenzen der griechischen Dramatik sind indessen vor allem auch die demokratischen Elemente der griechischen Tragödie und Komödie, wie Diskussion, Verantwortung, Entscheidung und nicht zuletzt soziale Phantasie, und es ist erstaunlich, daß sie bei den Reflexionen zur Rezeption bisher keine Rolle gespielt haben. Jene demokratischen Elemente aber sind für das griechische Drama nicht nur integrierende, sondern konstitutive Bestandteile. Sie haben sich mit der Entstehung des dramatischen Spiels im 6. Jh. herausgebildet. Als dem Chor in der Tragödie des Thespis ein Schauspieler gegenübergestellt wurde, war - im Vergleich zur archaischen Chordichtung - eine neue Möglichkeit des Dialogs gegeben, zwischen dem Schauspieler und dem Chor oder zwischen dieser Einzelperson und dem Chorführer. So konnte diskutiert, erwogen, entschieden werden, und der Phantasie begannen sich neue Räume zu öffnen. Auf diese Weise erweiterten sich die Kommunikations- und Vorstellungsmöglichkeiten erheblich.

Die demokratischen Elemente der dramatischen Kunst: Diskussion, Verantwortung, Entscheidung, soziale Phantasie, entstanden offenbar mit den demokratischen Bestrebungen im politischen Leben Athens. Geht ihre Entwicklung auch in das 6. Jh. zurück, so kommen die in Rede stehenden Erscheinungen naturgemäß erst auf dem Boden der athenischen Demokratie des 5. Jh. zur vollen Entfaltung. Es wäre ebenso pedantisch wie insipide, philologische Belege für Phänomene anzuführen, von denen das gesamte attische Drama in seiner besten Zeit bis auf den Grund durchdrungen ist, ja auf denen weitgehend seine Originalität beruht. So erübrigen sich Hinweise, auch wenn es verlockt, wenigstens auf die Verhandlungen in den "Eumeniden" des Aischylos hinzudeuten oder auf die Debatten, die Eteokles in den "Sieben gegen Theben" mit dem Späher und mit dem Chor führt, auf die Auseinandersetzungen zwischen Kreon und Haimon in der "Antigone" des Sophokles oder auf hierfür sehr relevante Passagen in den Euripideischen "Hiketiden" - alles Stellen, an denen sich Diskussion, Verantwortung, Entscheidung in besonderem Maße ausgeprägt finden, während die künstlerische, dabei nicht zuletzt die soziale Phantasie, ohne daß die Tragiker hiervon ausgenommen wären, bei Aristophanes triumphiert.

Jene Potenzen sind aber keinesfalls etwa auf die eminent politischen Partien beschränkt, sondern herrschen, wie gesagt, im gesamten attischen Drama. Sie bilden die Voraussetzungen für die dialektische Auseinandersetzung im dramatischen Bereich, die gleich zu Anfang beim ersten Umherblicken als Charakteristikum festgehalten wurde. Die demokratischen Elemente des Dramas wie der demokratische Trend der Politik waren beide auf die Veränderung des Bestehenden gerichtet, durch Neuinterpretation im Spiel, durch Neugestaltung der Wirklichkeit. Es kann nach allem nicht überraschen, daß das griechische Drama für die Dramatik in der sozialistischen Gesellschaft attraktiv wurde, zumal diese sich selbst die Idee der Umgestaltung zu eigen gemacht hat.

Alle jene Kräfte des antiken Dramas und andere mehr sind wichtige Bestandteile des kulturellen Erbes. Bei der marxistischen Antikerezeption geht es indessen nicht um die Kultivierung antiker Errungenschaften um ihrer selbst willen, sondern primär um die Erkenntnis von Möglichkeiten, mehr noch: um die Erschließung eigener Möglichkeiten[23] zur Gestaltung der Gesellschaft und zur Entfaltung des Individuums innerhalb der gesellschaftlichen Bedingungen.

Anmerkungen

1 Vgl. Margot Berthold, Weltgeschichte des Theaters, Stuttgart 1968, S. 1-8.

2 Vgl. T. B. L. Webster, Greek Theatre Production, London 1956; A. Pickard-Cambridge, The Dramatic Festivals of Athens, 2. Auflage von J. Gould und D. M. Lewis, Oxford 1968; S. Melchinger, Das Theater der Tragödie. Aischylos, Sophokles, Euripides auf der Bühne ihrer Zeit, München 1974; vgl. dazu Deutsche Literaturzeitung 98, 1977, S. 319-322; H. Kuch, Polisdemokratie und Tragödie, in: Die Rolle der Volksmassen in der Geschichte der vorkapitalistischen Gesellschaftsformationen. Zum XIV. Internationalen Historiker-Kongreß in San Francisco 1975 hrsg. von J. Herrmann und Irmgard Sellnow, Berlin 1975 (Veröff. d. Zentralinst. f. Alte Gesch. u. Archäologie d. Akad. d. Wiss. d. DDR, Bd. 7), S. 263-276; Paulette Ghiron-Bistagne, Recherches sur les acteurs dans la Grèce antique, Paris 1976.

3 Vgl. R. Cantarella, Aristophanes' "Plutos" 422-425 und die Wiederaufführungen aischyleischer Werke, in: Wege zu Aischylos, hrsg. von H. Hommel, Bd. 1, Darmstadt 1974 (Wege der Forschung 87), S. 405-435 (= Atti della Accademia Nazionale dei Lincei, Ser. 8, Rendiconti, Classe di Scienze morali, storiche e filologiche, Bd. 20, 1965, S. 363-381), besonders S. 412, Anm. 9 mit den dort angegebenen Zeugnissen.

4 T. B. L. Webster, Fourth Century Tragedy and the Poetics, in: Hermes 82, 1954, S. 294-308; H. Kuch, Zur Euripides-Rezeption im Hellenismus, in: Klio 60, 1978, S. 191-202.

5 Vgl. jetzt Das römische Drama, hrsg. von E. Lefèvre, Darmstadt 1978.

6 Vgl. W. Heise, Bemerkungen zur Funktion und Methode der Antikenrezeption in der klassischen deutschen Literatur, in: Wiss. Zeitschr. d. Friedrich-Schiller-Universität Jena, Gesellschafts- und sprachwiss. Reihe 18, 1969, H. 4, S. 49-56; D. Görne, Antikes Theater in der Vorstellung der Klassik, in: Antikerezeption, deutsche Klassik und sozialistische Gegenwart, hrsg. von J. Irmscher, Berlin 1979

(Schriften der Winckelmann-Gesellschaft, Bd. 5), S. 17-29.

7 Vgl. hierzu Ch. Trilse, Antike und Theater heute. Betrachtungen über Mythologie und Realismus, Tradition und Gegenwart, Funktion und Methode, Stücke und Inszenierungen, 2. Auflage Berlin 1979; Ch. Trilse, Die Rezeption der griechischen Tragödie in der sozialistischen Gesellschaft, in: Die griechische Tragödie in ihrer gesellschaftlichen Funktion, ein in Vorbereitung befindliches interdisziplinäres Projekt des Zentralinstituts für Alte Geschichte und Archäologie der Akademie der Wissenschaften der DDR. - In den folgenden Ausführungen bleibt die Antikerezeption in anderen sozialistischen Ländern außerhalb der Betrachtung ebenso wie die Problematik der Aufführung antiker Originale in Übersetzung.

8 W. Mittenzwei, Die Antikerezption des DDR-Theaters. Zu den Antikestükken von Peter Hacks und Heiner Müller, in: Kampf der Richtungen. Strömungen und Tendenzen der internationalen Dramatik, Leipzig 1978, S. 524-556, Zitat: S. 527, vgl. S. 524.

9 Vgl. F. Gladkow, H. Müller, Zement, mit einem Anhang, hrsg. von F. Mierau, Leipzig 1975, S. 456-459.

10 P. Hacks, Die deutschen Alexandriner. Zu "Prexaspes", in: Die Maßgaben der Kunst. Gesammelte Aufsätze, Berlin 1978, S. 357-369, Zitat: S. 357.

11 Text in: Theater der Zeit 33, 1978, H. 2, S. 64-72.

12 Text in: Theater der Zeit 33, 1978, H. 5, S. 58-64.

13 Vgl. Ch. Trilse, Die Rezeption der griechischen Tragödie in der sozialistischen Gesellschaft (vgl. Anm. 7), in Vorbereitung.

14 Vgl. W. Mittenzwei (vgl. Anm. 8), S. 524-556.

15 Vgl. Gespräch mit Heiner Müller, in: Sinn und Form 18, 1966, S. 30-47, Zitat: S. 47 (Formulierung von Heiner Müller); vgl. ebenda, S. 43.

16 Vgl. P. Hacks, Götter, welch ein Held! Zu "Der Frieden", in: Die Maßgaben der Kunst (vgl. Anm. 10), S. 346-349, Zitat: S. 346.

17 Vgl. P. Hacks, Das Poetische. Ansätze zu einer postrevolutionären Dramaturgie, Frankfurt/Main 1972. Vgl. jetzt P. Hacks, Die Maßgaben der Kunst (vgl. Anm. 10), S. 39-155.

18 Vgl. P. Hacks, Oper, 2. Auflage Berlin und Weimar 1978, S. 228 f. Dazu W. Mittenzwei (vgl. Anm. 8), S. 554 f.

19 Über die Potenzen der Philosophie vgl. in diesem Band R. Müller, Antike Philosophie in der sozialistischen Erberezeption, S. 103-115.

20 Vgl. M. Naumann, Zum Problem der "Wirkungsästhetik" in der Literaturtheorie, Berlin 1975 (Sitzungsberichte d. Akad. d. Wiss. d. DDR, 1974, 11). Vgl. auch H.-G. Werner, Methodische Probleme wirkungsorientierter Untersuchungen zur Dichtungsgeschichte, in: Weimarer Beiträge 25, 1979, H. 8, S. 14-28.

21 K. Marx, Einleitung [zur Kritik der Politischen Ökonomie], in: K. Marx, F. Engels, Werke, Bd. 13, Berlin 1969, S. 623.

22 Vgl. demnächst: Die griechische Tragödie in ihrer gesellschaftlichen Funktion (vgl. Anm. 7).

23 Vgl. W. Heise, Bemerkungen zum "Erbe", in: Weimarer Beiträge 20, 1974, H. 10, S. 156-169, besonders S. 164 f.

Wolfgang Hering

Untersuchungen zur praktischen Poetik - Resultate und Aufgaben

Vergil hat - antiken Berichten zufolge - schon zu seinen Lebzeiten eine große Anerkennung bei den Volksmassen gefunden. Seine bukolischen Gedichte wurden mehrfach im Theater vorgetragen.[1] Entdeckte man den Dichter zufällig - so heißt es in einer anderen Nachricht - unter den Zuschauern, so erhob sich das Publikum von den Plätzen und erwies ihm dadurch dieselbe Ehre wie sonst nur dem Kaiser.[2] Diese Beliebtheit des Vergil beim Volke hatte seine Ursache keineswegs in der Ausstrahlungskraft der Persönlichkeit. Im Gegenteil: wir wissen, er war kein glänzender Redner[3] und scheute den Kontakt mit den Massen.[4] Es muß also wohl die Poesie gewesen sein, die dem Dichter einen so ungewöhnlichen Ruhm bescherte, und zwar nicht die Aeneis, welche in der Rezeption der Nachwelt im Vordergrund gestanden hat. Sie wurde erst postum einer weiteren Öffentlichkeit bekannt. Den vergilischen Ruhm begründeten die Eklogen und das didaktische Epos vom Landbau, Werke also, von denen man heute weithin meint, sie gehörten im Hinblick auf das Verständnis mit zum Schwierigsten, was uns von der römischen Literatur erhalten blieb.

Leider können wir die Wirkung der Gedichte in ihrer lateinischen Originalgestalt auf das Publikum nicht mehr nachprüfen, indem wir die Situation des Vortrages simulieren. Es bleibt uns indessen noch ein anderer Weg, nämlich nach jenen Elementen in der vergilischen Dichtung zu suchen, auf die sich die Wirkung auf die zeitgenössischen Zuhörer gründen mag. Natürlich kann man dabei nicht isoliert vorgehen, sondern muß Vergleiche anstellen. Deshalb bedarf die Fragestellung einer Erweiterung: worin liegt generell in dieser Zeit die künstlerische Meisterschaft und Überzeugungskraft begründet? Das heißt: man muß sich mit den Grundlagen der Dichtkunst im 1. Jh. v. u. Z. beschäftigen.

Daß dafür keine antiken Quellen zur Verfügung stehen, ist bekannt. Sonst hätte sich die positivistische Wissenschaft schon längst damit beschäftigt. Über das "know how", um das es hier geht, äußerten sich die Dichter schon damals nicht in der Öffentlichkeit. Indessen galt die Kunst des Dichtens, Talent, Begabung und Neigung selbstredend vorausgesetzt, prinzipiell als lehrbar, als eine Art "Handwerk" wie andere Technai. So waren die Produkte, was ihre Qualität angeht, durchaus einer rationalen Kritik zugänglich, die objektive Maßstäbe an sie anlegte. Sicher hat man in den Dichterzirkeln über Fragen der künstlerischen Produktion diskutiert, etwa bei Siron in Neapel oder bei Maecenas in Rom. Eine Frucht solcher Reflexion ist letzten Endes auch der horazische Pisonenbrief (ep. II 3). Was hier steht, ist sehr allgemein gehalten:

ohne in konkrete Analysen einzutreten, ist es auch nicht anders möglich. Zudem beschäftigt sich Horaz hauptsächlich mit Epos und Drama.

Andererseits besitzen wir aus dem 1. Jh. v. u. Z. wohl das Beste, was Catull, Vergil, Horaz und andere geschaffen haben; das Unfertige und Unvollkommene hat uns die Überlieferung vorenthalten. So müßte doch an diesen Meisterwerken das abzulesen sein, nach dem wir suchen, das, was ihren künstlerischen Rang begründet. Kurz gesagt: die p o e t i s c h e P r a x i s liefert den Schlüssel zur p r a k t i s c h e n P o e t i k . Das Problem der künstlerischen Meisterschaft umschließt eine Vielzahl spezieller Fragestellungen. Ich möchte mich zu dem Basisproblem jedes handwerklichen und künstlerischen Schaffens äußern, zu dem Problem, das auch Horaz in der ars poetica an die erste Stelle gesetzt hat, wie nämlich die Forderung nach Einheit und Einheitlichkeit des Produktes verwirklicht werden kann:

denique sit quidvis: simplex dumtaxat et unum (v. 23).

Diese Forderung stellt sich hauptsächlich in der Dialektik von Inhalt und Form und in der Dialektik von Gesamtgedicht und einzelnen Versen dar.

I n h a l t meint dabei nicht das gleiche wie S t o f f oder T h e m a .

Dies sei an einem einfachen Beispiel demonstriert:

Der S t o f f der Ilias Homers ist der trojanische Krieg, das T h e m a der Zorn des Peliden Achill, der I n h a l t jedoch die spezifische und einmalige Realisierung durch den Dichter im Epos, was insbesondere auch die Einsichten einschließt, die Homer seinem Publikum darin vermitteln wollte, die A u s s a g e also. Das Korrelat zum Begriff F o r m ist immer dieser weite I n h a l t s begriff, insofern sich in der Form das Anliegen des Dichters realisiert.

Im Ergebnis erster Untersuchungen kristallisierte sich eine Art Regelwerk heraus, das auf der Ausnutzung bestimmter objektiv existierender künstlerischer Gesetzmäßigkeiten aufbaut. Die strikte Beachtung solcher Gesetze der Kunst begründet denn auch den qualitativen Unterschied echter Poesie von bloßer versifizierter Prosa. So sind die Gedichte des untersuchten Zeitraums (1. Jh. v. u. Z.) ausnahmslos einerseits nach ein- und demselben Grundmuster gebaut. Auf der anderen Seite gibt es praktisch unendlich viele formale Möglichkeiten der Variation im Detail, die der Vielfalt der Inhalte entspricht. So gesehen gleicht "optisch" (angemessener wäre vielleicht der Begriff "akustisch") kein Gedicht dem anderen. Denn jedes Poem ist für sich individueller Ausdruck eines vom Dichter intendierten Inhalts, der sich in der ihm am passendsten erscheinenden Form darstellt. Eine Untersuchung der jeweiligen Inhalt-Form-Beziehung kann also mit Erfolg auch den Weg zu einer Antwort auf die eingangs gestellte Frage bahnen, worauf sich die große Wirkung gründet, die Eklogen und Georgica Vergils auf das zeitgenössische Publikum ausgeübt haben.

Es ist hier nicht der Ort, um an Beispielen vorzuführen, auf welchem Weg solcher Erkenntniszuwachs gewonnen werden kann. Ich schließe statt dessen einige Bemerkungen an, die die Konsequenzen aus den Beobachtungen und gleichzeitig den Nutzen der Untersuchungen betreffen.

1. Methodologische Folgen

Die klassische Methodenlehre der Philologie schreibt - aus gutem Grunde übrigens - bei der Texterschließung den i n d u k t i v e n Weg vor. Bei Gedichten soll erst jeder einzelne Vers - wenn nötig, mit Parallelen von außen - erklärt und nach dem Abschluß eine Aussage über den Gesamtinhalt getroffen werden. Die Dialektik von Einzelvers und Gesamtgedicht meint jedoch: die Einheit eines Poems stellt sich nicht als eine bloße Addition von Versen dar, vielmehr ist auch jeder einzelne Vers in seiner Gestalt schon vom Ganzen her bestimmt. Ohne das Ganze erfaßt zu haben, wird eine Erklärung des Einzelnen kaum möglich sein. Das zwingt zu einem methodischen Vorgehen, das diesem Umstand Rechnung trägt.

2. Philologie und Textkonstitution

Durch die Erkenntnisse über die Gesetzmäßigkeiten in der Struktur von lateinischen Gedichten des 1. Jh. v. u. Z. lassen sich eine ganze Reihe von über Jahrzehnte hinweg erfolglos diskutierten Problemen aus der Welt schaffen. Man kann z. B. diagnostizierte Versausfälle bei Catull oder Tibull entweder als unrichtig erweisen oder bestätigen und dabei auch den Umfang der Lücken genau bestimmen. Es ist möglich, über vermutete Interpolationen Entscheidungen zu treffen. So muß z. B. die 10. Satire im 1. Buch des Horaz aus 100 Versen bestehen, und es müssen, allen sprachlichen und stilistischen Gegenargumenten zum Trotz, die ersten acht, nur in wenigen Codices überlieferten Zeilen vom Dichter stammen. Mit Sicherheit lassen sich auch Probleme von Gedichtabgrenzungen, wie sie beispielsweise bei Properz auftauchen, durch Bestätigung oder Verwerfung von Hypothesen lösen. So bildet die properzianische Elegie 8 der Monobiblos in der Art, wie sie auch überliefert ist, eine Einheit; die beiden Gedichte, in welche man sie in der Regel zerlegt, wären künstlerische Torsi. Mitunter lassen sich auch ganze Konjekturbündel in Frage stellen, weil bestimmte aus der künstlerischen Struktur resultierende Bedingungen für die Heilung der Korruptel nicht bekannt waren.

3. Philologie und Interpretation

Was die inhaltliche Erschließung eines Gedichtes der behandelten Epoche angeht, so haben sich im Laufe der Zeit zu den Hauptwerken oft mehr als ein halbes Dutzend unterschiedlicher, teils sich widersprechender Deutungen angesammelt, ohne daß es bisher gelungen wäre, mit mehr als Argumenten der Wahrscheinlichkeit die eine Ansicht definitiv zurückzuweisen oder eine andere als einzig richtige zu bestätigen. Je nach Ansicht und Position des Interpreten trat ein Gedanke in den Vordergrund, ein anderer als Beiwerk zurück. Es kann nur eine Interpretation historisch richtig sein, in welcher alle Gedanken des Dichters ihren Platz haben, natürlich in einer begründet unterschiedlichen Gewichtung. Diese Deutung zu finden bzw. als richtig zu beweisen kann über die Analyse der Form als Ausdruck des Inhalts mit einiger Sicherheit gelingen. Erst diese korrekte Erschließung im Sinne der Intentionen des Dichters schafft die Voraussetzungen für eine umfassende Rezeption in der sozialistischen Gesellschaft. Das möchte nicht undialektisch verstanden werden. Um wieder das Beispiel Vergil aufzugreifen: Gewiß wird ohnedies eine symbolistische, mystifizierende, verniedlichende, teilweise auch zum Agnostizismus neigende Deutung der Hirtengedichte uns kaum Möglichkeiten einer Anknüpfung lassen, und wir werden uns auch ohne vorausgegangene umfassende historische Erschließung nicht so sehr an die (aus bestimmten Gründen notwendige) Unkonkretheit oder das messianische Gedankengut klammern und statt dessen mehr die realistischen Züge hervorkehren. Doch wenn nun diese realistischen Elemente sich mittels der Inhalt-Form-Untersuchungen auch als Angelpunkte der Deutung herausstellen und wenn sich - was sich hieraus ergibt - die große Wirkung der Eklogen auf das Publikum im Theater daraus erklärt, daß sich der Dichter darin zum Fürsprech der Sorgen und Hoffnungen breiter Massen machte: dann bestätigt sich hier der - bezogen auf die Zeitumstände - progressive und volksverbundene Inhalt dieser Dichtung und ihre Rezeptions w ü r d i g k e i t . So dienen anscheinend dem Historischen zugewandte Untersuchungen in grundlegender Weise dem Anliegen unserer Gegenwart.

4. Theorie der Dichtkunst

Daß mit den Ergebnissen auf dem Gebiete der praktischen Poetik unser Wissen um Geschichte und Theorie der Ästhetik bereichert werden kann, liegt auf der Hand. Ob Anregungen daraus auch für die Bewältigung von Themen unserer Gegenwart ausgehen können, das möchte ich der Praxis überlassen. Möglich wäre schon die Berücksichtigung von Teilaspekten des Gedichtaufbaus, doch sollte man die notwendige Freiheit künstlerischen Schaffens nicht durch Vorschriften dieser Art einengen.

5. Übersetzungstheorie und -praxis

Die unmittelbare Aneignung des poetischen Erbes Roms erfolgt heute fast ausschließlich durch das Mittel von Übersetzungen in die Muttersprache. Hier wurde in den letzten Jahren bei uns sehr viel geleistet, was hohe Anerkennung verdient. Ziel war und ist es, vor allem die Inhalte in einer historisch richtigen und dem Publikum auch verständlichen Art und Weise nahezubringen. Naturgemäß mußte dann die Übertragung des spezifischen künstlerischen Ausdrucks der Urtexte zu einer zweitrangigen Frage werden. Vielleicht darf man übertreibend so sagen: wer die Übertragungen des Horaz und des Properz durch Rudolf Helm nebeneinander liest, dem muß in puncto künstlerischer Bewältigung mehr die durch den gleichen Übersetzer bedingte Einheitlichkeit ins Auge fallen, als daß ihm die unterschiedlichen künstlerischen Handschriften Horazens und Properzens in den deutschen Fassungen bewußt würden. Wenn aber die künstlerische Originalität der Dichter um der Herausstellung der Inhalte willen ins Hintertreffen gerät, müssen dann nicht gerade auch jene Inhalte der Faszination entbehren, die ihnen der Dichter mit der spezifischen Form verliehen hatte. Es könnte scheinen, als sei es ein derzeit kaum lösbares Problem, der Übertragung auch etwas von der ursprünglichen Wirkungskraft mitzugeben, welche einst die Zuhörer zur Begeisterung brachte.

Hier muß ich zunächst noch einmal unterstreichen, daß die Gedichte, um die es geht, nicht primär zum Lesen, sondern für einen Vortrag konzipiert sind. Auf dem Wege der Rezitation erreichte der Poet ein weit größeres Publikum, als es ihm möglich gewesen wäre, wenn er allein auf die Textvervielfältigung angewiesen gewesen wäre. Geschriebene Texte waren eben nur einer zahlenmäßig kleinen Schicht zugänglich; Preis und Bildungsniveau setzten hier unüberwindliche Grenzen.

Es ist nun möglich, einige hexametrische Gedichte so ins Deutsche zu zu übertragen, daß dabei möglichst viel von den Bauelementen mit in unsere Sprache hinübergenommen wird, die nach den gewonnenen Erkenntnissen für die Wirkung der Gedanken konstitutiv sind. Bei Distichen und vielen lyrischen Versmaßen ist dies Verfahren schon nicht mehr möglich, weil unsere Muttersprache dafür bei weitem nicht jene Wendigkeit zur Verfügung stellt, welche die römischen Dichter ihrem Idiom abverlangt haben, wohlgemerkt der lateinischen Sprache, die sich doch durch Starre und Logik auszeichnet, nach einem Vorurteil, welches die Sprache mit dem Prokrustesbett der formalen Grammatik in eins setzt, in das man sie hineingezwängt hat.[5]

Diese Übertragungen hexametrischer Gedichte müssen, nimmt man sie als Lesetexte, natürlich weit hinter den bekannten Versionen zurückstehen. Sie sind nichts anderes, um einen Begriff aus der Musik zu entlehnen, als "Partituren", mit deren Hilfe ein Sprecher etwas von der ursprünglichen Ausstrahlungskraft des Inhalts auf ein Auditorium zum Leben erwecken kann. Er muß natürlich die "Partituren" zu lesen verstehen, d.h., er muß wissen, welche künstlerischen Mittel der Dichter genutzt hat, um seine Gedanken überzeugend zum Ausdruck zu bringen. Dies ist eine Sache der wissenschaftlichen Durchdringung, nicht eines irrationalen Einfühlungsvermögens oder kongenialer Nachgestaltungskunst. Die Praxis kann die Richtigkeit dieser These bestätigen.

Zu erwägen wäre somit, ob wir nicht auch diesen Weg gehen sollten, lateinische Gedichte in speziell dafür geschaffenen Übertragungen durch Rezitationen zu popularisieren. Dies zu praktizieren, empfiehlt sich auch noch aus einem anderen Grunde. Lesetexte müssen schon aus psychologischen Gründen, wenn anders sie überhaupt durch einen ernsthaften Benutzer angenommen werden wollen, viele heute nicht mehr lebendige Bildungselemente entweder (zum Nachteil der Kunst) eliminieren oder durch verständliche Begriffe ersetzen. Auch die Erläuterungen in Anmerkungen sind eine Möglichkeit. Bei aller Sorgfalt der Bearbeiter sind die Fälle noch zu zahlreich, wo ein Benutzer wegen tatsächlich oder auch nur vermeintlich fehlender Voraussetzungen im Wissen auf eine weitere Lektüre enttäuscht verzichtet. Wird ein Gedicht gesprochen, so bestehen diese Probleme nicht in solcher Form. Denn - um nochmals das Beispiel Musik aufzunehmen - wie ein Zuhörer von Bachscher Musik den humanistischen Inhalt und ihre Schönheit rezipieren kann, ohne etwas von der Eigenheit barocker Musik, von Fugen, Kanons usw. zu verstehen, so kann auch der einer Rezitation Lauschende Aussage und künstlerischen Glanz eines lateinischen Gedichtes in der Übersetzung begreifen und empfinden. Die Conditionen dafür haben sich seit dem 1. Jh. v. u. Z. nicht verändert. Wie wichtig es angesichts des (zwangsläufigen) Übergewichtes der i n t e l l e k t u e l l e n Seite bei der Rezeption antiker Kultur ist, alle Möglichkeiten auszuschöpfen, um auch e m o t i o n a l dieses wichtige Erbe aufzuschließen, brauche ich nicht ausführlich zu beweisen, zumal dabei das kollektive Erlebnis ein nicht leicht zu überschätzender Faktor ist.

Ich breche hier ab. Nichts wäre gefährlicher als die Annahme, als seien schon alle lösbaren Probleme gelöst, alle Fragen beantwortet. Wir stehen vielmehr immer noch am Anfang der Untersuchungen zur praktischen Poetik. Die wichtigen Ergebnisse, die schon in dieser Phase erzielt werden konnten, lassen die Hoffnung berechtigt erscheinen, daß sich hier noch wesentliche Potenzen erschließen lassen, welche es uns ermöglichen, den Verpflichtungen gegenüber der Gesellschaft immer besser nachzukommen.

Anmerkungen

1 Vgl. Donat. Vit. 26: Bucolica eo successu edidit ut in scaena quoque per cantores crebro pronuntiarentur.

2 Vgl. Tac. Dial. 13,3 sq.: ... populus qui auditis in theatro Vergilii versibus surrexit universus et forte praesentem spectantemque Vergilium veneratus est sic quasi Augustum.

3 Vgl. Donat. Vit. 15: egit et causam apud iudices unam omnino nec amplius quam semel.

4 Vgl. Donat. Vit. 8: ac si quando Romae quo rarissime commeabat viseretur in publico sectantis demonstrantisque se subterfugeret in proximum tectum.

5 Auch dieses Problem ist im Prinzip lösbar. Man müßte nach Versformen suchen, die der deutschen Sprache angemessen und in der Tradition lebendig sind, welche dann als Äquivalente für die nicht übertragbaren Maße genommen werden können. Dazu ist eine interdisziplinäre Grundlagenforschung notwendig. Die Aufbereitung hinsichtlich der Wirkungselemente des Originals würde dann eine schöpferische Anwendung aller bisher gewonnenen Erkenntnisse darüber auf das Äquivalenzversmaß bedeuten. Vorläufig aber reicht das dafür zur Verfügung stehende Wissen noch nicht aus.

Zsigmond Ritoók

Von der Mündlichkeit zur Textgeschichte*

Nach der Formulierung von Paul Maas ist "Aufgabe der Textkritik Herstellung eines dem Autograph (Original) möglichst nahekommenden Textes"[1], und die Richtigkeit dieser Zielsetzung wird heutzutage wohl niemand bestreiten. Es drängen sich aber auch Fragen auf. Zunächst, ob wir berechtigt sind, einfach von dem Autograph, von dem Original zu sprechen. Wie bekannt, ist dieses Problem im Fall von modernen Autoren, wo mehrere Originale (Autographe bzw. vom Verfasser korrigierte Drucke) vorliegen, ein besonders wichtiges und nicht immer leicht zu beantworten;[2] die Umarbeitung, "zweite Auflage" usw. war aber auch im Altertum nicht unbekannt,[3] und das ist auch für die Textkritik von Bedeutung.[4] Aber selbst wenn wir dieses Problem ausklammern, bleiben noch mindestens drei Fragen: Seit wann sind die mit Texten sich Beschäftigenden, insbesondere die Schreiber, sich dessen bewußt, daß der Text, mit dem sie arbeiten, der ihre Vorlage ist, nicht unbedingt mit dem Wortlaut des Originals identisch sei; inwieweit ist das für sie von Belang,und wie versuchen sie, dem Original möglichst nahezukommen? Damit gelangen wir zur Frage der Methodik, was bisher m. W. meistens nur an sich behandelt wurde und nicht im Zusammenhang mit den übrigen Wissenschaften. (Eine erfreuliche Ausnahme bedeutet S. Timpanaro, der in seinem lehrreichen Büchlein über die Genese der Lachmannschen Methode auch parallele Erscheinungen in der Sprachwissenschaft berücksichtigt.) Es darf schließlich noch ein Gesichtspunkt nicht außer acht gelassen werden, nämlich der der Rezipienten, des Leserkreises, dessen Interesse im Umgang mit den Texten wohl mitspielen dürfte.

Im Anfang war die Mündlichkeit, wo man von einem Original nur mit Vorbehalt reden kann. Die Epensänger bekräftigen freilich immer wieder, daß sie die Gesänge wortgetreu so wiedergeben, wie sie sie gehört oder wie sie sie einmal gesungen haben, das ist aber nachweislich falsch, wie das, wenn es um Gesänge von anderen Sängern geht, auch von ihnen selbst bemerkt wird.[5] So kann es kommen, daß z. B. der Sänger Nurpejs Bajganin für den Verfasser des kasachischen Nationalepos Koblandy Batyr gehalten wird, obwohl er selbst beteuert, daß er es von seinem Meister Maksut gelernt hat.[6] Man darf freilich die Andersartigkeit des Wiedererzählens nicht übertreiben. Die Folkloristik hat längst die Erscheinung beobachtet, die das Gesetz der Selbstberichtigung genannt wird,[7] was hinsichtlich der epischen Gesänge manchmal in organisiertem Rahmen verwirklicht wird. Bei den Ösbegen besprechen die Sänger auf Zusammenkünften die neuen Varianten, und diejenigen, die den traditionellen Stil oder das traditionelle epische Weltbild verletzen, werden verworfen.[8] Die weniger begabten, nicht schöpferischen Sänger halten aber offenbar auch ohnedem an dem Erlernten fest.[9] Wie wir aber auch immer die Veränderungen minimalisieren, ist diese Überlieferung noch immer lose im Vergleich mit der Treue der schriftlichen Überlieferung, wie wir das heute verstehen; andererseits hängt die Entscheidung dessen, was für überliefert und was für neu gilt, von den Zuhörern ab, die wohl nicht nur vom Wortlaut des Textes, sondern von der ganzen Atmosphäre des Vortrags beeinflußt sind.

Wann und wie jemandem der Gedanke gekommen war, einen Text ohne wissenschaftliche oder administrative Bedeutung schriftlich zu fixieren, wissen wir nicht, die Gründe dafür dürften in verschiedenen Ländern unterschiedlich gewesen sein. Soviel steht allerdings fest, daß auf griechischem Gebiet bereits im 8. Jh. v. u. Z. einzelne Verse auf Vasen geschrieben waren,und vom 7. Jh. an müssen wir unbedingt damit rechnen, daß die Gedichte der Lyriker auch schriftlich festgelegt wurden. Fragen bleiben freilich auch hier offen - es gibt nur Mutmaßungen darüber, auf welchem Wege diese schriftlich überliefert wurden -[10], die Ansicht aber, daß die gesamte Lyrik bis etwa zum 5. Jh. ausschließlich als "oral poetry" überliefert gewesen wäre, scheint nicht wahrscheinlich zu sein.

Was die schriftliche Fixierung des Epos betrifft, ist die Frage bekanntlich heftig umstritten, dasselbe gilt für die sogenannte Peisistratische Redaktion.[11] Welcher Meinung jedoch immer man diesbezüglich sein mag, darin sind fast alle einig, daß man für Athen im 6. Jh. das Vorhandensein eines im großen und ganzen festgelegten Textes annehmen muß.[12] Das wird nicht bloß durch die Angaben über die Peisistratische Redaktion bekräftigt, sondern hauptsächlich durch das sog. Panathenäen-Gesetz, nach dem die Rhapsoden einander ablösend dort weitersingen mußten, wo der vorangehende aufhörte.[13] In der Frage jedoch, inwiefern der Text tatsächlich f e s t gesetzt, d. h. verbindlich war, inwiefern wir von einer voralexandrinischen Homervulgata sprechen dürfen, gehen die Meinungen wieder stark auseinander. Einerseits wird beteuert, daß es vor der alexandrinischen Philologie eigentlich gar keinen allgemeingültigen Homertext gegeben habe,[14] andererseits, daß der vom Verfasser herrührende Text unbedingt feststand, alle Abweichungen in Lesart, Verszahl usw. einschließlich der Lesarten der Alexandriner sollten als Folgen persönlicher Willkür, schlechten Gedächtnisses usw. erklärt werden.[15]

Wie meistens, scheint die Wahrheit auch diesmal zwischen den beiden Extremen zu liegen. Vor dem 5. Jh. dürften Bücher wohl nicht sehr häufig sein; im 5. Jh. nahm ihre Zahl bedeutend zu,[16] Aristophanes hat allem Anschein nach sogar ein nicht ganz vollendetes und daher auch nicht aufführbares Stück umlaufen lassen,[17] aber - obwohl ich nicht der Meinung bin, daß viele Bürger schreibkundig waren -[18] die Bürger, die regelmäßig Dichtung und Fachliteratur gelesen haben, bildeten wohl keine allzu breite Schicht. Büchergelehrsamkeit, vielleicht sogar das Bücherlesen, bot immer leicht Gelegenheit zum Spott in der Komödie.[19] Das bedeutet keineswegs, daß die Literatur breiteren Schichten unzugänglich war, nur daß die Lebensform der Literatur auch nach der Verbreitung der Schriftlichkeit in beträchtlichem Maß die Mündlichkeit blieb.

Die Epen rezitierenden Rhapsoden waren beliebt, Tausende haben sie gehört, in der zweiten Hälfte des 5. Jh. wurden noch an Festen Rhapsodenvorträge neu eingeführt, und wahrscheinlich haben nicht nur die Feste zu Vorträgen Gelegenheit geboten, sonst hätte Nikeratos bei Xenophon nicht "fast täglich" die Rhapsoden hören können; auch im Symposion wurde Epik gesungen, wie das aus Aristophanes zu folgern ist[20]. Nicht minder lebte auch die Lyrik in mündlicher Form weiter. Von manchen Stellen der Komödie wissen wir, wie verschiedenartige Dichter zu unterschiedlichen Gelegenheiten, besonders im Symposion, gesungen wurden,[21] vermischt mit den aus dem Stegreif gesungenen Scholien. Vom Drama braucht man nicht viel zu sprechen, die wahre Seinsform des Dramas ist selbst heute noch die Bühne, d. h. die Mündlichkeit und nicht das Buch. Es ist aber vielleicht nicht unnötig, daran zu erinnern, wie oft auch Prosa vorgelesen wurde.[22]

Dieses Nebeneinander von Mündlichkeit und Schriftlichkeit konnte auch für den Textbestand nicht ohne Folgen bleiben, wenn es auch zwischen Prosa- und Dichtertext in dieser Hinsicht Unterschiede gab[23]: es genügt, auf die verwilderten Homertexte und auf die Schauspielerinterpolationen hinzuweisen; bezüglich der Lyrik haben wir ein besonders schönes Zeugnis dafür, was aus einer Strophe des Alkaios, noch dazu aus dem Zusammenhang herausgerissen, in den attischen Symposien wurde.[24] Dies sind bekannte Dinge. Auch die Frage wurde wiederholt behandelt, ob man angesichts der Homerzitate des 5. und des 4. Jh. einen von dem unsrigen abweichenden Homertext annehmen müsse oder dürfe.[25] Man kümmerte sich jedoch wenig darum, wie das Publikum, für das doch die Texte bestimmt waren, auf diese - nach unserem Text - lose Zitierweise und auf diese Verwilderungen reagierte.

Ein viel zitiertes Pindar-Scholion erzählt vom Rhapsoden Kynaithos und seinen Gefährten, die, nachdem sie viele Verse gemacht, diese in Homers Dichtung eingeschaltet haben.[26] Kynaithos lebte am Ende des 6. Jh. Damals waren die homerischen Gedichte also bereits dermaßen fixiert, daß man eine Interpolation, allerdings, wie es scheint, eine umfangreichere, schon bemerkt hat[27]. Von der Reaktion, die dieses Verfahren ausgelöst hat, hören wir nichts. Das kann freilich einfach damit abgetan werden, daß der Scholiast nur das Allernötigste gesagt hat. Es ist indessen merkwürdig, daß m. W. auch die Ungenauigkeiten der Dichterzitate nicht beanstandet wurden - ungenau im Vergleich mit unserem Text verstanden - , selbst dann nicht, wenn das Zitat als Argument angeführt war; ja selbst die Redner mußten sich nicht davor fürchten, daß ihnen in der Debatte, wo man mit allem möglichen und unmöglichen Schimpf überschüttet wurde, das ungenaue Zitieren vorgehalten würde. Sie konnten ungenaue Zitate - sogar als Argument angeführt! - selbst in ihren veröffentlichten Texten stehenlassen,[28] genau so wie Schriftsteller, die sich mit dichterischen Texten auch wissenschaftlich beschäftigten (z. B. Aristoteles), der Genauigkeit der Zitate keine große Bedeutung zugemessen zu haben scheinen. Und wie die Rezitatoren und Schauspieler ihre Texte so gestalteten, wie es ihren Ansprüchen am meisten angemessen erschien, so machte z. B. Platon von einer Textgestaltung Gebrauch, die für seine Zwecke am besten paßte.[29]

Es wird freilich immer wieder darauf hingewiesen, daß die Verfasser aus dem Gedächtnis zitieren, nicht zuletzt, weil eine Stelle in einer Rolle zu finden viel schwerer ist, als bei unserer Buchform.[30] Das steht außer Zweifel und wird auch durch die Beobachtung unterstützt, daß die längeren Homerzitate bei Plutarch im allgemeinen auch genauer sind: er konnte sich in solchen Fällen offenbar nicht auf sein Gedächtnis verlassen.[31] Daß man aber mit den Texten so frei umgehen konnte, bedeutet, daß die verschiedenen Textgestaltungen vom Publikum - auch vom gebildeten - als gleichermaßen authentisch, d. h. als gleichwertig betrachtet wurden, und in dieser Hinsicht läuft es auf eins hinaus, ob die Verschiedenheit dem zu verdanken sei, daß die Textüberlieferung nicht einheitlich oder daß die Zitierweise nicht gewissenhaft genug gewesen war. Dem scheint selbst das wenige, was wir von vorhellenistischen Homerausgaben wissen, nicht zu widersprechen: die Ausgabe eines Euripides (Neffe des Tragikers) enthielt Plusverse,[32] die des Antimachos wich allem Anschein nach ebenfalls in nicht geringem Maß vom Text der Alexandriner und von der Vulgata ab.[33]

Die Mündlichkeit wirkt also auf die Textgestaltung nicht nur dadurch, daß die mündlichen Versionen gelegentlich auch schriftlich fixiert werden, sondern auch innerhalb der Schriftlichkeit, insofern auch die schriftlich einmal fixierten Texte in gewissen Grenzen genauso der Situation nicht nur des Redenden, sondern auch des Schreibenden angepaßt und demgemäß umgestaltet werden, wie unter Umständen der Mündlichkeit, und daran nimmt niemand Anstoß. Im Gegenteil: die Unveränderlichkeit der Buchtexte gilt in gewissen Kreisen gerade für einen Nachteil, sie bezeugt die Minderwertigkeit der Buchkultur.[34] Unter solchen Umständen kann von einer Textkritik, die sich die Herstellung eines dem Autograph (Original) möglichst nahekommenden Textes zum Ziel setzt und bessere und schlechtere Texte unterscheidet, selbstverständlich nicht die Rede sein.

Anfänge einer Textkritik sind erst im 4. Jh. faßbar, als die Megarischen Historiker Solon und Peisistratos beschuldigten, daß sie einige Zeilen in die Ilias bzw. in die Odyssee interpoliert hätten, wogegen sie eine andere Variante vorzeigen konnten;[35] und als Lykurgos vorschrieb, daß der Stadtschreiber die Schauspieler aufgrund der amtlichen Texte der Tragiker kontrollieren soll, und Abweichungen von diesem Text verbot.[36] Damit meldet sich eine neue Anschauung: die Texte sind nicht von gleichem Wert, der Text des Autors (was man dafür hält) hat den größeren Wert, ihn muß man bewahren, man kann mit dem Text nicht den Bedürfnissen gemäß frei schalten.

Daß solche Anschauung aufkommen konnte, hatte verschiedene Gründe. Einer war gewiß, daß die Zahl der Bücher zunahm und so die Verschiedenheit der Texte den kritischen Lesern auffallen mußte. Solche kritischen Leser mochten freilich nicht sehr zahlreich sein, offenbar fielen selbst ihnen die Unterschiede nur dann auf, wenn das für sie von besonderer Bedeutung war. Das ist ohne weiteres klar im Fall der Megarer. Etwas anders steht es um das Lykurgische Gesetz. Das Gesetz war ein Teil der Lykurgischen Restaurationspolitik, wodurch er, der Parteigänger von Demosthenes, Athens einstigen Glanz und einstige Größe zurückbringen wollte. Die Bewahrung der Tragikertexte so, wie sie waren, ist also Teil eines Verhaltens zur Vergangenheit, eines Verhaltens, das in der Vergangenheit etwas Wertvolleres, Positiveres als die Gegenwart erblickt, eines Verhaltens, das in Athen seit dem Ende des 5. Jh. sich allmählich wohl verstärkt haben dürfte.

Wir sind also hiermit mindestens am Anfang des Strebens, einen dem Original möglichst nahekommenden Text herzustellen. Das zu erzielen hat zuerst die alexandrinische Philologie versucht, ihre Tätigkeit bildet den nächsten Meilenstein in der Entwicklung.

Am Anfang der Reihe der alexandrinischen Philologen standen Männer, die Dichter und Philologen zugleich waren und die eine geistige Atmosphäre schufen, in der den Feinheiten und Nuancen im Stil und in der Wortwahl eine besondere Wichtigkeit zukam.[37] Sie beschäftigten sich nicht mit der Textkritik, durch diese ihre Tätigkeit bahnten sie jedoch den Weg für die großen Meister der Textkritik, die die Unterschiede der verschiedenen Handschriften, die ihnen in viel größerem Ausmaß zur Verfügung standen als je zuvor, in der Atmosphäre der neuen Sensibilität zu beurteilen vermochten. Diese Kritiker, des näheren Aristophanes und Aristarch, stellten die Auswahllisten für die einzelnen Kunstgattungen zusammen.[38] Das bedeutete zwar keine explizite Abwertung der zeitgenössischen Literatur, indem sie aber keine zeitgenössischen Autoren in diese Listen aufgenommen haben, verliehen sie der Literatur der Vergangenheit - als Vorbild, von dem man lernen, eventuell als Vorbild, das man nachahmen oder mit dem man wetteifern könne - eine besondere Bedeutung. In der Entwicklung der Textkritik spielte also auch hier das wertende Verhalten zur Vergangenheit mit.[39]

Die Frage, wie die Alexandriner methodisch mit den Texten verfuhren, besonders Aristarchs Methode, ist bekannterweise heftig umstritten.[40] Ich will auf diese Streitfragen nicht näher eingehen. Einiges kann aber vernünftigerweise nicht geleugnet werden: zunächst, daß sie von mehreren Handschriften Gebrauch machten, ferner, daß sie manche für besser, andere für minderwertig hielten,[41] schließlich, daß sie Handschriften (offenbar jene, die sie für gut erachtet haben) so weitgehend respektierten, daß z. B. Aristarch manchmal wider besseren Glauben ihre Lesart angenommen hat.[42] Daß sie Konjekturen machten, kann ebenfalls für wahrscheinlich gehalten werden,[43] sie, wenigstens Aristarch, taten das aber nicht aufs Geratewohl, sondern aufgrund von gewissen Prinzipien.[44] Diese fußten teilweise auf der systematischen Beobachtung von Erscheinungen - ein Verfahren, das in der Sprachwissenschaft der Zeit im allgemeinen eine wichtige Rolle spielte,[45] um von Medizin und Astronomie ganz zu schweigen -, teilweise auf ästhetisch-ethischen Ansichten ihrer Zeit. Sind wir nämlich dessen eingedenk, von welcher Bedeutung für die nachsophistische Ästhetik das "prepon" war,[46] so wundern wir uns nicht darüber, daß die Alexandriner im Homertext jegliches "aprepes" beanstandeten. Wer nicht vergißt, daß der Hexameter seit Aristoteles als etwas vom Gesprächston Abweichendes und Erhabenes galt,[47] der versteht es, weshalb die Alexandriner dem Homertext eine mehr "klassizistische", vom Ton der Umgangssprache abweichende Färbung zu geben trachteten. Wer nicht aus den Augen verliert, was die Rhetorik für diese Zeit bedeutete, hält es für verständlich, daß die Alexandriner die mehr rhetorischen Varianten bevorzugten usw. Diese Gesichtspunkte sind freilich subjektiv, was die Gefahr einer Mißdeutung, d. h. einer schlechten Textgestaltung mit sich bringt. Diese Gefahr wurde durch das Beobachten und durch die Respektierung der überlieferten Texte gewissermaßen eingeschränkt, freilich nicht ganz vermieden. Die Alexandriner haben indessen, indem ihnen die objektive Möglichkeit, die Fülle der Bücher gegeben war, in einer Welt, für die die Wortkunst von Wichtigkeit und die Literatur der Vergangenheit von Bedeutung war, den Begriff des guten und schlechten Textes geschaffen und aufgrund von Vergleichen von Manuskripten und durch Anwendung der Methoden und Gesichtspunkte der Wissenschaften ihrer Zeit die Textkritik als Wissenschaft begründet. Über ihre Art des Verfahrens mit Texten, später emendatio ope codicum und emendatio ope ingenii genannt, kam man im wesentlichen bis zum 18. Jh. nicht hinaus.

Das ist um so seltsamer, da bereits in der Renaissance bedeutende Philologen zu manchen wichtigen Erkenntnissen gelangt waren, die einen neuen Weg hätten anbahnen können. Ich erinnere nur an das Wichtigste. Poliziano gab im Jahr 1489 ein Beispiel für die eliminatio codicum descriptorum, indem er die Verwandtschaft von gewissen Handschriften der Epistulae ad familiares des Cicero nachwies; in der Emendation kam er ferner zur Erkenntnis, daß die Konjektur von der ältesten Phase der Überlieferung ausgehen muß.[48] Erasmus formulierte im Jahre 1538 schon etwas allgemeiner, als er die gemeinsamen Fehler einiger Kodizes daraus erklärte, daß diese von einem gemeinsamen Archetyp abgeschrieben wurden.[49] J. J. Scaliger versuchte (1582), aufgrund von paläographischen Überlegungen nachzuweisen, daß alle Catullhandschriften aus einer vorkarolingischen Handschrift stammten.[50] Alle diese wichtigen Erkenntnisse, die schon eine neue Epoche vorbereiteten, blieben vollkommen ohne Widerhall. Selbst im 18. Jh., als 1734 J. A. Bengel als erster bemerkte, von welcher Bedeutung für die Textkritik eine tabula genealogica der neutestamentlichen Handschriften wäre, stand dem der andere Meister der neutestamentlichen Textkritik, J. J. Wetstein, verständnislos und ablehnend gegenüber.[51] Überlegen wir aber, was an diesen Erkenntnissen neu war, so wird diese Verständnislosigkeit vielleicht etwas verständlicher. Das gemeinsam Neue ist nämlich die historische Betrachtungsweise, und eben dafür hatte man im Altertum und besonders im Mittelalter herzlich wenig Sinn. Es waren freilich einige kleinere Gruppen, einige bedeutende Geister - wie die Atomistik, die Sophistik, Thukydides oder Polybios, in der Renaissance z. B. die eben erwähnten -, die auf diesem oder jenem Gebiet zu einer richtigeren Sicht gelangt waren, das war aber zu wenig, um im gesellschaftlichen Bewußtsein einen allgemeinen Durchbruch zu erzielen.[52]

Dieses Bewußtsein konnte nämlich nicht von den Ansichten einiger noch so glänzenden Geister bestimmt werden: die unhistorische Betrachtungsweise war eine Folge der Zeitbetrachtung, die im Altertum und besonders im Mittelalter vorwiegend eine zyklische gewesen war, infolge der Verbundenheit mit der ihrem Wesen nach zyklischen Landwirtschaft und Natur im allgemeinen.[53] Erst durch die Verbreitung der Industrie konnte sich eine andersartige, lineare Zeitbetrachtung und in Zusammenhang damit eine neue, historische Betrachtungsweise dermaßen entwickeln, daß sie sich nun nicht nur auf einzelnen Gebieten, sondern im gesellschaftlichen Bewußtsein und so - freilich in unterschiedlicher Weise - in der ganzen Wissenschaft geltend machen konnte. Auch die Geschichte konnte nunmehr nicht bloß als Etwas betrachtet werden, in dem viele Dinge passieren, dem Wesen nach aber immer dasselbe geschieht, sie erschien nun als ein Prozeß, in dem sich die Dinge wandeln. So erschien die Idee des menschlichen Fortschrittes in der Geschichte zunächst in der englischen Philosophie, dann in der französischen Aufklärung und im deutschen Neuhumanismus. Für die Philologie war diese von der größten Wichtigkeit. Während nämlich z. B. nach Bacons Ansicht die Menschen im Fortschritt in den Wissenschaften durch die Verehrung des Altertums gehemmt worden seien - wie auch der Name antiquitas ganz verkehrt auf jene Epoche angewendet wird, obgleich sie doch das Jugendalter der Menschheit gewesen war und zur Vollmündigkeit erst die Neuzeit gelangte -[54], während Voltaire von den großen Entdeckungen der Weisen der Barbaren (= der Neuzeit) sprach, im Vergleich mit denen die Griechen bloß Kinder seien,[55] war für den von klassischen Philologen angebahnten deutschen Neuhumanismus das Altertum (besonders freilich das griechische) das Vorbild, dem man folgen sollte: das Bild vom Jugendalter der Menschheit gewinnt da eine ganz andere, positive Wertung.[56] Für das von Selbstbewußtsein strotzende, tatkräftige französische Bürgertum war die Antiquität etwas Beiseitezuschiebendes, längst Überbotenes, dem zu folgen eine Hemmung des Fortschrittes, eine Verstümmelung des Lebens wäre, für das mehr zurückgebliebene, politisch zerrissene deutsche Bürgertum war sie eine Triebkraft, die die jämmerliche Gegenwart zu überbieten und ein vollständiges Leben zu führen hilft. Beide betrachteten die Zeit linear, beide bejahten die (bürgerliche) Entwicklung, ihr Verhalten zur Vergangenheit, besonders zum Altertum war aber ganz verschieden. So kam es, daß, während Vertreter der französischen Aufklärung nicht besonders viel Verständnis für vergangene Zeiten hatten, in Deutschland die geschichtliche Betrachtung auf immer breiteren Gebieten angewandt wurde. So entdeckte Winckelmann (1768) die Geschichte der Kunst,[57] so erkannte Lessing (1780), daß auch die Religion ihre Geschichte hat,[58] so sah Herder (1784), daß die ganze menschliche Kultur sich geschichtlich entwickelt,[59] so versuchte Hegel (von 1807 an), den gesamten Prozeß der Weltgeschichte darzustellen,[60] und so wurde auch Wolf klar (1795), daß auch die Texte eine Geschichte haben.[61] Durch die neuartige Beziehung des Neuhumanismus zum Altertum wurde aber die Textkritik auch in anderer Hinsicht beeinflußt. Der Neuhumanismus betonte bereits seit J. M. Gesner die Wichtigkeit des Lesens von ganzen Werken. Die Aufmerksamkeit wurde dadurch von den Einzelheiten auf das Ganze gelenkt. Auch die Textkritik konnte sich nicht mit der Behandlung von Einzelheiten, einzelner Stellen begnügen, sondern mußte irgendwie das Ganze ins Auge fassen. Bereits Scaliger verabscheute die Gattung von variae lectiones und miscellanea critica, er wollte lieber Autoren in ihrer Vollständigkeit interpretieren und bereinigen.[62] Die Zielsetzung, ganze Autoren zu reinigen, brachte es mit sich, daß auch die Handschriften als Ganzes betrachtet wurden, und in einer Zeit, da Geschichte kein bloß zeitliches Nacheinander, sondern einen kontinuierlichen Prozeß, eine Entwicklung bedeutete, stellte sich auch das Problem der Beziehung der Handschriften zueinander in einer neuen Weise, nicht nur zeitlich, sondern genetisch, was dem Verfahren des Vergleichens von Handschriften einen neuen Sinn gab.

Der Wandel der Zeiten brachte aber nicht nur die historische Betrachtungsweise mit sich. Die Naturwissenschaften, besonders die Mechanik, machten erstaunliche Fortschritte, wodurch das wissenschaftliche Denken im allgemeinen tief beeindruckt wurde. So entwickelte sich jene mechanische Denkweise, die in der Kausalität etwas bloß Mechanisches sah und infolgedessen davon überzeugt war, daß man vom Endergebnis eines Prozesses auf die Ursachen und den Ausgangspunkt desselben mit ähnlicher Exaktheit folgern könne wie in der Mechanik. Auch diese Verallgemeinerung wurde erst von der Philosophie der Aufklärung getroffen.

So ist vielleicht zu erklären, daß, während es früher nur einige versuchten, die Probleme der Textkritik in diesem Sinn zu stellen bzw. zu beantworten, und auch diese, ohne Widerhall zu finden, nun gerade in Deutschland eine ganze Reihe von Forschern an das Problem in dieser Weise heranging: Ernesti (1772), Heyne (1775), Schweighäuser (1798),[63] dann mit einer Pause Lachmann (1830), Zumpt (1831), Ritschl (1832), Madvig in Dänemark (1833), Sauppe (1841), wieder Lachmann (1850),[64] um nur die wichtigsten Daten zu erwähnen. So wurden die Methoden der _recensio_ stufenweise ausgebaut: das Vergleichen der Handschriften, die Feststellung der Kodexfamilien, die Rekonstruktion des Archetyps auf eine mechanische Weise, die Klärung der Textüberlieferung und erst dann die _emendatio_.

Wie unterschiedlich auch die Akzente von verschiedenen Forschern gesetzt waren, wie unterschiedlich auch ihre Aspekte waren, sind sie in gewissen Hinsichten einig oder stehen einander mindestens sehr nahe. Alle betrachten die Zeit linear, alle sehen die Entwicklung geradlinig. Die _recentiores_ können nur _deteriores_ sein, sie können damit leicht ausgeschaltet werden. Alle sind mehr oder minder, wie ihre Epoche meistens, in einer undialektischen, mechanischen Anschauungsweise befangen. Keiner von ihnen war in dieser Hinsicht so konsequent wie Lachmann mit seinem Prinzip der _recensio sine interpretatione_, alle trachteten aber nach einer mechanischen Rekonstruktion des Archetyps, wenn auch Ritschl dem Einfluß der Kultur, Madvig den bewußten Änderungen seitens der Schreiber eine größere Bedeutung einräumten.[65] Alle verfuhren jedoch mit einer freudigen Selbstsicherheit, in der Überzeugung, eine unbedingt richtige, wissenschaftliche Methode gefunden zu haben, womit alle Probleme exakt lösbar sind. Timpanaro hat gezeigt, daß in der Sprachwissenschaft eine ähnliche Entwicklung vor sich ging, allem Anschein nach nicht, weil sie von der Philologie unmittelbar beeinflußt gewesen wäre, sondern infolge der geistigen Atmosphäre der Zeit,[66] und nicht viel später entwickelte sich in der Folkloristik die sog. finnische (geographisch-historische) Schule, die im wesentlichen dieselbe Methode verwandte und die erst in den ersten Jahrzehnten des 20. Jh. zu ihrer vollen Blüte gelangte.[67]

Man darf schließlich auch den Wandel des Leserkreises nicht außer acht lassen. Die Philologie wurde zur Fachwissenschaft, das Lesen von griechischen und lateinischen Texten immer weniger ein Anliegen von gebildeten Laien, die einfach mit einem Lesetext sich begnügen, und immer mehr Sache von fachkundigen Philologen, die zu verschiedenen Untersuchungen einen zuverlässigen, dem Wortlaut des Originals möglichst nahekommenden Text nötig haben und für die eine wissenschaftliche Kritik der Texte infolgedessen unentbehrlich war.

Die bedeutenden Textkritiker der sechziger und siebziger Jahre gingen auf dem von den Forschern der dreißiger und vierziger Jahre angebahnten Weg weiter. Die geistige Atmosphäre hatte sich aber inzwischen allmählich verändert. Das war schon das Zeitalter des Positivismus. Man sammelte sorgfältig das Gegebene, das Positive, man blieb aber an diesem haften und scheute sich vor voreiligen theoretischen Verallgemeinerungen, schließlich vor Verallgemeinerungen überhaupt, andererseits griff der Subjektivismus um sich. Die Selbstsicherheit der bürgerlichen Gesellschaft sank, die Übersicht über das Ganze ging allmählich verloren, der Fortschritt wurde zweifelhaft, später überhaupt geleugnet, sogar die Grenzen zwischen Gegenwart und Vergangenheit gerieten ins Schwanken. Statt des historischen Verständnisses und statt der geschichtlichen Behandlung wurde die Beschreibung bevorzugt, die Beschreibung von Erscheinungen, wie sie sich uns dartun.

All das blieb nicht ohne Wirkung auf die Textkritik. Die Sprachwissenschaft wurde sich bereits am Anfang der siebziger Jahre dessen bewußt, daß die klassische, Schleichersche Stammbaumtheorie nicht ganz stichhaltig ist. Ebenso je fleißiger die Handschriften gesammelt und berücksichtigt worden waren, desto klarer wurde es, daß auch die Beziehungen von Handschriften meistens viel zu verwickelt sind, um sie mit solchen einfach mechanischen Mitteln zu klären, wie es die von Lachmann und seinen Kollegen gebotenen waren. Es stellte sich heraus, daß man einerseits, was Otto Jahn bereits 1843 gesehen hat, die recentiores nicht so souverän außer acht lassen kann, wie Lachmann das dachte,[68] und daß man andererseits in der Textgeschichte nicht bei dem Archetyp haltmachen kann, da die Gründe mancher Erscheinungen nicht im Mittelalter zu suchen sind und weil auch die Papyrusfunde irgendwie in die Überlieferungsgeschichte eingegliedert werden müßten. So entstanden die großangelegten Textgeschichten von Wilamowitz und seiner Schule. Es wurde ferner klar, daß die Handschriften nicht selten kontaminiert sind, also überhaupt kein Stemma nach der alten Mode hergestellt werden kann, wodurch eben die weitsichtigeren, d. h. zu methodologischen Verallgemeinerungen bereiten Textkritiker zu einem textkritischen Agnostizismus geleitet wurden.[69]

Nach solchen Vorgängen und unter solchen Umständen erschien 1927 P. Maasens "Textkritik".[70] Mit großem Scharfsinn gab er einen Abriß der Textkritik als einer logischen Wissenschaft, der Geschichtlichkeit räumte er nicht viel ein. Die Zeit spielte für ihn eigentlich nur insofern eine Rolle, als eine frühere Handschrift nicht von einer späteren abhängig gemacht werden kann.[71] Persönliches Wollen oder Zufall trachtete er möglichst auszuklammern, was in seine formal-logische Methodik nicht paßte, das schob er beiseite, als "nicht methodisch entwirrbare Überlieferung". Das Problem der Kontamination war damit abgetan.

In freundlicher Auseinandersetzung mit Maas entwickelte dagegen G. Pasquali eine andere Konzeption der Textkritik.[72] Seiner Ansicht nach ist die Textkritik eine historische Wissenschaft, die alle möglichen Kurven der geschichtlichen Entwicklung in Betracht ziehen muß: man soll jeden Fall für sich untersuchen und so das Verfahren ausarbeiten, denn die Entwicklung ist nicht immer geradlinig, die recensio bei weitem nicht immer geschlossen, und die horizontalen Varianten können nicht außer acht gelassen werden.

Maas war ein viel zu klarsichtiger Gelehrter, um nicht zu sehen, worin Pasquali recht hat, und viel zu ehrlich, um das nicht auch anzuerkennen. Seine Antwort war aber nur eine weitere Präzisierung des stemmatischen Verfahrens und die Ablehnung der Behandlung der Problematik der Kontamination: "Gegen Kontamination ist kein Kraut gewachsen"[73], was doch ein Anerkennen der Grenzen der Methode ist.

Das ist schon an sich nicht belanglos, da die Überlieferung in nicht unbeträchtlichem Maß kontaminiert, d. h. nicht "jungfräulich" ist.[74] Es ist aber auch in einer anderen Hinsicht von Interesse. In der Auseinandersetzung zwischen Maas und Pasquali ging es nicht bloß darum, inwiefern die Textkritik Geschichtswissenschaft sei. Zwei Anschauungen standen einander gegenüber. Maas machte die Textkritik so "zeitlos" und ahistorisch - und in diesem Sinne "modern" -, wie eine Wissenschaft, die in der Zeit vor sich gehende Prozesse behandelt, nur gemacht werden kann; nach dem früher Gesagten ist es vielleicht dennoch nicht nötig, eingehender nachzuweisen, daß die Maassche Betrachtungsweise auf einem sehr hohen Niveau doch ein Ausklang der mechanischen Anschauungen des 19. Jh. ist. Er arbeitete die Methode dem Wesen nach vollkommen aus, doch gerade der Scharfsinn und die mustergültige Konsequenz, mit der er verfuhr, stellte zugleich auch Schwächen dieser Methode bloß. Die Betonung dessen bei Pasquali, andererseits, daß die einzelnen Fälle für sich untersucht werden sollten, steht mit dem Positivismus in Verwandtschaft, das Hervorheben der horizontalen Varianten, d. h. eines synchronistischen Gesichtspunktes in einer ihrem Wesen nach geschichtlichen, diachronischen, vertikalen Forschung war eigentlich ebenfalls nicht ganz neu - die Sprachwissenschaft (de Saussure) wandte dieses Verfahren bereits am Ende des 19. Jh. mit Erfolg an -, gegenüber einer mechanisch-undialektischen vertikalen Anschauung oder einem Agnostizismus, der aus den horizontalen Varianten nur die Lehre eines Ignoramus zu ziehen geneigt ist, war das in der Textkritik dennoch ein bedeutender Schritt vorwärts. Maas ist eine gewaltige Persönlichkeit am Ende einer Epoche, Pasquali öffnete schon die Tür der Zukunft.

Soll das bedeuten, daß Maasens Verfahren unbrauchbar und veraltet sei? Keineswegs! Die Anschauung ist veraltet, die hinter dem Verfahren steht, die Sicht, nach der auf dem Gebiet der geistigen Kultur ähnliche exakte Rückschlüsse gemacht werden könnten und dürften wie in der Mechanik, jene Sicht, nach der die Tätigkeit des Menschen, eines gesellschaftlich, d. h. ungemein kompliziert bedingten Wesens, auf mechanische Gesetzmäßigkeiten zurückzuführen wäre. Das Vergleichen von Handschriften, das seit den Alexandrinern geübt war, wurde durch die stemmatische ("Lachmannsche") Methode nicht veraltet und überflüssig - im Gegenteil: es wurde erst jetzt recht wichtig, jetzt gewann es seinen wirklichen, tieferen Sinn -, die Sicht war veraltet und mußte verworfen werden, nach der man zwischen den Lesarten nach eigenem Gutdünken wählen kann, weil die Fülle der Kodizes nur ein äußerliches Nacheinander und nicht auch ein genetisches Voneinander bedeutet, was letzten Endes, wie erwähnt, mit der Zeitbetrachtung in Zusammenhang stand. Als praktisches Verfahren können wir das Maassche Verfahren nicht entbehren, man muß aber dessen immer eingedenk sein, daß es nur unter gewissen Umständen verwendbar ist und daß man immer danach trachten soll, wie man methodisch darüber hinauszukommen und ein Verfahren auszuarbeiten vermag, das dem Weltbild von heute mehr adäquat ist.

Ist das möglich? M. L. West hat bereits gezeigt, wie man gerade in einer Frage methodisch über Maas hinauskommen kann, wo dieser keine Lösung für möglich hielt, in der Kontamination.[75] Zahlreiche Einzeluntersuchungen zeigen, wie man im Einzelfall die Maassche Stemmatik mit einem dialektisch-historischen Verfahren kombinieren kann. Es wäre schön, wenn sich einmal eine allgemeine dialektische Methode ausarbeiten ließe, die, auch die Stemmatik in sich aufnehmend, sie in ähnlicher Weise aufheben könnte, im doppelten Sinn des Wortes, wie die stemmatische Methode das unmethodische Vergleichen von Manuskripten. Ich frage wieder: Ist das möglich? Das zu entscheiden und eine neue Methode auszuarbeiten (wenn das möglich ist), sind diejenigen berufen, die die Textkritik selber treiben, nicht derjenige, der nur über ihre Geschichte meditiert.

Anmerkungen

*Vortrag, gehalten im Zentralinstitut für Alte Geschichte und Archäologie der Akademie der Wissenschaften der DDR, Berlin, 23. 11. 1979. Ich ergreife auch diese Gelegenheit, für die Einladung meinen aufrichtigen Dank auszusprechen. Ich habe viel zu verdanken Gesprächen mit Dr. M. Maróth (Budapest) sowie der Diskussion nach meinem Vortrag im Zentralinstitut. Einige Bemerkungen versuchte ich zu berücksichtigen. Ich wollte keine Geschichte der Textkritik geben, das wäre im Rahmen eines Vortrags auch nicht möglich gewesen, nur die Aufmerksamkeit auf gewisse Gesichtspunkte lenken. Für die Geschichte der Textkritik vgl. besonders L. D. Reynolds, N. G. Wilson, Scribes and Scholars, 2. Aufl., Oxford 1974, und S. Timpanaro, La genesi del metodo del Lachmann, Firenze 1963, die im weiteren nur mit Verfassernamen angeführt werden, ferner freilich die Werke, die die Geschichte der klassischen Philologie behandeln.

1 P. Maas, Textkritik, 4. Aufl., Leipzig 1960, S. 5. Im weiteren wird immer nach dieser Auflage zitiert.

2 Vgl. z. B. die Studien im Sammelband Texte und Varianten. Probleme ihrer Edition und Interpretation, hrsg. von G. Martens und H. Zeller, München 1971.

3 Grundlegend: H. Emonds, Zweite Auflage im Altertum, Leipzig 1941. Weitere Bibliographie bei M. D. Reeve, Author's Variant in Longus?, in: Proceedings of the Cambridge Philological Association 15, 1969, S. 75, Anm. 1.

4 Vgl. z. B. G. Pasquali, Storia della tradizione e critica del testo, Firenze 1934, S. 397-465; M. L. West, Textual Criticism and Editorial Technique, Stuttgart 1973, S. 15.

5 Vgl. A. B. Lord, The Singer of Tales, Cambridge, Mass. 1960, S. 27-29. Allgemeiner Gy. Ortutay, Principles in Oral Transmission in Folk Culture, in: Acta Ethnographica Acad. Scient. Hung. 8, 1959, S. 175-221.

6 N. K. Chadwick, V. Zhirmunsky, Oral Epic of Central Asia, Cambridge 1969, S. 328.

7 W. Anderson, Kaiser und Abt. Die Geschichte eines Schwankes, Helsinki 1923, S. 397-403 (Folklore Fellows Communications 42).

8 V. M. Žirmunskij, Ch. T. Zarifov, Usbekskij geroičeskij epos, Moskva 1947, S. 38-39.

9 G. S. Kirk, Homer and the Oral Tradition, Cambridge 1976, S. 121-128; V. M. Žirmunskij, Narodnyj geroičeskij epos, Moskva, Leningrad 1962, S. 247.

10 Vgl. z. B. H. Erbse, Überlieferungsgeschichte der griechischen klassischen und hellenistischen Literatur, in: Geschichte der Textüberlieferung, hrsg. von H. Hunger, O. Stegmüller, H. Erbse, M. Imhof, K. Büchner, H.-G. Beck und H. Rüdiger, Zürich 1961, Bd. 1, S. 216; J. A. Davison, From Archilochus to Pindar, London 1968, S. 101.

11 Die Angaben bei R. Merkelbach, Die pisistratische Redaktion der homerischen Gedichte, in: Rheinisches Museum 95, 1952, S. 23-47, dagegen u. a. F. Krafft, Vergleichende Untersuchungen zu Homer und Hesiod, Göttingen 1963, womit freilich das Problem nicht erledigt ist, vgl. z. B. A. Dihle, Homer-Probleme, Opladen 1970, S. 94-119.

12 R. Sealy, From Phemius to Ion, in: Revue des Études Grecques 70, 1957, bes. S. 349-351, setzt für das 6. Jh. nur die Fixierung der Reihenfolge der Episode voraus und hält die Fixierung des Textes erst am Ende des 6. oder eher im 5. Jh. für wahrscheinlich.

13 Ps.-Platon, Hipparchos 228 b; Diogenes Laertios 1, 57. Gegenüber H. T. Wade-Gery, The Poet of the Iliad, Cambridge 1952, S. 30-31, 77-78, der das Panathenäen-Gesetz auf das 5. Jh. datiert, vgl. mein Büchlein, A görög énekmondók, Budapest 1973, 40-41.

14 Z. B. G. Jachmann, Vom frühalexandrinischen Homertext, in: Nachrichten der Göttingischen Gelehrten-Gesellschaft, Phil.-Hist. Kl., 1947, S. 167-224.

15 M. H. A. L. H. van der Valk, Textual Criticism of the Odyssey, Leiden 1949, und Researches on the Text and Scholia of the Iliad, Leiden 1963-1964.

16 E. G. Turner, Athenian Books in the Fifth an Fourth Centuries B. C., London 1952, bes. S. 18-23.

17 K. J. Dover, Aristophanic Comedy, Berkeley, Los Angeles 1972, S. 104, und bereits in der Einleitung zu seiner Ausgabe der Wolken: Aristophanes Clouds. Ed. with Introduction and Commentary by K. J. Dover, Oxford 1968.

18 Richtig E. G. Turner, vgl. Anm. 16, S. 8-10.

19 E. G. Turner, vgl. Anm. 16, S. 22.

20 Platon, Ion 530 a, 535 d; Gesetze 658 d-e, 764 c-e; Xenophon, Gastmahl 3, 6; Aristophanes, Frieden 1270-1287.

21 Aristophanes, Acharner 1298-1299 (Archilochos); Wolken 1355 (Simonides); Wespen 1232-1235 (Alkaios); 1238-1239 (Praxilla) usw. Freilich wurden auch Tragiker gesungen: Wolken 1365-1371.

22 Bezüglich Herodot vgl. Lukian, Herodot 1, die Tatsache des Vorlesens scheint unbestreitbar zu sein, wie sie auch immer ausgeschmückt ist; Hieronymus Chronik, p. 113 Helm, zum Jahr 445. Bezüglich Protagoras

vgl. Diogenes Laertios 9, 54, um nur die frühesten Beispiele zu erwähnen.

23 Die Prosazitate sind meistens viel treuer als die Dichterzitate (G. Pasquali, vgl. Anm. 4, S. 248-249), offenbar war in diesem Fall das Zitieren aus dem Gedächtnis seltener.

24 Für die Ilias vgl. den Apparat der Ausgabe von P. Mazon, P. Chantraine, P. Collart, R. Langumier, Paris 1937-1938, oder in G. M. Bollings Ilias Atheniensium, New York 1950; das ganze Problem bearbeitet von S. West, The Ptolemaic Papyri of Homer, Köln, Opladen 1967. Das klassische Werk über die Schauspielerinterpolationen ist D. L. Page, Actors' Interpolations in Greek Tragedy, Oxford 1934. Über das Alkaios-Fragment (Fr. 249 LP~Carm. conv. 8 P) zuletzt W. Rösler in seinem Vortrag am Budapester FIEC Kongreß (September 1974): Die Alkaios-Überlieferung im 6. und 5. Jahrhundert.

25 Vgl. z. B. A. Ludwich, Die Homervulgata als voralexandrinisch erwiesen, Leipzig 1898, und Aristarch-Buch (vgl. Anm. 40), ferner vgl. die in Anm. 14 und 15 angeführten Werke u. a. m.

26 Schol. in Nem. 2, 1. Die Nachricht ist in den Scholien in einer längeren und in einer kürzeren Fassung zu lesen. Die längere Version wertet die Tätigkeit des Kynaithos nicht, die kürzere faßt sie so zusammen: "er hat sie [die Dichtung Homers] sehr beschädigt", nichts beweist aber, daß diese Bemerkung die Meinung von Kynaithos' Publikum wiedergäbe. Unter der "Dichtung Homers" wird an erster Stelle der Apollon-Hymnos verstanden (vgl. z. B. H. T. Wade-Gery, Kynaithos, in: Greek Poetry and Life. Essays Presented to G. Murray, Oxford 1936, S. 56-78), der Text zwingt uns aber nicht, nur daran zu denken.

27 Vgl. A. J. Notopoulos, The Homeric Hymns as Oral Poetry, in: American Journal of Philology 83, 1962, S. 343-347.

28 So Aischines, Gegen Timarchos 149. Van der Valk will das als tendenziöses Entstellen betrachten (Researches, Bd. 2, S. 326-331), so etwas ist aber nur dann möglich, wenn den Zuhörern die Genauigkeit eines Zitats selbst in solchen Fällen belanglos ist. Vgl. auch G. Pasquali, vgl. Anm. 4, S. 244.

29 Über Platons Homerzitate J. Labarbe, L'Homère de Platon, Liège 1949; M. H. A. L. H. van der Valk, Researches, Bd. 2, S. 309-326; über die Zitate von Aristoteles M. H. A. L. H. van der Valk, Researches, Bd. 2, S. 335-342.

30 G. Pasquali, vgl. Anm. 4, S. 188; L. D. Reynolds, N. G. Wilson 2, S. 198.

31 M. H. A. L. H. van der Valk, Researches, Bd. 2, S. 316.

32 Über ihn vgl. R. Pfeiffer, Geschichte der klassischen Philologie. Von den Anfängen bis zum Hellenismus, übersetzt von M. Arnold, Reinbek 1970, S. 98, Anm. 81. Die Plusverse Il. 2, 848a und 866a.

33 P. Chantraine in: P. Mazon, P. Chantraine, P. Collart, R. Langumier, Introduction à l'Iliade, Paris 1943, S. 25.

34 Platon, Protagoras 329 a; vgl. E. G. Turner, vgl. Anm. 16, S. 23.

35 Plutarch, Solon 12, 2; Diogenes Laertios 1, 48; 57; Strabon 9, 10, 10. Die Fragen ausführlich behandelt bei A. Dihle, vgl. Anm. 11, S. 97-102.

36 Plutarch, Leben der zehn Redner 841 f.

37 Über die Beziehung von Dichtung und Philologie im Hellenismus und über die Dichter-Philologen vgl. R. Pfeiffer, vgl. Anm. 32, besonders S. 114-124.

38 Vgl. R. Pfeiffer, vgl. Anm. 32, S. 251-255.

39 Ebenfalls mit der Hochschätzung der Vergangenheit scheint wenigstens teilweise in Zusammenhang zu stehen eine weitere Erscheinung, die etwa als Kehrseite der Textkritik zu betrachten sei, nämlich daß Werke den Meistern der Vergangenheit untergeschoben werden, sei es, weil sie in ihrer Schule entstanden, sei es, weil sie als Schulaufgaben in ihrem Namen geschrieben wurden, sei es, daß es sich um bewußte Fälschungen handelt.

40 Es sei beispielsweise auf A. Ludwich, Aristarchs Homerische Textkritik, Leipzig 1884-1885, hingewiesen, auf der anderen Seite auf M. H. A. L. H. van der Valks Bücher (vgl. Anm. 15).

41 Vgl. M. H. A. L. H. van der Valk, Textual Criticism, S. 157-167; A. Ludwich, Aristarchs homerische Textkritik, Bd. 1, S. 12-16.

42 Vgl. z. B. Schol. Il. 9, 222 A; Schol. Il. 2, 665 A usw.

43 Vgl. G. Pasquali, vgl. Anm. 4, S. 223-235; P. Chantraine, vgl. Anm. 33, S. 18-19.

44 Die Prinzipien wurden gerade durch M. H. A. L. H. van der Valk schön zusammengestellt: Textual Criticism, S. 91-157, über Aristarch bes. S. 108-157.

45 H. J. Mette, Parateresis. Untersuchungen zur Sprachtheorie des Krates von Pergamon, Halle 1952. In dieser Hinsicht ist der Streit, ob Anomalie oder Analogie in der Sprachwissenschaft gültig sei, belanglos. Wenn auch auf verschiedenen Gebieten und zu verschiedenem Zweck, war doch dasselbe Verfahren angewandt.

46 M. Pohlenz, Τὸ πρέπον, in: Kleine Schriften, Hildesheim 1965, Bd. 1, S. 100-139.

47 Poetik 1449 a 27-28; 1459 b 31-37; Rhetorik 1408 b 32-33.

48 L. D. Reynolds, N. G. Wilson, S. 128; S. Timpanaro, S. 5-6.

49 S. Timpanaro, S. 7-8.

50 L. D. Reynolds, N. G. Wilson, S. 159, 189; S. Timpanaro, S. 9-10.

51 S. Timpanaro, S. 17-21.

52 Über Fortschrittsgedanken im Altertum grundlegend E. R. Dodds, The Ancient Concept of Progress, Oxford 1973, S. 1-25. In der Diskussion in Berlin hat R. Müller auf einen wichtigen Unterschied zwischen den antiken und modernen Fortschrittskonzeptionen hingewiesen: während die neuzeitlichen Konzeptionen auch in der Zukunft, d. h. theoretisch grenzenlos einen Fortschritt voraussetzen, sprechen die Denker des Altertums im Hinblick auf Technik und Lebensweise nur von einem Fortschritt bis zu ihrer Zeit, womit also das Ende des Fortschritts im wesentlichen erreicht sei.

53 A. J. Gurjewitsch, Das Weltbild des mittelalterlichen Menschen, aus dem Russ. übers. von G. Loßack, wiss. Bearbeitung: H. Mohr, Dresden 1978, S. 98 ff.

54 Novum Organon 1, 84.

55 In den Dialogues d'Évhémère wird die These, die der Titel des 8. Dialogs zusammenfaßt (Grandes découvertes des philosophes barbares; les Grecs ne sont auprès d'eux que des enfans), hinsichtlich der Naturwissenschaften und der Technik dargetan, doch auch die Mythologie wird sehr kurz erledigt. Vgl. Oeuvres complètes de Voltaire, Bd. 29, Paris 1829, besonders S. 418, 421, 430, 444, 456.

56 Über die Vorstellung vom griechischen Altertum als Kindes- oder Jugendalter der Menschheit hat G. Billeter in seinem Buch "Die Anschauungen vom Wesen des Griechentums", Leipzig, Berlin 1911, S. 220-224, viel Material zusammengetragen, doch ohne es zu werten. Diesbezüglich und zu den Ansichten der deutschen Klassik über antike Kultur vgl. R. Müller, Hegel und Marx über die Antike Kultur, in: Philologus 116, 1972, S. 1-31 (auch für Herder und Schiller wichtig).

57 Geschichte der Kunst des Altertums.

58 Die Erziehung des Menschengeschlechts.

59 Ideen zur Philosophie der Geschichte der Menschheit, doch im wesentlichen ähnlich in seiner bereits zehn Jahre früher geschriebenen Skizze "Auch eine Philosophie der Geschichte zur Bildung der Menschheit".

60 Phänomenologie des Geistes.

61 Prolegomena ad Homerum.

62 In einem Brief an J. Dousa, 1594, zitiert bei S. Timpanaro, S. 9.

63 S. Timpanaro, S. 25-26.

64 S. Timpanaro, S. 37-55.

65 S. Timpanaro, S. 47-53.

66 S. Timpanaro, S. 5-6, 73-78, 83.

67 Es sei jedoch betont, daß sich W. Anderson bereits 1923 gegen mechanisch-einfache Stammbäume der Volksmärchen aussprach: vgl. Anm. 7, S. 402.

68 S. Timpanaro, S. 79-80.

69 So z. B. Ed. Schwartz, Eusebios Kirchengeschichte, Leipzig 1909, S. CXLVI-CXLVII. Gegen Vereinfachungen kämpfend und doch eine feste Methode zu bewahren trachtend, schrieb L. Havet sein Manuel de critique verbale appliquée aux textes latins, Paris 1911, doch auch sein Verfahren war nicht elastisch genug.

70 In Gercke, Norden, Einleitung in die Altertumswissenschaft, 3. Aufl., Bd. 1, Teil 7, Leipzig 1927.

71 P. Maas, vgl. Anm. 1, S. 31, in dem 1956 geschriebenen Rückblick.

72 Zunächst in der Kritik von Maasens Werk, in: Gnomon 5, 1929, S. 417-435, 498-521, dann in seinem mehrmals zitiertem Buch (vgl. Anm. 4).

73 Leitfehler und stemmatische Typen, in: Byzantinische Zeitschrift 37, 1937, S. 289-294, abgedruckt auch in seiner "Textkritik" seit deren zweiter Auflage (1949). Das Zitat ist der letzte Satz dieses Aufsatzes.

74 Vgl. z. B. M. L. West, vgl. Anm. 4, S. 5: Maas "treats contamination as a regrettable deviation about which nothing can be done, instead of as a normal state of affairs".

75 M. L. West, vgl. Anm. 4, S. 37-47, der mit weisem Maßhalten von einer "'servicable' stemmatic relationship" spricht, "meaning 'not necessarily historically exact'" (39).

Günther Christian Hansen

Aufgaben und Probleme der Editionen

Unsere Kenntnis vom griechischen und römischen Altertum verdanken wir neben und vor den Hervorbringungen der bildenden Kunst und den Hinterlassenschaften der materiellen Kultur der uns erhaltenen Literatur, diese im weitesten Sinne als Gesamtheit der schriftlich überlieferten Werke verstanden, vom frühgriechischen Epos bis zum spätantiken Kochbuch. Ohne diese Literatur wäre die antike Kultur ein bewundernswertes, aber stummes Phänomen, ähnlich den Kulturen Altamerikas. Ohne antike Literatur wäre aber auch die ganze nachantike Entwicklung in anderen Bahnen verlaufen, ohne sie ist die mittelalterliche und die neuzeitliche Literatur Europas nicht vorstellbar. Sie gehört auch heute noch zu den unbestrittenen und unverzichtbaren Bestandteilen des Erbes, mit denen sich die sozialistische Gesellschaft und jede Generation neu auseinandersetzen muß. Literatur existiert nur dank der Überlieferung, also dank einem eigentümlichen Vorgang, der, abhängig vom Stand der Produktivkräfte und von ökonomischen und sozialen Bedingungen sowie vom kulturellen Kontext der Gesellschaft, schriftlich fixiertes Kulturgut filtert, bewahrt, weitergibt, auch umformt, verdünnt und verwässert, durchweg aber einen bewahrenden Grundzug hat und die Voraussetzung jeder Rezeption bildet, ja selbst ein Teil des Rezeptionsprozesses ist. Die Geschichte dieser Überlieferung zu untersuchen, gewisse Gesetzmäßigkeiten zu erkennen und diese Erkenntnisse anzuwenden, das heißt, die Entstellungen, die im Laufe des Überlieferungsprozesses unvermeidlich sind, zu diagnostizieren und, wenn möglich, zu heilen, kurz: von den erhaltenen Zeugnissen, den Handschriften aus den Prozeß über Jahrhunderte und Jahrtausende hinweg zurückzuverfolgen und den ursprünglichen Wortlaut des Literaturwerks auf methodischem Weg wiederherzustellen und zugänglich zu machen ist eine der genuinen Aufgaben der Philologie und damit Grundlagenforschung auf literaturwissenschaftlichem Gebiet. Dieser Wissenschaftszweig, die Textkritik und Textgeschichte, hat seinerseits eine höchst bemerkenswerte Geschichte, die zu studieren sehr lehrreich sein kann. Das Studium der oft recht zaghaften Erkenntnisfortschritte auf diesem Gebiet, wenn mit vertiefter Reflexion über Probleme und Methoden verbunden, kann durchaus zu neuen Einsichten und Lösungswegen führen. Leider wird diese Grundlagenforschung oft nicht nachdrücklich und systematisch genug betrieben, ja man kann eine ausgesprochene Zurückhaltung und Skepsis gegenüber textkritischer und überlieferungsgeschichtlicher Arbeit beobachten, wird dafür auch eine Reihe von Gründen finden. Ganz gewiß sind auch subjektive Gründe darunter, denn die Anforderungen, die diese philologische Disziplin stellt, sind nicht gering und werden nur von Anfängern oder Außenstehenden unterschätzt. Sie reichen von soliden paläographischen Kenntnissen und Fähigkeiten, die von besonderer Sorgfalt getragen sein müssen, und kodikologischem Sachverstand, Vertrautheit mit den historischen Bedingungen der Überlieferungsgeschichte, exaktem methodischem Vorgehen und immensem Fleiß bei der Gewinnung, Sichtung und Auswertung des Materials bis zu genauer Kenntnis von Sprache und Stil des untersuchten Autors und des Genus sowie souveräner Beherrschung des Inhalts. Aber diese Herausforderungen an das philologische Können stellen zugleich einen Ansporn zur Leistung dar. Zudem lassen sich gerade auf diesem Gebiet exakte Ergebnisse erreichen, die in ihrer objektiven Nachprüfbarkeit (man könnte von experimenteller Verifizierung sprechen) einen hohen Grad von Gewißheit erlangen können. Im Idealfall, der übrigens gar nicht so selten ist, sind derartige Ergebnisse von unangreifbarer Sicherheit, mit der Stringenz mathematischer Beweise in gewisser Weise vergleichbar, wenn man nicht vergißt, daß es sich nicht um Formeln handelt, sondern um die Überlieferung von Texten über lange Zeiträume hinweg, die sich in einem sich stets wandelnden historischen und gesellschaftlichen Kontext vollzogen hat. Eine der Schwierigkeiten liegt darin, daß diese konkreten Überlieferungsbedingungen soweit wie möglich mit berücksichtigt werden müssen. Bekanntlich werden derartige Erfolge allerdings eher auf dem Gebiet der Recensio erzielt, also der Bestandsaufnahme und Ordnung der Überlieferung, sei es, daß ein Stammbaum der Überlieferungsträger (Handschriften und Sekundärüberlieferung) aufgestellt werden kann, sei es, daß der komplizierte Befund kontaminierter Überlieferung (bei der nicht mehr reine Abstammungsverhältnisse festgestellt werden können, sondern durch Quereinflüsse wechselnde und unklare Beziehungen entstanden sind) möglichst genau aufgeklärt wird. Weit schwerer lassen sich objektivierbare Ergebnisse erzielen, wenn es um die Prüfung der Frage geht, ob der als überliefert festgestellte Text wirklich so vom Autor geschrieben ist, mit anderen Worten bei der Lokalisierung und Heilung von Verderbnissen, sowie bei der Entscheidung für eine von mehreren überlieferten Varianten. Hier wird oft ein größerer oder geringerer Rest von Unsicherheit bleiben. Aber von Willkür kann solange keine Rede sein, als die Gesamtheit der uns zu Gebote stehenden Kriterien angewendet wird, von denen nur einige genannt seien: sprachliche Korrektheit (gemessen an der grammatischen und der individuellen Norm), logische Folgerichtigkeit (gemessen an den Normen, die durch das literarische Genus, das stilistische Niveau und andere Faktoren gesetzt werden), sachliche Übereinstimmung der Aussage eines Textes mit der Realität oder mit anderen, verwandten Texten, auch das Kriterium künstlerischer Gestaltungsmittel. Noch schwieriger ist die Klärung von Echtheitsfragen, die sich bekanntlich endlos diskutieren lassen. Hier kann der äußere Befund, etwa spärliche Bezeugung eines Verses, durchaus in die Diskussion einbezogen werden, doch wird er nicht immer den Ausschlag geben. Zum Beispiel können die 34 zusätzlichen Verse, die sich in der fast unübersehbaren Fülle von etwa 500 Juvenalhandschriften ausgerechnet nur in einer einzigen Oxforder (sonst nicht sehr bedeutenden) Handschrift finden, durchaus antik sein und damit so gut wie sicher von Juvenal stammen; dann bleibt aber zu erklären, wie sie ihren singulären Weg bis ins hohe Mittelalter gefunden haben.

Überlieferungsgeschichte verdient auch um ihrer selbst willen erforscht zu werden, da auch sie zur Aufhellung der historischen Realität beitragen kann. Dennoch ist sie nicht Selbstzweck, sondern dient der schon genannten Aufgabe, Literatur, in unserem Fall antike Literatur, in ihrem Wortlaut genau festzustellen und dem heutigen Leser wie dem Forscher zugänglich zu machen. Insofern setzt sie in der jeweiligen Gegenwart die Überlieferung fort. Denn bloße Rekonstruktion des von den antiken Autoren niedergelegten Wortlauts stößt nicht nur auf unüberwindliche Hindernisse, da wir etwa für die klassische griechische Dichtung zumeist nur den von den alexandrinischen Philologen festgestellten Text wiedergewinnen können, sondern sie wäre geradezu ein Unding, wollte man etwa die ursprüngliche Schreibweise ohne Worttrennung und sonstige Lesehilfen wiederherstellen. So ist denn die Edition, die den Bedürfnissen ihrer Benutzer möglichst weit entgegenkommt, das natürliche Ergebnis aller textkritischen und textgeschichtlichen Bemühungen. Unterschiedliche Editionstypen bieten sich gemäß den unterschiedlichen Bedürfnissen von vornherein an. Dabei ist die im strengsten Sinne kritische Ausgabe, die sich spröde darauf beschränkt, den wiedergewonnenen Originaltext mit den Varianten der Überlieferung zu versehen, je sparsamer und lakonischer, um so besser, und nur eine gleichfalls spröde und knappe Darlegung der ermittelten Überlieferungsverhältnisse voranschickt, nur eine der möglichen Formen und, wiewohl schon in der Antike von den hellenistischen Gelehrten entwickelt, im Grunde erst in der zweiten Hälfte des 19. Jh. zur vorrangigen Geltung gekommen. Es wäre kurzsichtig, den mit dieser Darbietungsform und ihrer strengen Methode erreichten Fortschritt geringzuschätzen, aber nur philologischer Hochmut kann diese esoterische Form für wichtiger als andere oder gar allein des Forscherfleißes wert erachten.

Die ersten Druckausgaben nach Erfindung der Buchdruckkunst reproduzierten ihre handschriftlichen Vorlagen, und die ersten Herausgeber merzten zugleich viele offensichtliche Fehler aus - eine beachtliche Leistung in vielen Fällen, doch im Grunde zunächst eine Fortsetzung der von mittelalterlichen Schreibern und Humanisten geübten "kontaminierenden" Manier der handschriftlichen Überlieferung. Doch stellte sich sehr bald das Bedürfnis nicht nur nach Besserung und Rechtfertigung des Textes, sondern auch nach seiner Kommentierung ein, und so kamen die großen erläuternden Ausgaben des 16. und 17. Jh., von denen manche noch heute nützlich und unersetzt sind, neuzeitliche Fortsetzer der antiken erklärenden Ausgaben und Kommentarwerke. Das 19. Jh. brachte für den Unterricht an den humanistischen Gymnasien, besonders in Deutschland, eine Fülle von erläuternden Schulausgaben, die oft ein erstaunliches Niveau erreichten, anderseits wissenschaftliche Kommentare unterschiedlicher Anlage, eine Gattung wissenschaftlicher Produktion, die bei uns leider ganz aus der Übung gekommen ist. Sehr früh verbreiteten sich auch bilingue Editionen, gewöhnlich griechische Texte mit beigegebener lateinischer Übersetzung, die den Erfordernissen einer lateinsprechenden Gelehrtenwelt recht gut entsprachen und die bis in die Gegenwart hinein griechische Spezialtexte, die doch nicht nur Gräzisten interessieren, dem Verständnis erschließen helfen (etwa in Mignes Patrologia Graeca oder dem Bonner Corpus der byzantinischen Historiker), freilich mit der Einschränkung, daß das Auge des flüchtigen Benutzers manchmal zu gern in der lateinischen Kolumne verweilt und sich für das schwierigere Original verschließt. Das geschieht vielleicht noch leichter bei Textausgaben mit gegenübergestellter Übersetzung in einer modernen Sprache, wie sie sich, wenn auch nicht zuerst, so doch besonders erfolgreich im englischen Sprachgebiet durchgesetzt haben. Die Loeb Classical Library ist überall verbreitet und geschätzt, wenn auch die Übersetzungen manchmal zu wünschen übriglassen und die Originaltexte meist keine kritische Leistung darstellen. Ebenso bekannt ist die Collection der Association Guillaume Budé, die sich besonders durch ihre ausführlichen Einleitungen auszeichnet. Ganz unverkennbar ist der Bedarf an derartigen zweisprachigen Ausgaben groß, und sie haben neben den kritischen Ausgaben sensu stricto und den Übersetzungen ihren eigenen Platz gewonnen und somit auch eine sinnvolle Funktion.

Waren griechisch-deutsche und lateinisch-deutsche Ausgaben früher eher Liebhabereditionen, wie sie der Verlag Heimeran schon vor dem zweiten Weltkrieg pflegte, so wurde mit der Reihe "Schriften und Quellen der Alten Welt", die seit 1956 von unserm Akademieinstitut herausgegeben wird, der Versuch unternommen, sowohl große literarische Leistungen der Antike wie historisch wichtige Quellenwerke für wissenschaftliche Benutzung wie für den interessierten Leser gleichermaßen zu erschließen, wozu Einführungen und Erläuterungen die notwendige Hilfe leisten sollen. Eine generelle Beurteilung der seit fast einem Vierteljahrhundert vorgelegten Bände ist hier nicht vorzunehmen; alle haben sich inzwischen der Kritik der Fachleute und des Leserpublikums unterzogen. Erwähnt seien hier nur die jetzt abgeschlossene sechsbändige Euripidesausgabe, die recht gut vertretenen Bände mit griechischer und römischer Lyrik oder die Ausgabe des Ammianus Marcellinus, die, obwohl nahezu gleichzeitig mit den ersten Bänden einer französischen zweisprachigen Edition erschien, inzwischen weit verbreitet und benutzt ist, offensichtlich ein dringendes Desiderat erfüllend. Insgesamt wird man sagen müssen, daß noch viele Wünsche offenbleiben und noch viel Arbeit zu leisten ist. In den kommenden zwanzig Jahren bedürfen vordringlich historische Quellentexte der Erschließung durch eine kritisch gesichtete Textausgabe, eine zuverlässige und zugleich gut lesbare Übersetzung, durch Einführungen, die über Entstehungsbedingungen, Quellenwert und literarische Form Auskunft geben, und durch sachliche Erläuterungen oder Kurzkommentare. Gerade das zuletzt genannte Hilfsmittel kann in vielen der bisher vorgelegten Bände noch nicht befriedigen. Verhältnismäßig einfach ist die Erklärung von Realien, historischen Ereignissen oder Personen. Eine zweite Stufe wäre es, aus der Flut der modernen Sekundärliteratur den Ertrag für das Werk als Ganzes und für die jeweilige Stelle kritisch herauszufiltern, eine Aufgabe, die an Wissen, Sachverstand und Urteilsvermögen des Editors hohe Anforderungen stellt und entsprechend gewürdigt werden sollte, auf jeden Fall aber des Dankes der Benutzer gewiß sein kann.

Im Rahmen der "Schriften und Quellen der Alten Welt" hat unser Institut vor einigen Jahren mit der Erarbeitung eines anspruchsvollen Sammelwerks begonnen, das alle griechischen und lateinischen Nachrichten über Mitteleuropa bis zum Jahre 500 im Originaltext und in neuer Übersetzung zusammenstellt und nach dem heutigen Stand der historischen und archäologischen Erkenntnis zu erklären unternimmt. Eine solche Sammlung hat es bisher nicht gegeben, die Annahme ist aber gewiß erlaubt, daß sie großes Interesse finden und sich als nützlich und notwendig erweisen wird. Philologen, Historiker und Archäologen müssen an diesem Werk eng zusammenarbeiten und können dabei wohl auch lernen, den Platz ihrer Disziplin in der Gesamtheit der historischen Wissenschaften genauer zu bestimmen und verantwortungsvoll auszufüllen. Bei einem solchen Unternehmen muß jeder Bearbeiter so gut wie möglich den künftigen Benutzer und dessen Interessen und Voraussetzungen im Auge haben, am einfachsten sich selbst als künftigen Benutzer denken. Die meisten Beteiligten werden nicht das Gefühl haben, daß uns dies schon vollkommen gelungen ist. Übrigens werden nicht jene Ausgaben die willkommensten sein, die nur fachspezifische Probleme reflektieren und gelehrtes Material neu arrangieren (manchmal nicht einmal neu), sondern eher jene, die, ohne je die eingangs angesprochene Grundlagenforschung zu vernachlässigen, sich als vielseitig brauchbares Instrument der gegenwärtigen und künftigen Forschung darbieten und zugleich der Rezeption des unvergänglichen Kulturerbes dienen.

Autorenverzeichnis

Prof. Dr. phil. habil. Joachim Herrmann
Ordentliches Mitglied der Akademie der Wissenschaften der DDR
Vorsitzender des Wissenschaftlichen Rates für Archäologie und Alte Geschichte
Direktor des Zentralinstituts für Alte Geschichte und Archäologie der Akademie der Wissenschaften der DDR

Prof. Dr. phil. habil. Horst Klengel
Bereichsleiter am Zentralinstitut für Alte Geschichte und Archäologie der Akademie der Wissenschaften der DDR
Außerordentlicher Professor an der Humboldt-Universität, Sektion Asienwissenschaften

Dr. phil. Eberhard Serauky
Sekretär des Wissenschaftlichen Rates für Archäologie und Alte Geschichte

Prof. Dr. sc. Josef Poulík
Ordentliches Mitglied der Tschechoslowakischen Akademie der Wissenschaften
Auswärtiges Mitglied der Akademie der Wissenschaften der DDR
Direktor der Archäologischen Institute der ČSAV in Prag und Brno

Prof. Dr. sc. Bohuslav Chropovský
Korr. Mitglied der Slowakischen Akademie der Wissenschaften und der Tschechoslowakischen Akademie der Wissenschaften
Direktor des Archäologischen Instituts der Slowakischen Akademie der Wissenschaften

Prof. Dr. sc. Bruno Krüger
Bereichsleiter am Zentralinstitut für Alte Geschichte und Archäologie der Akademie der Wissenschaften der DDR

Dr. sc. Peter Donat
Abteilungsleiter im Zentralinstitut für Alte Geschichte und Archäologie der Akademie der Wissenschaften der DDR

Prof. Dr. sc. Johannes Irmscher
Korr. Mitglied der Akademie der Wissenschaften der DDR
Präsident der Winckelmann-Gesellschaft der DDR
Bereichsdirektor am Zentralinstitut für Alte Geschichte
und Archäologie der Akademie der Wissenschaften der DDR
Honorarprofessor an der Humboldt-Universität zu Berlin

Prof. Dr. sc. Reimar Müller
Stellvertretender Direktor des Zentralinstituts für Alte
Geschichte und Archäologie der Akademie der Wissenschaften der DDR

Prof. Dr. phil. habil. Walter Ruben
Ordentliches Mitglied der Akademie der Wissenschaften der DDR
Emerit. ordentlicher Professor der Humboldt-Universität zu Berlin

Dr. sc. Heinrich Kuch
Abteilungsleiter im Zentralinstitut für Alte Geschichte und
Archäologie der Akademie der Wissenschaften der DDR

Prof. Dr. phil. habil. Wolfgang Hering
Wissenschaftsbereichsleiter der Sektion Geschichte der
Wilhelm-Pieck-Universität Rostock

Dr. sc. Zsigmond Ritoók
Akademie der Wissenschaften der VR Ungarn, Arbeitsgruppe Antike

Dr. phil. habil. Günther Christian Hansen
Zentralinstitut für Alte Geschichte und Archäologie der
Akademie der Wissenschaften der DDR

Abb. 4 Ein Teil der bestehenden Exposition in Mikulčice

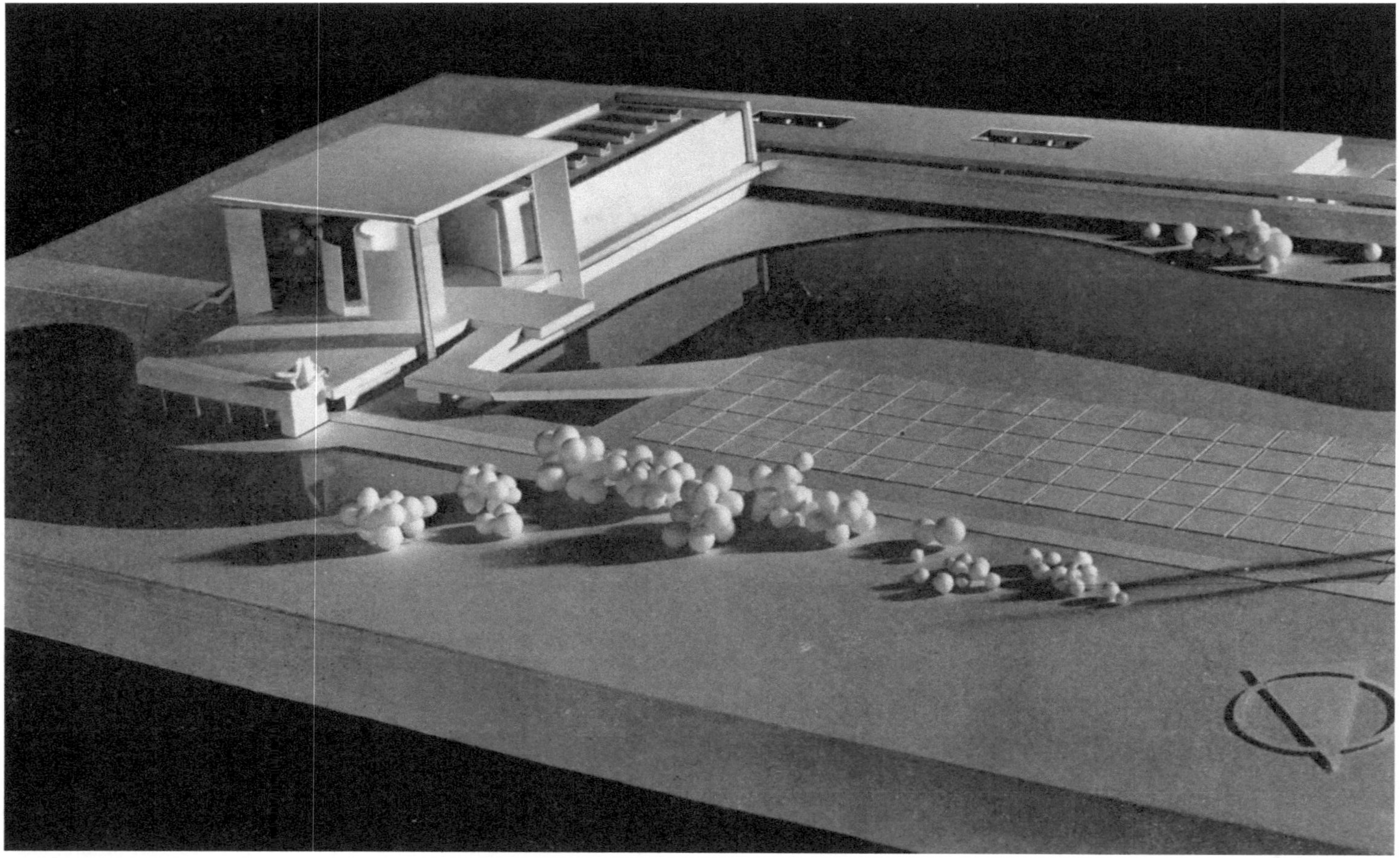

Abb 5 Modell des Nationalen Kulturdenkmals Mikulčice. Entwurf von Ing. Arch. M. Spurný

ISSN 0138-1059

Bei Fragen zur Produktsicherheit wenden Sie sich bitte an:
If you have any questions regarding product safety,
please contact:

Walter de Gruyter GmbH
Genthiner Straße 13
10785 Berlin
productsafety@degruyterbrill.com